KB230807

금융지주회사법

금융지주회사법

나승성 지음

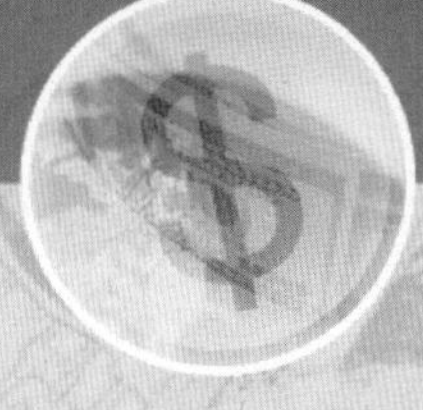

- 지주회사·금융지주회사 일반론
- 지주회사 입법례
- 금융지주회사의 주요 내용
- 지주회사의 법적 쟁점
- 지주회사·개별법의 관계

한국학술정보[주]

|머리말|

선진국 대열에 합류하기 위해서는 금융산업이 중요시되고 있으며, 동북아 금융허브를 지향하고 있는 요즘 금융산업은 빠르게 변화하고 있고 있다. 또한 이를 뒷받침할 수 있는 금융법제 매우 빠르게 제·개정을 통해서 변화하고 있다. 대표적인 예로 자본시장을 근본적으로 바꿀 수 있는 자본시장통합법이 2007년에 제정되기도 했다.

기존에는 은행, 증권, 보험 등 개별 권역에서 영업이 행해졌으나 이제는 통합을 통한 시너지의 극대화 내지 영업조직의 유연성의 필요성에서 금융지주회사가 대세로 자리를 잡아 가고 있다. 그 금융지주회사의 형성원인 및 발달과정이 각국마다 다르지만 금융지주회사 형태로 자리 잡아 가고 있음에는 틀림없다.

본서는 지주회사와 금융지주회사를 같이 설명하고 있으며, 깊은 학문적 접근보다는 간단한 이론 및 법조문 중심의 실무적인 내용을 담고자 하였고, 이론적인 부분은 향후 연구를 통하여 완성도를 높여 가도록 하고자 한다.

본서의 구성은 다음과 같다. 제1편에서 지주회사와 금융지주회사의 도입배경, 장단점, 설립방법과 같은 일반론을 다루었고, 제2편에서는 지주회사에 관해 영미를 중심으로 하는 입법례를 간단히 요약하였고, 제3편에서는 현행 금융지주회사법을 내용을 분류하여 정리하였다. 제4편에서는 협의기구, 기업지배구조 등을 중심으로 법적 쟁점을 다루었고, 제5편에서는 지주회사와 관련될 수 있는 상법 및 증권거래법 등과 같은 개별법적 문제점을 다루었다.

본서는 연구서라기보다는 실무용으로 만든 요약서라고 할 수 있으므로 부분 부분에 출처가 누락되거나 오류가 있을 수 있음을 양해 부탁드리며 계속해서 연구하면서 내용을 깊게 하고 알차게 할 것을 약속드린다.

2007년 9월

나승성

목 차

제3편 금융지주회사의 주요 내용

제1편 지주회사·금융지주회사 일반론

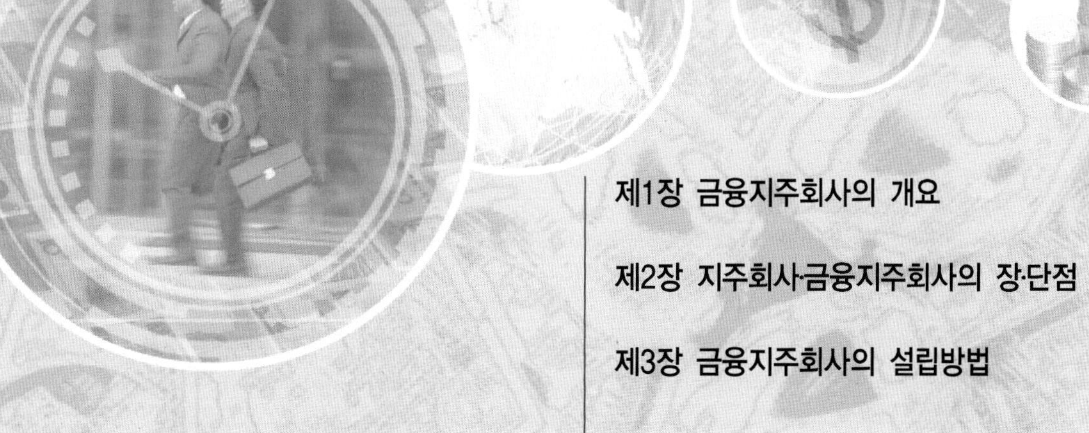

제1장 금융지주회사의 개요

제2장 지주회사·금융지주회사의 장·단점

제3장 금융지주회사의 설립방법

제1장 금융지주회사의 개요

제1 지주회사·금융지주회사의 도입배경

1. 기업지배의 관행

우리나라가 IMF를 겪으면서 그동안 기업경영의 행태에 많은 문제점이 지적되었다. 따라서 이러한 비효율성과 회사구조조정이라는 목표를 가지고 1998년에는 회사의 외부적 구조조정에 맞춘 제도(예컨대, 간이합병이나 회사분할제도)가 도입되었고, 1999년에는 기업내부의 체질을 강화하기 위한 감사위원회와 사외이사제도 등이 도입되었다.[1] 2001년 상법개정안에서는 지주회사의 설립을 용이하게 하기 위한 주식교환제도와 주식이전제도를 일본의 법령을 모델로 하여 도입하기에 이르렀다.[2] 이러한 법적 정비 이전에도 기업에서는 창업주와 그의 일족에 의한 선단식경영이 행해지고 회장비서실 혹은 그룹기획조정실이라는 비공식적이지만 강력한 중앙관리팀을 통하여 경영, 인사, 자금 등을 통괄하는 것이 관행적이었다.[3]

---

[1] 자세한 내용은 羅承成, 「商法 改正內容 解說」, 서울 : 韓國上場會社協議會, 1999.3; 羅承成, 「商法改正案逐條解說(1999년 商法改正案)」, 서울 : 自由, 1999. 참조.

[2] 羅承成, 株式交換制度에 관한 硏究, 上場協, 上場會社協議會, 2000年 秋季號(第42號)와 羅承成, 株式移轉制度에 관한 硏究, 司法行政, 韓國司法行政學會, 2000.10(通卷 第478號) 참조: 한국의 상법개정안에 대한 검토는 羅承成, 商法改正案上의 株式交換制度 檢討, 考試研究, 2001.1(第322號)와 羅承成, 商法改正案上의 株式移轉制度 檢討, 安岩法學, 2001.3. 참조.

[3] 김문재, 지주회사의 도입에 따른 회사법의 방향, 상사법연구, 제18권 제1호(통권 제23호), 한국상사법학회, 1999, 85면: 자세한 실태에 대해서는 이동원, 「지주회사」(서울 : 세창출판사, 2000), 37-50면 참조.

2. 지주회사 허용

(1) 기업지배구조 개선 노력

IMF를 겪으면서 그동안 기업경영의 행태[4]에 많은 문제점이 지적되어 온 기업지배구조 개선을 주요 내용으로 하는 세 차례 상법개정이 있었다. 1998년 상법개정은 회사의 외부적 구조조정에 맞춘 제도, 예컨대 간이합병이나 회사분할제도가 도입되었고, 1999년 상법개정은 기업내부의 체질을 강화하기 위한 사외이사 제도와 감사위원회 등이 도입되었다.[5] 2001년 상법개정은 지주회사의 설립을 용이하게 하기 위한 주식교환제도와 주식이전제도를 일본의 법령을 모델로 하여 도입하게 이르렀다.[6] 2006년 상법개정안에는 기업지배구조에서 새롭게 논의되고 있는 집행임원제도와 같은 제도의 도입이 추진되고 있다.

(2) 지주회사의 허용

IMF 구제금융 이후 기업경영이 핵심위주로 재편될 수 있도록 하자는 취지에서 경제력 집중이라는 폐해를 보완하면서 그동안 엄격하게 금지[7]해 오던 지주회사의 설립

---

4) 이러한 법적 정비 이전에도 기업에서는 창업주와 그의 일족에 의한 선단식 경영이 행해지고 회장비서실 혹은 그룹기획조정실이라는 비공식적이지만 강력한 중앙관리팀을 통하여 경영, 인사, 자금 등을 통괄하는 것이 관행적이었다(김문재, 지주회사의 도입에 따른 회사법의 방향, 상사법연구, 제18권 제1호(통권 제23호), 한국상사법학회, 1999, 85면). 자세한 실태에 대해서는 이동원, 「지주회사」(서울 : 세창출판사, 2000), 37-50면 참조.
5) 자세한 내용은 나승성, 「商法 改正內容 解說」, 서울 : 韓國上場會社協議會, 1999.3; 나승성, 「商法改正案逐條解說(1999년 商法改正案)」, 서울 : 自由, 1999. 참조.
6) 나승성, 株式交換制度에 관한 硏究, 上場協, 上場會社協議會, 2000年 秋季號(第42號)와 나승성, 株式移轉制度에 관한 硏究, 司法行政, 韓國司法行政學會, 2000.10(通卷 第478號) 참조; 한국의 상법개정안에 대한 검토는 나승성, 商法改正案上의 株式交換制度 檢討, 考試硏究 2001.1(第322號)와 나승성, 商法改正案上의 株式移轉制度 檢討, 安岩法學, 2001.3. 참조.
7) 이러한 규제의 문제점에 대해 지적하고 있는 견해를 요약하면 ① 국내에서 지주회사가 기

및 전환을 허용하는 독점규제 및 공정거래에 관한 법률(이하 공정거래법이라 함)이 1999년에 개정되면서 허용되게 되었다.

그동안 지주회사의 설립 및 전환을 금지하고 있었던 나라는 전 세계적으로 우리나라와 일본뿐이었다.[8] 우리나라와 일본이 지주회사의 설립 및 전환을 엄격히 규제하였던 것은 그룹 및 재벌로 대표되는 우리나라와 일본의 경제구조가 폐쇄적이라는 데 있었다.[9] 그러다 경제침체가 장기화되고 대외경쟁이 심화됨에 따라 이를 타개하기 위한 기업구조조정의 수단으로, 정부의 그룹회장실 또는 기조실의 해체방침에 대한 대안으로 그리고 일본의 지주회사 해금에 자극받아 허용되게 된 것이다.[10]

3. 금융지주회사 도입의 필요성

금융산업의 개방과 금융허브로서의 성장을 위하여 금융기관의 합병에 따른 부작용을 최소화하면서 국내금융산업의 구조개편을 촉진하고 경쟁력을 제고하기 위하여 금융지주회사 도입이 필요하였다. 금융지주회사를 도입함으로써 ① 관련 자회사의 재편 등 구조조정의 활성화 ② 기존 금융기관 간 통합의 원활화 ③ 기존 금융기관 경영조직의 용이한 분사화 ④ 신속한 신규사업 진출 및 기존사업 분야의 포기 등 경영의 유

업집단형성의 수단으로 사용된 예는 전무하며 지주회사를 통한 乘數的 資本擴張은 이론에 그칠 뿐이고 현실로는 불가능한 일이며, ② 憲法 제119조 제2항의 규정에도 불구하고 제37조 제2항에서 정하고 있는 기본권 제한요건의 하나인 '필요한 경우'를 결한 것으로, 헌법상 보장하고 있는 기본권 중 '財産權' 및 職業選擇의 自由 특히 '營業의 自由'를 부당하게 제한하는 것이며, ③ 공정거래법은 경제력집중을 규제의 목적으로 하고 있고 기업집단의 형성 자체를 금지하는 것은 아니므로 지주회사가 기업집단형성의 수단이 된다는 이유로 금지하는 것은 法理的으로 矛盾이라고 한다(최성근, 지주회사의 해금과 상법관련제도에 관한 연구, 한국법제연구원, 1999.6, 11-12면).

8) 한국금융연구원, 금융지주회사제도 개선방안, 2000.7, 27면.
9) 나석진, 지주회사설립과 세제에 관한 연구, 상장협 제40호(1999년 추계호), 한국상장회사협의회, 98면.
10) 최성근, 지주회사의 해금과 상법관련제도에 관한 연구, 한국법제연구원, 1999.6, 9면.

연성 확대 등의 효과를 기대할 수 있다.[11]

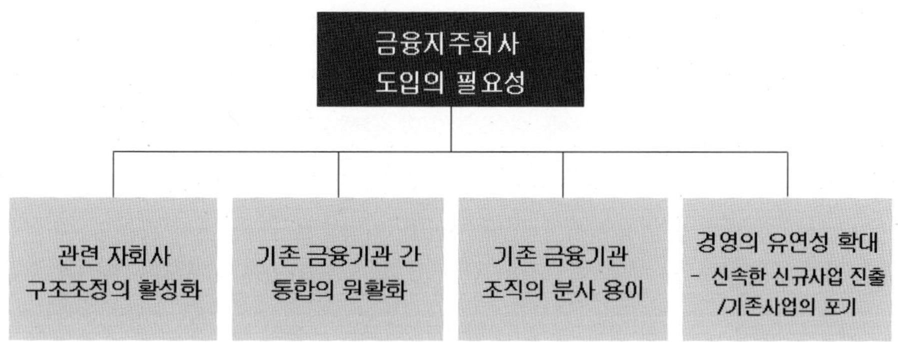

공정거래법상의 지주회사 제도에 의해서는 금융기관의 대형화·겸업화를 통한 금융기관의 경쟁력 제고라는 목적달성을 할 수 없기에, 금융지주회사를 설립하되 금융지주회사와 자회사 간의 건전한 경영을 도모함에 있어서 필요한 사항을 정하기 위한 금융지주회사법이 2000년 10월 23일자로 제정 공포되었다.

4. (금융)지주회사의 역할

지주회사제도는 기업이 사업부문을 분사화하여 관리하거나, 기존 사업회사가 지주회사로 전환한 후 경쟁력이 없는 사업부문을 양도·폐지함으로써 보다 손쉽게 기업구조조정을 시행할 수 있어 기업경쟁력 강화에 대단히 유용한 제도이다. 뿐만 아니라 사업 운영 면에서도 리스크가 큰 사업을 독립한 사업부문으로 운영할 수 있으므로 벤처산업의 육성에도 기여할 수 있으며, 각 지역별 사업관리를 지주회사형태로 운영하고 있는 외국자본의 유입에도 기여할 수 있는 등의 유용성이 많은 제도이다.

이러한 지주회사가 수행해야 할 가장 큰 역할은 계열 자회사들의 통합관리이다. 즉

---

11) 이백규, "금융지주회사제도 현황과 발전방향", 신한리뷰, 제13권제3호(2000년 가을호), 13면.

지주회사는 그룹전체의 장기발전 전략을 기획하고 집행과정에서의 조정기능도 수행하게 된다. 지주회사는 개개의 사업경영을 모두 자회사에 분리하고, 그룹의 전체경영에만 전념하기 때문에 전 사업부문을 객관적으로 공정하게 볼 수 있으며, 이를 기초로 전략적인 자원배분이 가능하다. 뿐만 아니라 향후 성장이 예상되는 금융서비스 분야에 대한 집중적인 투자 및 한계부분에 대한 퇴출의 실행이 용이해진다.

또 다른 중요한 역할은 통합적으로 재무 및 인사관리를 할 수 있는 기능이다. 금융지주회사는 그룹의 총괄적인 입장에서 인원과 자금을 최적으로 배치 내지 배분할 수 있어 경영효율성을 제고할 수 있으며, 경영관리, 통합홍보, 준법감시인의 역할도 할 수 있다.[12]

이러한 긍정적인 측면이 있기는 하지만 지주회사는 주식소유에 의한 타 회사 지배를 주된 사업으로 하고 특별한 생산활동을 영위하지 않기 때문에 경제력 집중수단으로 악용될 수 있다는 점이 가장 큰 문제점으로 지적되곤 한다. 지주회사의 장단점에 관하여 국내 · 외에서 논의된 내용들을 정리하면 다음과 같다.[13]

제2 지주회사 · 금융지주회사의 개념

1. 지주회사의 개념

일반적으로 지주회사(holding company, Holdinggesellschaft)라고 함은 "다른 회사의 주식이나 지분을 보유함으로써 그 회사(사업회사 : operating company)를 지배 · 관리하는 것을 주된 사업으로 하는 회사"를 말한다.[14]

---

12) 이백규, "금융지주회사제도 현황과 발전방향", 신한리뷰, 제13권제3호(2000년 가을호), 15-16면.

13) 김건식/장지상/최도성, 우리나라 持株會社禁止制度의 評價 및 改善方案, 공정거래위원회, 1997.9 ; 최성근, "지주회사의 도입과 법적 과제", 기업구조조정촉진 관련제도의 도입방안, 대한상공회의소, 1997.12 ; 韓國開發硏究院(KDI), 持株會社 制限制度의 改善方案, 1998.5 ; 최성근, 지주회사의 해금과 상법관련제도에 관한 연구, 한국법제연구원, 1999.6, 6-9면 참조.

14) 이기수, 「경제법(전정판)」(서울 : 세창출판사, 1999), 117면 : 권오승, 「경제법(제2판)」(서

공정거래법은 지주회사를 자회사의 주식(지분 포함) 가액의 합계액이 지주회사 자산총액의 100분의 50 이상인 소유[15]를 통하여 자회사의 사업내용을 지배하는 회사로서 직전 사업연도 종료일 현재 대차대조표상 자산총액이 1,000억 원 이상인 회사라고 규정하고 있다(제2조 1의2호, 시행령 제2조 제1항·제2항).

2. 금융지주회사의 개념

금융지주회사법은 금융지주회사(Financial Holding Company)를 주식(지분 포함)의 소유를 통하여 금융업[16]을 영위하는 회사 또는 금융업의 영위와 밀접한 관련이 있는 회사[17]를 단독으로 또는 특수관계자[18]와 공동으로 최다출자자 또는 PEF의 업무집행

울 : 법문사, 1999), 240면; 이남기, 「경제법(제2개정판)」(서울 : 박영사, 2000), 142면 ; 이동원, "지주회사에 관한 연구―법적 문제점을 중심으로―"「법학박사학위논문」(고려대, 1998.8), 6면.

15) 소유와 관련하여 신탁하는 경우에도 소유로 볼 수 있는지에 대한 논의는 도건철, 공정거래법상 지주회사 규제의 쟁점과 개선방안, 지주회사와 법(김건식·노혁준 편저), 小花, 2005, 85-95면 참조(소유로 보는 입장).

16) "금융업"이라 함은 「통계법」 제17조 제1항의 규정에 의하여 통계청장이 고시하는 한국표준산업분류에 의한 금융 및 보험업을 말한다(시행령 제2조 제1항).

17) "금융업의 영위와 밀접한 관련이 있는 회사"라 함은 다음 각 호의 1의 사업을 영위하는 것을 목적으로 하는 회사를 말한다(시행령 제2조 제2항).
　　① 금융업을 영위하는 회사(이하 "금융기관"이라 한다)에 대한 전산·정보처리 등의 용역의 제공
　　② 금융기관이 보유한 부동산 기타 자산의 관리
　　③ 금융업과 관련된 조사·연구
　　④ 기타 금융기관의 고유업무와 직접 관련되는 사업

18) 독점규제 및 공정거래에 관한 법률 시행령」 제11조 제1호 및 제2호(특수관계인의 범위) 법 제7조(기업결합의 제한)제1항 본문에서 "대통령령이 정하는 특수한 관계에 있는 자"라 함은 회사 또는 회사 외의 자와 다음 각 호의 1에 해당하는 자를 말한다.
　　1. 당해 회사를 사실상 지배하고 있는 자
　　2. 동일인관련자. 다만, 제3조의2(기업집단으로부터의 제외)제1항의 규정에 의하여 동일인관련자로부터 분리된 자를 제외한다.

사원이 되는 방법으로 지배하는 것을 주된 사업으로 하는 회사라고 규정하고 있다(제 2조 제1항 제1호).[19] 다만, 금융지주회사 단독으로 또는 자회사 및 손자회사와 공동으로 소유하는 주식이 각각의 특수관계자가 소유하는 주식보다 적은 경우를 제외한다(시행령 제2조 제3항).

주된 사업의 기준은 회사가 소유하고 있는 자회사의 주식(지분 포함)가액의 합계액(최근 사업연도 말 현재의 대차대조표상에 표시된 가액을 합계한 금액)이 당해 회사의 자산총액의 100분의 50 이상인 것으로 한다(시행령 제2조 제4항).

금융지주회사는 각 자회사의 주식을 50%(상장회사는 30%) 이상 소유하여야 하나, 당해 금융지주회사의 자기자본을 초과하여 자회사의 주식을 소유할 수 없다. 다만, 자회사 등의 재무개선을 위한 증자 등 대통령령이 정하는 경우에는 그러하지 아니하다. 이 경우 자기자본의 산정방법은 대통령령으로 정한다(제46조; 시행령 제25조).

제3 지주회사의 종류

1. 순수지주회사·사업지주회사

지주회사는 사업활동 영위 여부에 따라 순수지주회사와 사업지주회사[20]로 구분된

---

3. 경영을 지배하려는 공동의 목적을 가지고 당해 기업결합에 참여하는 자

19) 입법례로 미국의 은행지주회사만을 직접의 대상으로 하는 최초의 연방법인 1956년 은행지주회사법 section 2(a)에 의하면 ① 당해회사가 자회사의 의결권 있는 주식의 25% 이상을 소유하거나 이에 대해 의결권을 행사할 수 있는 권한을 가진 경우 ② 당해회사가 어떠한 방법으로든 자회사 경영진의 과반수이상을 선임하고 있는 경우 ③ FRB가 당해회사가 자회사의 경영 혹은 정책에 지배적인 영향을 미치고 있다고 결정한 경우로 은행지주회사를 정의하고 있다. 이 밖에 보험지주회사의 경우 각 주에 따라 정의가 다르지만, 뉴욕주의 경우를 보면 직접·간접적으로 주내 보험회사의 의결권 있는 주식의 10% 이상을 보유하고 있으면 지주회사로서 취급되며, 증권지주회사에 대하여는 특별한 정의가 없다(이동원, 금융지주회사에 있어서의 법적 문제, 경영법률 제11집(2000), 256면).

20) 혼합지주회사(mixied holding company) 또는 지주 및 사업회사(holding and operating

다. 순수지주회사(pure holding company)는 사업활동을 영위하지 않고 다른 회사의 주식을 소유함으로써 그 회사를 지배하는 것을 유일한 목적으로 하는 회사를 말한다. 사업지주회사(operating holding company; mixed holding company)는 직접 어떠한 사업활동을 영위함과 동시에 다른 회사를 지배하기 위하여 주식을 소유하는 회사를 말한다.

2. 일반지주회사 · 금융지주회사

공정거래법은 지주회사의 유형을 일반지주회사와 금융지주회사로 구분하고 있는데, 금융지주회사라 함은 금융업 또는 보험업을 영위하는 회사의 주식을 소유하는 지주회사를 말하고(제8조의2 제1항 제4호), 일반지주회사라 함은 금융지주회사 외의 지주회사를 말한다(제8조의2 제1항 제5호). 공정거래법상 일반지주회사와 금융지주회사는 교차하여 다른 자회사의 주식을 소유할 수 없다. 다만, 일정한 경우 예외적으로 2년간의 유예기간을 두고 있다.

3. 최고지주회사 · 중간지주회사

여러 계층의 지주회사가 있을 경우, 정점에 있는 지주회사를 최고지주회사(top holding company) 또는 초지주회사(super holding company)라고 하고, 최고지주회사와 최저부의 사업회사의 사이의 지주회사를 중간지주회사(intermediary holding company)라 한다. 이 지주회사 기구를 통하여 동일 산업부문 또는 이종산업 부문에 걸친 다수의 기업을 집중시키고 독점적인 기업집중체를 이룰 때, 이것을 콘체른(Konzern)이라 통칭한다.21)

---

company)라고도 한다(최성근, 지주회사의 해금과 상법 관련 제도에 관한 연구, 한국법제연구원, 1999.6, 5면).

사업활동 영위 여부	순수지주회사	사업활동을 영위하지 않고 다른 회사의 주식을 소유함으로써 그 회사를 지배하는 것을 목적으로 하는 회사
	사업지주회사	직접 어떠한 사업활동을 영위함과 동시에 다른 회사를 지배하기 위하여 주식을 소유하는 회사

공정 거래법	일반지주회사	금융지주회사 외의 지주회사로 공정거래법상 일반지주회사와 금융지주회사는 상호 주식교차가 금지
	금융지주회사	금융업 또는 보험업을 영위하는 회사의 주식을 소유하는 지주회사

계층	최고지주회사 (초지주회사)	여러 계층의 지주회사가 있을 경우 정점에 있는 지주회사
	중간지주회사	최고지주회사와 최저부의 사업회사 사이의 지주회사

---

21) 이동원, 지주회사에 관한 법적 문제점 ―증권거래법을 중심으로―, 경영법률 제9집(1999), 250면.

제2장 지주회사 · 금융지주회사의 장 · 단점

제1 (금융)지주회사의 장점

금융지주회사의 장점으로는 특정 사업부문에 대한 진출과 퇴출이 용이하며, 합병에 따른 부작용을 최소화할 수 있으며 금융의 겸업화와 대형화를 통하여 금융그룹의 경쟁력을 향상시킬 수 있는 점 등이 있다. 구체적인 장점은 다음과 같다.

1. 기업재편의 용이

① 기업조직의 효율성 제고

지주회사제도를 활용하면 복잡한 법적 절차를 필요로 하는 합병이나 회사분할을 하지 않더라도 사업 종류별로 사업을 영위할 수 있다.[22] 뿐만 아니라 금융지주회사의 경우에는 급변하는 금융시장에 대응할 수 있도록 기업조직 개편이 용이하기 때문에 다양한 사업부문을 전략적으로 운영할 수 있는 장점이 있다.

② 유연한 인사 및 노무관리

지주회사의 경우에 각 사업부문마다 고용의 형태 및 조건을 달리함으로써, 법적 독립체의 기업에서는 기대할 수 없었던 경영조직 및 인사조직상의 탄력성을 제고할 수 있다.[23]

③ 사업위험의 조정으로 인한 신규분야에의 진출 및 벤처사업의 촉진

지주회사하에서는 자회사의 부실이 다른 자회사로 전이되는 문제점이 적으므로 기

---

22) 同旨 : 金相圭·李炯珪, 持株會社의 規制에 대한 法理的 檢討, 全國經濟人聯合會, 29면.
23) 한국금융연구원, 금융지주회사의 제도에 관한 연구, 1997.10, 8면.

존의 기업은 위험도가 높은 신규분야에 적극적으로 진출할 수 있고, 벤처사업 추진상의 장애도 제거될 수 있다.[24]

④ 책임경영체제의 구축

지주회사는 지주회사의 운영과 관련한 일상적인 경영활동을 영위하고 있으므로 외부감사기관에 비해 다양한 기업경영 기법에 대한 이해가 용이할 뿐 아니라 자회사의 재무상황에 대한 본질적인 정보를 가지고 있으므로 산하 자회사에 대한 효율적인 기업 감시 활동을 수행할 수 있다.

지주회사 제도는 자회사에 있어서 이른바 "소유와 경영의 분리"를 실현할 수 있는 형태이다.[25] 즉 지주회사 제도하에서는 자회사별로 경영성과가 측정됨으로써 경영평가가 용이하며 이에 따라 책임경영체제가 구축되고 조직성과가 극대화된다.

2. 기업결합의 탄력성 제고

지주회사는 직접겸영방식에 대해 특정 사업부문에 대한 진출과 퇴출이 용이하여 전체 그룹의 구조조정이 탄력적으로 이루어질 수 있는 장점을 가지고 있다.[26] 즉 기업문화와 근로조건이 다른 기업과 결합하는 경우 합병으로는 조직 및 인사의 일체화가 곤란하다. 이에 대하여 각각의 기업을 독립한 형태로 통합하는 지주회사의 경우에는 합병에 수반되는 조직 및 인사에 있어서의 마찰을 피하면서 합병과 같은 효과를 거둘 수 있다. 또한 최종적으로는 합병을 목표로 하는 경우에도 잠정적으로 지주회사형태를 활용함으로써 합병에 이르기까지의 마찰을 최소화할 수 있다.[27]

---

24) 全經聯 規制緩和室, 國際競爭力과 持株會社, 全國經濟人聯合會, 1995, 45면 참조.
25) 김문재, 지주회사의 도입에 따른 회사법의 방향, 상사법연구, 제18권 제1호(통권 제23호), 한국상사법학회, 1999, 73면.
26) 한국금융연구원, 금융지주회사제도에 관한 연구, 1997.10, 5면.
27) 金建植, 持株會社規制의 再檢討(日本에서의 改正論을 中心으로), 서울大 法學, 1996.3, 296-297면 참조. 금감원, 금융지주회사법 해설, 2003, 6면 참조.

3. 경영전략 기능의 강화

지주회사방식에서는 기업경영체계상 전략기능과 영업기능을 분리함으로써 지주회사의 경영층은 보다 장기적이고 넓은 관점에서 전체적으로 그룹경영전략을 설정할 수 있는 장점이 있다.[28] 따라서 순수지주회사의 경우에는 중립적 지위에서 지주회사 그룹 전체의 이익을 고려한 신속한 의사결정을 전략적으로 함으로써 경영의 전문화를 도모할 수 있고, 각 자회사에 흩어져 있는 자원을 효율적으로 배분할 수 있는 장점이 있다. 중립적인 입장에서 경영전략 기능을 강화함으로써 대외경영 환경변화에 신속히 대응할 수 있다.

제2 (금융)지주회사의 단점

(금융)지주회사 단점으로는 경제력 집중의 문제가 발생할 수 있고 금융지주회사가 자회사 발행주식의 일부만 소유하는 경우에는 자회사의 소수주주와 이해상충 문제가 발생할 수 있는 점 등이 있다.

1. 경제적 집중의 심화

지주회사의 역기능으로는 경제력 집중과 이로부터 파생하는 재무구조의 악화, 지배력의 독점, 경쟁제한·부당염매 기타 내부거래 등으로 인한 폐해를 들 수 있다. 지주회사가 갖는 가장 큰 폐해가 경제력 집중인데, 특히 금융지주회사의 경우 소자본으로 다수 금융기관을 지배하는 경우 금융기관의 운영상 부실화에 대한 우려가 높다. 비슷한 결합기업의 형태로는 카르텔(Kartell),[29] 트러스트(Trust),[30] 콘체른(Konzern)[31] 등이 있다.

---

28) 한국금융연구원, 금융지주회사제도에 관한 연구, 1997.10, 7면.
29) 카르텔은 기업 간에 법적, 경제적인 독립성을 유지하면서 상호계약에 의하여 경쟁을 제한

2. 소수주주와 채권자의 이익 침해 가능성

사업지주회사의 경우 지주회사와 자회사 간의 이해가 상충되는 경우에는 지주회사의 주주와 자회사의 소수주주 간의 이해가 상충될 수 있어 소수주주의 이익이 침해될 가능성이 높다.

순수지주회사의 경우 지주회사의 주주는 자회사의 경영에 직접적인 관여를 하기가 어려워지는 주주권의 간접화가 진행되어 자회사의 경영에 무관심하게 되기 싶고, 자회사에 대한 경영관여를 하게 되는 경우에도 지주회사의 주주총회를 통하여 관여할 수 있는데, 자회사의 통제에 있어서 지주회사의 경영진이 협조하지 않거나 자회사의 경영진과 공모를 하는 등의 경우에는 통제가 더욱 어려워져 지주회사의 소수주주 역시 권익이 침해될 가능성이 있다.

채권자의 경우에도 사업지주회사이건 순수지주회사이건 소수주주처럼 경영정보를 용이하게 얻을 수 없어 회사의 정보가 왜곡되는 경우에는 이익이 침해될 수 있다.

하고 시장에서의 지위확보를 추구하고자 하는 결합이다.

30) 트러스트란 광의로는 기업연합 혹은 합병의 개념을 포함한 독점적 기업결합 일반을 의미하고, 협의로는 다수의 동종영업을 행하는 주식회사 주주가 그 주식의 다수를 소수의 수탁인단(Board of trustees)에게 신탁하고 수탁인단으로 하여금 그 주식의 의결권행사를 통하여 신탁회사를 통일적으로 경영하게 하는 것이다.

31) 수개의 법적으로 독립한 기업이 통일적 지휘하에 통합되어 있는 경우에 형성되는 기업조직이다(독일주식법 제18조 제1항 1문).

장 점	단 점
• 기업재편의 용이 　- 기업조직의 효율성 제고 　- 유연한(탄력성) 인사 및 노무관리 　- 사업위험의 조정으로 인한 신규 분야에의 　　진출 및 벤처사업의 촉진 　- 책임경영체제의 구축(소유 경영의 분리) • 기업결합의 탄력성 제고 　- 합병에 수반되는 조직 및 인사에 있어서 　　마찰을 피하고 합병과 같은 효과 발생 • 경영전략 기능의 강화 　- 경영체계상 전략기능과 영업기능을 분리 　　하여 장기적인 관점에서 그룹전략 수립	• 경제적 집중의 심화 　- 재무구조의 약화, 지배력의 독점, 경쟁 　　제한, 부당염매 기타 내부거래 등으로 인한 　　폐해 발생 　- 금융지주회사의 경우 소자본으로 다수 　　금융기관을 지배하는 경우 부실화 우려 • 소수주주와 채권자의 이익 침해 가능성 　- 사업지주회사의 경우, 지주회사와 자회사간 　　이해가 상충할 경우 소수주주의 이익 침해 　- 채권자의 경우 경영정보를 용이하게 획득 　　할 수 없어 회사의 정보가 왜곡 가능

제3장 금융지주회사의 설립방법

제1 총 론

지주회사의 설립방법은 이를 어떠한 기준으로 구분하느냐에 따라 여러 가지로 분류할 수 있다. 지주회사의 설립방식은 크게 기존의 회사를 지주회사로 전환하는 유형과 새로이 지주회사를 설립하는 유형으로 나눌 수 있다.

기존회사 전환의 경우에는 기존의 회사가 법인격을 유지하면서 지주회사로 전환되는 것이므로 당해 회사의 주주의 권리와 자본구성이 원칙적으로 변경되지 아니한다. 이러한 기존의 회사를 지주회사로 전환하는 유형에는 공각방식(空殼方式)[32]과 회사분

---

[32] 공각의 사전적 의미는 곡식이나 열매의 빈 껍질을 의미하는바, 사업의 실체는 자회사, 즉 사업회사로 이전되고 기존의 회사는 지주회사로서 관리·지배 기능만을 갖게 된다는 의미에서 공각방식이라는 용어를 사용하고 있다(최성근, 지주회사의 해금과 상법관련제도에 관한 연구, 한국법제연구원, 1999.6, 18면 주(11) 참조). 그러나 이러한 공각방식이라는 표현은 상법

할방식이 있다.

장래 지주회사로 될 회사를 설립하고 현재 사업을 영위하고 있는 회사의 주주가 보유하는 주식을 새로이 신설되는 지주회사에 이전함으로써 성립하는, 즉 새로이 지주회사를 설립하는 유형에는 중간지주회사방식, 공개매수방식, 제3자신주발행방식이 있다.

그 밖에도 미국 및 일본에서 도입된 주식교환(share exchange) 또는 주식이전[33] 제도가 있고, 모회사의 주식을 합병대가로 제공하는 삼각합병(triangular merger) 등이 있다.

제2 공각방식에 의한 지주회사 설립

1. 의 의

공각방식이란 현재 사업을 영위하는 회사가 새로이 설립하는 자회사 또는 이미 존재하는 회사에 각 사업부문을 현물출자, 재산인수, 사후설립 등의 방법에 의하여 이전하고 자회사를 설립하는 방식으로 지주회사가 되는 방법을 일컫는다.[34] 이 공각방식에 의하면 최종적으로는 기존의 회사가 지주회사와 산하의 자회사인 사업회사로 재편된다.

공각방식으로 지주회사를 설립하는 경우에는 불가피하게 현물출자, 재산인수, 사후설립 등에 의한 자회사의 설립이라고 하는 단계를 거쳐야 하므로 이 방식에 있어서는

상 회사분할제도가 도입되기 전에 다양한 설립형태를 설명하기에 적합할지 모르나, 지금은 오히려 혼동을 초래할 소지가 있기 때문에 회사분할의 유형을 구분하는 형태로서 사실상 회사분할의 표현을 사용하는 것이 적합하다는 견해가 있다(윤현석, 회사법상 주식교환·주식이전제도의 도입에 관한 연구, 인천법학논총 제3집(2000), 239면 각주 6) 참조).

33) 주식교환·주식이전 제도는 2001년 개정상법에 도입되면서 금융지주회사법에 규정되어 있던 조문을 삭제하였다.

34) 최성근, 지주회사의 설립방식, 상사법연구, 제18권 제1호(통권 제23호), 한국상사법학회, 1999, 116면.

종래의 분사절차와 마찬가지로 사업활동 자산을 다른 회사로 이전시킴으로써 발생하는 법률상의 각종의 절차, 자산양도의 발생가능성 또는 현물출자에 대한 엄격한 검사절차 등이 중대한 장애요인이 될 수 있다.

　그러나 이 방식에 의하면 ① 다른 방법보다 절차가 용이하고 ② 기존의 사업부분을 이전하므로 별도의 자금이 들지 않고 ③ 회사의 부분별로 자회사를 만들어 편입시킬 수 있으므로 기업을 유연하게 운영할 수 있다는 장점이 있다.

2. 종 류

　공각방식은 사업부문의 이전방법에 따라 설립 시의 현물출자·재산인수·사후설립·신주발행에 대한 현물출자 방식의 4가지로 분류할 수 있다.

　현물출자란 토지·건물과 같은 부동산, 유가증권·상품 등의 동산, 그 밖에 특허권·지상권 등의 무형자산에 의한 출자를 말하고, 재산인수방식이란 현재 사업을 영위하고 있는 회사가 자회사의 설립 시에 그 발기인과 설립을 정지조건으로 재산인수계약을 체결하여 사업부문을 이전하는 방식이다.

　사후설립이란 회사가 그 성립 후 2년 내에 그 성립 전부터 존재하는 재산으로서 영업을 위하여 계속하여 사용할 것을 자본의 100분의 5 이상에 해당하는 대가로 취득하는 계약을 말한다(상법 제375조). 신주발행에 대한 현물출자 방식은 현재 사업을 영위하고 있는 회사가 자회사 또는 이미 존재하는 다른 회사의 신주발행에 대한 현물출자에 의하여 사업부문을 이전하는 방식이다(상법 제416조 제4호).

　현물출자, 재산인수, 사후설립 제도는 모두가 주식회사의 자본충실의 원칙을 지키기 위하여 금전출자로 하지 않은 경우 물건이나 재산 등의 과대평가를 방지하기 위한 것이라는 점에서는 공통점을 가지고 있다. 그러나 현물출자는 단체법상의 현물행위이라는 점에서, 재산인수는 개인법상의 거래행위란 점에서 구별되고, 재산인수는 회사성립 전의 계약이나 사후설립은 회사 성립 후의 계약이라는 점에서 구별된다.

현물출자 등에 의한 자회사의 설립 시에는 현물출자가 정관의 변태설립사항[35]이므로 일정한 절차를 요한다.[36]

제3 회사분할에 의한 지주회사 설립

1. 의 의

회사의 분할이란 1개의 회사가 2개 이상의 회사로 나누어져, 분할 전 회사(피분할회사)의 권리의무가 분할 후 회사에 포괄 승계되고 분할 전 회사가 소멸하는 경우에는 청산절차 없이 소멸되며, 원칙적으로 분할 전 회사의 사원이 분할 후 회사의 사원이 되는 회사법상의 법률요건을 말한다. 즉 회사분할은 청산절차를 걸치지 않고 그 회산의 재산을 1개 또는 수 개의 신회사에 출자하여 신회사를 설립하는 것을 말한다.

회사분할 방식에 의한 지주회사의 설립이란 여러 사업부문을 영위하고 있는 기존 기업이 완전 자회사를 설립하고 설립한 자회사에 사업을 분할하여 이전한 후 자신은 지주회사로 전환하여 자회사 지배에 전념하는 방식을 말한다.

---

35) 상대적 기재사항 중 회사의 설립 시에 자본충실을 기하기 위하여 반드시 정관에 기재하여야만 그 효력이 있는 것으로 규정하고 있는 사항을 변태설립사항이라 한다(상 제290조). 변태설립 사항은 그것이 남용된 경우 회사의 재산적 기초를 약화시켜 채권자 및 모집 주주의 이익을 침해할 위험이 있으므로, 상법은 첫째 반드시 정관에 기재하여야 그 효력이 발생하도록 함은 물론, 둘째 주식청약서에도 기재하도록 하고(제320조 2항 2호), 셋째 원칙적으로 법원이 선임한 검사인에 의하여 엄격한 조사를 받도록 하고 있다(제299조 1항, 제310조).
36) 1995년 상법개정에서 株式會社의 발기설립 또는 現物出資의 경우 檢査人의 조사를 公證人 또는 鑑定人의 조사·보고 또는 감정으로 갈음할 수 있도록 하였는데, 이는 그동안 법원이 불필요하게 개입하고, 법원의 개입이 전문성의 결여로 실익도 없을 뿐만 아니라 법원의 개입절차를 둠으로써 상당한 시일과 비용이 소요된다는 비판에 따라 공인된 감정인의 감정으로 검사인의 보고에 갈음할 수 있도록 하였다. 그러나 당해 조사 또는 감정결과를 法院에 보고하여야 하는지에 대해서는 명문의 규정을 두고 있지 않았으나, 이러한 의문을 해소하여 조사 또는 감정결과를 法院에 보고하여야 하는 것으로 1998년 상법에 규정하였다.

2. 회사분할의 종류

(1) 단순분할·분할합병

합병과 관련을 갖지 않은 회사분할을 단순분할이라고 하고 합병과 결합된 회사분할을 분할합병이라고 한다. 단순분할에는 분할 전 회사(피분할회사)가 소멸되는 완전분할(해산분할)과 분할 전 회사(피분할회사)가 존속하는 불완전분할(존속분할)이 있다. 상법상 (단순)분할의 경우 분할 전 회사의 존속 유무를 불문하므로(상530의2 ①) 완전분할과 불완전분할이 모두 인정된다(상530의5 ①·②).

분할합병이란 어느 회사(분할 전 회사)가 분할한 후에 그 분할된 부분(회사)이 다른 기존회사나 또는 다른 회사의 분할된 부분(회사)과 합병하여 하나의 회사가 되는 형태를 말한다. 분할합병에는 다시 두 가지가 있는데, 분할된 부분(회사)이 다른 회사에 흡수되는 흡수분할합병과, 분할된 부분(회사)이 다른 기존 회사의 분할된 부분(회사)과 합쳐져 회사가 신설되는 신설분할합병이 있다.

(2) 설립·분할합병

설립·분할합병이란 회사가 분할하여 새로운 회사가 설립되는 것과 동시에 다른 분할 후 신회사가 다른 회사와 합병되는 형태이다. 피분할회사(갑)는 존속할 수도 있고(불완전분할) 소멸할 수도 있다(완전분할).

(3) 해산회사의 완전분할

해산사유로 해산하는 회사는 그 해산회사 자체는 절대로 소멸해야 하며(완전분할), 회사분할을 하는 경우에도 존립 중의 회사를 존속회사로 하는 경우나 신회사를 설립하는 경우에만 분할 또는 분할 합병할 수 있다.

(4) 인적분할·물적분할

분할부분에 해당하는 지분(신주)을 분할 전 회사의 사원(주주)에게 배당하는 형태의 회사분할을 인적분할이라고 하고, 분할부분에 해당하는 지분(신주)을 분할 전 회사의 사원(주주)에게 배당하지 않고 분할 전 회사가 취득하는 형태의 회사분할(자회사설립)을 물적분할이라고 한다. 상법은 이 양자를 모두 인정하고 있다($^{상\ 530의2,}_{530의12}$).

☞ 분할의 종류37)

단순분할 (530조의 2 ①항)	해산분할 (완전분할)	甲 =〉乙 + 丙 * 기존회사가 분할 후에 소멸	甲은 소멸 (乙, 丙의 주식은 甲의 주주에게 분배)
	존속분할 (불완전분할)	甲 =〉甲´+ 乙(또는 丙) *기존회사가 분할후에 존속	甲은 존속 (乙, 丙의 주식은 甲의 주주에게 분배)
분할합병 (530조의 2 ②항)	흡수분할합병 (분할+흡수합병)	甲 =〉甲´+【乙 → 丁】 *출자되는 부분이 기존회사에 흡수	甲은 자본감소 丁(기존회사)은 자본증가
	신설분할합병 (분할+신설합병)	甲 =〉甲´+【乙 + 丁】→ A * 출자되는 부분이 기존의 회사와 함께 신회사(A) 설립	
530조의 2 ③항	설립·분할합병	甲 =〉甲´+ 乙 +【丙 → 丁】 or 甲 =〉乙 +【丙 → 丁】	
530조의 2 ④항	완전분할만 인정 (甲은 소멸회사)	甲 =〉乙 + 丙 or 甲 =〉乙 +【丙 → 丁】	甲이 해산사유가 있는 경우 →해산됨

3. 회사분할 및 분할합병의 절차

분할절차는 분할계획서(단순분할의 경우) 또는 분할합병계약서(분할합병의 경우)의

---

37) 나승성, 商法 改正內容 解說, 韓國上場會社協議會, 1999.2, 100면.

작성을 기초로 하여 진행된다($\substack{\text{상}\\\text{의3}} \substack{530\\①}$).

☞ **회사분할 및 분할합병의 절차38)**

		분 할	분 할 합 병
정 의		회사를 분할에 의해 1개 또는 수 개의 회사로 설립	회사를 분할에 의해 1개 또는 수 개의 존립 중의 회사와 합병
절차	계약서 작성 ↓	설립되는 회사의 상호·목적·본점의 소재지 및 공고의 방법, 설립되는 회사가 발행할 주식의 총수 및 1주의 금액 등 10가지를 기재(상 530의5 ①) 분할후 회사가 존속하는 경우에는 감소할 자본과 준비금의 액, 자본감소의 방법 등 6가지(동 ②)	분할되는 회사 일부가 다른 회사와 합병하여 그 다른 회사가 존속 시 : 발행할 주식의 총수를 증가하는 경우에는 증가할 주식의 총수·종류 및 종류별 주식 수 등 11가지를 기재(상 530의6 ①) 분할되는 회사 일부가 다른 회사 또는 다른 회사 일부와 분할 합병하여 회사설립 시 : 설립되는 회사가 분할합병에 있어 발행하는 주식의 총수·종류 및 종류별 주식 수 등 7가지(동 ②)
	공시 ↓	주주총회의 회일의 2주 전부터 분할의 등기를 한 날 이후 6개월간 본점에 비치(상 530의7)	주주총회의 회일 2주전부터 분할합병을 한 날 이후 6개월간 본점에 비치(상 530의7)
	주주총회 승인↓	주주총회 특별결의(주주의 의결권의 3분의 2 이상의 수와 발행주식 총수의 3분의 1 이상의 수로 결의)(상 434조) 종류주주총회결의(회사가 수종의 주식을 발행한 경우 어느 종류의 주주에게 손해를 미치게 되는 때)(상 435조) 주주 전원의 동의(회사분할로 인하여 각 회사의 주주의 부담이 가중되는 경우)(상 530의3 ⑥)	주주총회 특별결의(주주의 의결권의 3분의 2 이상의 수와 발행주식 총수의 3분의 1 이상의 수로 결의)(상 434조) 종별주주총회결의(회사가 수종의 주식을 발행한 경우 어느 종류의 주주에게 손해를 미치게 되는 때)(상 435조) 주주 전원의 동의(회사분할로 인하여 각 회사의 주주의 부담이 가중되는 경우)(상 530의3 ⑥)
	회사의 설립	제530의4에서 신설 규정 (회사설립에 관한 규정 준용)	신설합병의 창립총회(상 527조)를 준용하여 설립(상 530의11)

---

38) 나승성, 商法槪說, 自由, 2002.6, 377면 이하 참조.

4. 회사분할의 효과

분할로 인하여 설립되는 회사 또는 존속하는 회사는 분할 전 회사의 권리와 의무를 분할계획서 또는 분할합병계약서가 정하는 바에 따라 포괄적으로 승계한다($^{상\ 530}_{의10}$). 이 점에서 회사의 분할은 영업양도와 근본적으로 구별된다. 분할로 인하여 설립되는 회사 또는 존속하는 회사는 분할 전 회사의 모든 채무를 원칙적으로 연대하여 변제할 책임이 있다($^{상\ 530의}_{9\ ①}$).

제4 기업매수방식에 의한 지주회사 설립

기업매수방식에 의한 지주회사의 설립이란 장래 지주회사가 될 회사를 설립하여 신설회사가 현재 사업을 행하고 있는 회사의 주주들이 보유하고 있는 주식을 유상취득의 방법으로 취득하여 기존 회사를 자회사로 편입하여 지주회사로 되는 방법을 말한다. 이 점에서 공각방식이 자회사로 사업 회사를 설립하는 방식인 데 반해, 기업매수방식은 역으로 지주회사가 될 예정인 회사를 설립하는 방식이라는 점에서 차이가 있다.

기업매수방식에 의한 지주회사 설립의 경우는 회사설립과정에서 현물출자 등 변태설립이 이루어지지 않기 때문에 변태설립사항에 대한 조사가 필요하지 않다. 그리고 사업회사의 법인격에 변경이 없기 때문에 권리의무 승계 및 회계·경제상의 지위변경에 따른 문제도 발생하지 않는 등 절차상의 번거로움을 피할 수 있다는 점이 기업매수방식에 의한 지주회사 설립의 장점으로 지적될 수 있다. 그러나 기업매수방식에 의하는 경우에는 매수의 성공여부가 불확실하고 매수하는 데 많은 자금이 필요하다는 단점이 있다.[39]

---

39) 최성근, 지주회사의 설립방식, 상사법연구, 제18권 제1호(통권 제23호), 한국상사법학회, 1999, 131면.

제5 제3자신주발행에 의한 지주회사 설립

제3자 신주발행에 의한 지주회사 설립은 지주회사로 될 회사를 설립하고 지주회사로 될 회사에 의한 제3자 신주발행에 대하여 사업회사의 주주가 그 보유하는 주식을 현물출자하면서 지주회사의 주식을 배정받는 방식이다. 이 방식에 의하면 사업회사의 법인격이 변경되지 않기 때문에 권리·의무관계의 승계 등이 문제되지 아니한다. 또한 사업회사 측의 주주총회결의를 요하지 않을 뿐만 아니라 기업매수방식과는 달리 다액의 매수자금을 조달할 필요가 없다.[40] 그러나 이 방법은 신주발행에 응할 것인가의 여부는 사업회사의 주주 개개인에 달려 있기 때문에 그 성사 여부가 불투명하다는 단점이 있다.

제6 삼각합병에 의한 지주회사 설립

1. 삼각합병의 의의

삼각합병(triangular merger)이란 존속회사 또는 소멸회사의 주주가 모회사의 주식을 합병의 대가로 제공받는 합병이다.[41] 즉 취득회사가 자회사를 이용하여 대상회사의 주식전체를 취득하는 방법이다.

삼각합병이란 명칭은 합병에 관계하는 당사회사가 3자가 존재한다는 데서 붙여진 명칭이다. 삼각합병은 합병 시에 당사회사 중 어느 회사가 소멸회사가 되느냐에 따라 정삼각합병(forward triangular merger)과 역삼각합병(reverse triangular merger)으로 나뉜다.[42]

---

40) 최성근, 지주회사의 설립방식, 상사법연구, 제18권 제1호(통권 제23호), 한국상사법학회, 1999, 132면.

41) 삼각합병은 미국과 캐나다의 실정법에서 이를 채용하고 있고, 실무적으로 주식교환보다 활용빈도가 높다고 한다(中東正文, 株式交換による持株會社の設立, 商事法務, No. 1482, 1998.2.15, 4頁).

2. 정삼각합병

정삼각합병은 이하의 수순으로 행하여지는 합병을 말한다. 매수를 행하는 회사가 우선 100% 자회사를 설립하고, 그 자회사에 현금 또는 매수회사의 주식을 투자하여 그 후 그 자회사에게 매수의 대상회사를 흡수 합병한다. 매수대상회사의 주주는 현금 또는 매수회사의 주식을 취득한다. 즉 기존금융기관이 금융지주회사가 되려는 회사를 먼저 설립하고 당해 금융지주회사가 신금융기관을 설립하고, 신금융기관이 기존금융기관을 합병하고 기존금융기관의 주주는 합병에 의해 교부받은 신금융기관의 주식을 당해 금융지주회사에 현물출자하는 방법이다. 예를 들면, A회사가 B회사를 100% 자회사로 하기 위하여 정삼각합병을 실행하는 경우를 상정하면, ① A가 100% 자회사 C를 설립하고, ② B와 C가 B를 소멸회사, C를 존속회사로 하여 합병하며, ③ 소멸회사 B의 주주에 대하여 합병의 대가로 존속회사 C의 주식이 아닌 존속회사 C를 보유하고 있는 A회사의 주식을 교부하는 수순이 된다. 이로써 A회사의 100% 자회사인 C가 B회사의 사업을 포괄승계함과 동시에 종래의 B회사의 주주 전부는 A회사의 주주로 된다.[43]

3. 역삼각합병

역삼각합병이란 이하의 수순으로 행하여지는 합병을 말한다. 즉 취득회사가 100% 자회사를 설립하고, 그 자회사는 취득회사에 대하여 신주발행을 행하고, 그 대가로서 취득회사의 주식을 취득한다. 그리고 매수대상회사를 존속회사로 하여 100% 자회사와 흡수합병한다. 그 결과 최종적으로 취득회사의 100% 자회사로 된다. 취득회사가 보유하는 자회사의 주식은 매수대상회사가 새롭게 발행되는 주식과 교환되고, 동시에 매수대상회사의 주주는 그 주식과 교환으로 현금 또는 취득회사의 주식을 취득한다. 그 결과로써 매수대상회사는 취득회사의 100% 자회사로 된다.[44]

---

42) 최성근, 지주회사의 해금과 상법관련제도에 관한 연구, 한국법제연구원, 1999.6, 35면 이하 참조.
43) 최성근, 지주회사의 해금과 상법관련제도에 관한 연구, 한국법제연구원, 1999.6, 35면.

제7 중간지주방식에 의한 지주회사 설립

중간지주회사방식은 기존의 회사가 자회사로 지주회사를 설립하고 보유하고 있는 다른 자회사의 주식을 그 회사에 이전하는 방식이다.[45] 중간지주회사에 대하여 기대되는 기능은 해외사업 부문 총괄기능, 신규사업 부문 총괄기능 등이다. 지주회사가 허용된다면 국내에 전체 해외사업부문을 총괄하는 중간지주회사를 설립하는 것도 가능하게 된다.[46]

제8 주식교환·주식이전에 의한 지주회사 설립

1. 주식교환의 의의

(1) 주식교환의 개념

주식교환이란 완전모회사가 되는 (존속)회사가 완전자회사가 되는 회사의 발행주식의 총수와 자기회사의 주식을 교환함으로써 완전자회사가 되는 회사의 주식은 완전모회사가 되는 회사에 이전되고, 그 완전자회사가 되는 회사의 주주는 그 완전모회사가 되는 회사가 발행한 신주의 배정을 받아 그 회사의 주주로 되는 것을 말한다(상의2 360).

---

44) Robert w. Hamilton, *The law of corporation*, West Publishing co., 1996, pp. 542-543.
45) 대기업은 현재도 事業持株會社의 形態를 유지하고 있는 경우가 많다. 이 경우 中間持株會社를 설립하여 事業持株會社가 보유하고 있는 子會社의 株式을 現物出資의 形態로 中間持株會社에 이전하는 방법을 상정해 볼 수 있다(藤田友敬, 持株會社の設立, 商事法務, No. 1431, 1996.8.5, 4면).
46) 서윤수, "지주회사의 허용과 관련법제의 정비에 관한 입법론적 고찰", 「법학석사학위논문」 (한양대, 1998.8), 73면.

(2) 주식교환의 법적 성질

기업을 인적조직과 물적조직과의 유기적 결합체라고 한다면 주식교환은 기업을 구성하는 인적조직과 물적조직의 유기적인 결합을 분리하여 인적조직을 별도의 법주체에 이전·흡수시켜 그 별개의 법주체끼리 완전모자회사라는 결합관계로 묶는 행위이다. 반면에 합병은 복수의 합병당사회사의 인적조직 및 물적조직이 완전히 합체하는 것이고, 영업양도는 기존회사의 인적조직을 회사법인과 동시에 존속시키면서 물적조직만을 양수회사에 이전하는 것이다.

2. 주식이전의 의의

(1) 주식이전의 개념

주식이전이란 완전모자회사관계를 창설하기 위하여 완전자회사가 되는 회사가 갖는 그 회사의 주식을 완전모회사가 되는 회사에 이전시키고 완전자회사가 되는 회사의 주주에게는 완전모회사가 되는 회사가 주식이전에 있어서 발행하는 주식을 배정함으로써 완전모회사를 설립시키는 제도이다($\frac{상}{의15}^{360}$).

(2) 주식이전제도와 구별되는 개념

주식이전제도는 주식교환, 합병, 현물출자 등과 구별되는데 그 구별되는 점은 다음과 같다. 주식교환은 기존의 회사 사이에 완전모자회사관계를 신설하는 것이지만, 주식이전은 새로이 회사를 신설하는 점에서 차이가 있다. 뿐만 아니라 현물출자의 경우에는 검사인의 조사가 요구되는 점에서 주식교환이나 주식이전과 구별된다.

주식이전에 있어서는 주식교환과는 달리 소규모 주식이전이나 간이 주식이전제도가 개념상 있을 수 없다.

☞ 주식교환과 주식이전의 비교[47]

	주식교환	주식이전
1. 목적	완전모회사관계의 창설	완전모회사의 설립
2. 내용	상법 제352조 자회사가 되는 기존의 회사(완전자회사)의 주식의 모두를 기존의 회사(완전모회사)에 이전하여, 대신에 완전모회사가 발행하는 신주를 완전자회사의 주주에게 배당하는 것에 의해, 완전자회사가 완전모회사의 완전자회사가 되는 것	상법 제364조 기존의 회사(완전자회사)의 주식의 모두를 새롭게 설립하는 회사(완전모회사)에 이전하여, 대신에 완전자회사의 주주에게, 완전모회사가 설립에 있어서 발행하는 신주를 배당하는 것에 의해, 기존의 완전자회사가 신설되는 완전모회사의 완전자회사가 되는 것
3. 방법	상법 제353조	상법 제365조
· 주주총회	· 각 회사에서 「주식교환계약서」를 작성하여, 각각의 주주총회에서 승인(특별결의)을 얻는 것이 필요 · 경우에 따라 주식의 양도제한을 정하는 정관변경 결의가 필요 · 주식교환계약서	· 완전자회사에서 「주식이전에 관한 사항」에 관해서 주주총회에서 승인(특별결의)을 얻는 것이 필요 · 경우에 따라 주식의 양도제한을 정하는 정관변경 결의가 필요 · 주식이전에 관한 사항
· 승인사항	(1) 주식교환에 의해 완전모회사가 정관을 변경할 때는 그 규정(상호, 목적, 본점소재지, 발행하는 주식의 총수, 주식의 양도제한) (2) 신주발행에 관한 사항(완전모회사가 발행하는 신주의 총수, 액면무액면의 구별, 종류 및 수, 완전자회사주식에 대하는 배당비율) (3) 완전모회사의 증가해야 할 자본금 및 자본준비금에 관한 사항 (4) 완전자회사의 주주에게 하는 주식교환교부금 (5) 주주총회일 (6) 주식교환의 날 (7) 각 회사의 이익배당금 등에 관한 사항 (8) 완전모회사의 이사 및 감사의 임기에 관한 사항(상법 제361조)	(1) 설립하는 완전모회사의 정관의 변경 (2) 주식발행에 관한 사항(완전모회사가 발행하는 주식의 종류 및 수, 완전자회사 주식에 대하는 주식배당비율) (3) 설립하는 완전모회사의 자본금 및 자본준비금에 관한 사항 (4) 주식이전교부금 (5) 주식이전기일(주식이전을 해야 되는 시기) (6) 이익배당금 등에 관한 사항 (7) 이사 및 감사의 성명 (8) 회사가 공동하여 완전모회사를 설립할 때는 그 취지 (9) 완전모회사가 큰 회사에 해당할 때는, 회계감사인의 선임이 필요(상법특례법3조7항)
· 사전비치서류	상법 제354조	상법 제366조
· 내용	(1) 주식교환계약서 (2) 완전자회사의 주주에 대하는 주식의 배당에 관한 사항에 대하여 그 이유를 기재한 서면 · 주식교환비율에 관한 설명서 · 주식교환비율의 산정방법 (3) 각 회사의 대차대조표 및 손익계산서	(1) 소집통지에 기재된 의안의 요령 (2) 좌동 · 주식이전비율에 관한 설명서 · 주식이전비율의 산정방법 (3) 완전자회사의 대차대조표 및 손익계산서 　 완전자회사의 본점

---

47) 나승성, 株式交換·株式移轉에 관한 研究, 判例月報, 判例月報社, 第362號, 2000.11. 56-74面 참조. 林勇, 親子會社法制の改正と實務對應(上) — 株式交換·株式移轉手續の概要とスケジュール —,商事法務 No.1549(2000. 1.25), 14-15頁.

	주식교환	주식이전
· 비치기간	주주총회의 회일의 2주 전부터 주식교환의 날 이후 6개월을 경과하는 날까지	주주총회의 회일의 2주 전부터 주식이전의 날 이후 6개월을 경과하는 날까지
· 비치장소	각 회사의 본점	완전자회사의 본점
· 비치대상자	주주만(채권자는 포함되지 않는다)	좌동
주식매수청구권	상법 제355조 교환에 이의가 있는 각 회사의 주주는 매수청구권이 있다.	상법 제371조 제3항 좌동
주권의실효절차	상법 제359조	상법 제368조
· 공고 · 통지	완전자회사는 주식교환의 날의 1개월 전에 공고하거나 주주 및 등록질권자에 대하여 개별적으로 통지	주권제출기간개시 전까지 공고하여 주주 및 등록질권자에 대하여 개별적으로 통지
· 내용	(1) 주식교환계약서의 승인이 주주총회에서 결의된 취지 (2) 주식교환의 날의 전날까지 주권 및 단주권을 회사에 제출해야 할 취지 (3) 주식교환의 날에서 주권 및 단주권은 무효로 되는 취지	(1) 주식이전의 승인이 주주총회에서 결의된 취지 (2) 일정한 기간 내에 주권 및 단주권을 회사에 제출해야 할 취지(단지, 1개월을 내리는 것을 얻지 않고) (3) 주식이전의 날에서 주권 및 단주권은 무효로 되는 취지
등기	개정상업등기법 제89조의2	상법 제369조, 개정상업등기법89조의3
· 내용	완전모회사에서 발행주식 총수 및 자본금의 증가에 따르는 변경등기	완전모회사의 본점의 소재지에서 회사설립의 등기
· 첨부서류	(1) 주식교환계약서 (2) 완전자회사의 주주총회의사록 (3) 완전자회사의 등기부등본 (4) 주식교환에 의해 증가하는 자본금의 한도를 증명하는 서면 (5) 주식교환계약서의 승인결의를 한 취지 및 주권제출 및 주권무효의 공고를 한 것을 증명하는 서면 (6) 양도제한을 하는 경우 별도첨부서류를 요함	(1) 완전자회사의 주주총회의사록 (2) 완전자회사의 등기부등본 (3) 완전모회사가 되는 회사의 정관 (4) 이사, 대표이사 및 감사가 취임을 승낙한 것을 증명하는 서면 (5) 명의개서대리인 또는 등록기관을 둘 때는 이들 사람과의 계약을 증명하는 서면 (6) 완전모회사의 자본금의 한도액을 증명하는 서면 (7) 주식이전의 승인결의한 취지 및 주권제출 및 주권무효의 공고를 한 것을 증명하는 서면
효력발생시기	상법 제352조 제2항, 제353조 제2항 제6호 ·주식교환의 일	상법 제370조 ·설립한 완전모회사의 본점소재지에서, 등기되었을 때
무효의 소	상법 제363조	상법 제372조
· 의의	주식교환의 무효는, 소를 주장할 수 있음	좌동
· 제소권자	무효의 소는 각 회사의 주주, 이사, 감사(소회사의 감사는 제외) 또는 청산인에게 한함	좌동
· 절차	주식교환의 날에서 6개월 이내에 완전모회사의 본점의 소재지의 지방 재판소에 제기함	좌동

	주식교환	주식이전
· 효과	·무효로 하는 판결이 확정하였을 때는, 완전모회사는, 완전자회사의 주식을 주주에게 이전하지 않으면 안 됨 ·주식교환에 의해서 발행된 신주는 장래에 향하여 그 효력이 부정됨	좌동
질권의 효력	상법 제362조 제2항 : 질권은 주식교환에 있어서 발행되는 신주에도 미침	상법 제371조 제2항 좌동
사후공시	상법 제360조	상법 제371조 제3항
· 내용	주식교환의 날, 주식교환의 날에 완전자회사에 현존하는 순자산액, 주식교환에 의해 완전모회사에 이전한 완전자회사의 주식의 수, 기타 주식교환에 관한 사항을 기재한 서면	좌동
· 비치기간	주식교환의 날에서 6개월	좌동
· 비치장소	각 회사의 본점에 비치	좌동
· 열람대상자	주주만	좌동

제9 기타 방식에 의한 지주회사 성립

1. 교환공개매수(교환매수) 방식에 의한 지주회사 설립

교환공개매수(교환매수)란 일반적으로 취득회사가 대상회사 주식을 공개매수하면서 그 대가로서 현금이 아닌 다른 유가증권을 교부하는 것을 가리킨다.[48]

---

48) 공개매수의 대가로서 취득회사가 신주를 발행할 때 발생할 때 법적 쟁점에 대해서는 노혁준, 교환공개매수를 통한 지주회사의 설립, 지주회사와 법(김건식·노혁준 편저), 小花, 2005, 243-287면 참조.

제2편 지주회사 입법례

제1장 지주회사의 입법례 개관

제2장 각 국의 지주회사법제

제1장 지주회사의 입법례 개관

1. 지주회사의 세계적 허용 추세

세계에서 순수지주회사를 금지하고 있던 일본[49]과 우리나라에서 순수지주회사를 허용함에 따라 세계에서 순수지주회사를 금지하고 있는 입법례는 없다.[50] 즉 미국, 영국, 독일, 프랑스 등 구미선진국의 경우에는 경쟁법상 순수지주회사를 금지하는 특별한 규정을 두고 있지 않다.

2. 지주회사 운용의 특징[51]

이와 같이 구미 선진국에서 순수지주회사가 허용되더라도 실제로 모든 나라에서 순수지주회사 방식이 활용되고 있는 것은 아니다. 즉 국가 간 기업풍토나 기업문화에 따라 순수지주회사의 운영실태도 나라마다 조금씩 차이가 있다.

예컨대, 미국의 경우에는 본업중심주의에 입각하여 순수지주회사 방식보다는 사업부제, 즉 사업지주회사 방식을 채택하는 대기업들이 압도적으로 많다. 순수지주회사는 오히려 해외사업을 총괄하는 기관으로써 많이 활용되고 있다. 또 은행업이나 공익사업

---

49) 한편 종래 일본의 독점금지법도 순수지주회사를 직접적·원천적으로 금지하고 있었으나, 1997년 6월 독점금지법의 개정을 통하여 순수지주회사의 설립을 원칙적으로 허용하고 있다.

50) 우리나라 법제는 순수지주회사에 관해 공정거래법에서 규정하고 있는데, 공정거래법이 부당내부거래를 규제하고자 하는 취지이기 때문에 순수지주회사에 관한 법제는 회사법에서 규정하는 것이 타당하다는 주장이 있다(양재호, 금융지주회사 규제에 관한 연구 ― 입법론적 고찰을 중심으로 ―, 숭실대 박사학위논문, 2005.6, 173-174면).

51) 서윤수, "지주회사의 허용과 관련법제의 정비에 관한 입법론적 고찰", 「법학석사학위논문」 (한양대, 1998.8), 30-31면.

과 같은 규제업종에 종사하는 기업이 그대로는 사업다각화나 영업지역 확장을 할 수 없기 때문에, 순수지주회사를 설립하여 은행이 여타 금융업에 진출하거나 다른 주에 은행업 진출을 꾀할 수 있다.

이에 비해 영국, 독일, 프랑스 등에서는 효율적인 사업다각화를 위해 기업그룹 내 본사를 순수지주회사화하여 자회사의 활동을 효율적으로 관리함은 물론 자회사 간 중복된 사업을 합병하기 위한 수단으로서 당해 자회사를 순수지주회사화하는 경우가 많다고 한다.

3. 금융지주회사의 입법례 특징

금융지주회사제도도 대부분의 선진국에서는 이미 널리 활용되고 있는 기업형태이지만 각국의 도입 배경은 다르다.[52] 미국은 은행지주회사제도가 정부의 규제를 피하기 위한 수단으로 발달했던 반면, 유럽의 경우는 겸업주의의 일부분으로서 지주회사제도가 발달되어 왔다.[53]

미국은 자국의 경쟁력 확보를 위해서는 기업규모나 기업형태에 대한 규제를 완화해야 한다는 여론에 밀려 금융서비스 현대화법을 제정하였다.[54] 즉 미국에 있어서 금융지주회사제도가 도입되게 된 이유는 첫째, 글래스-스티걸법을 폐지하여 자회사를 통한 금융겸업을 할 수 있도록 하고, 둘째, 금융겸업을 허용하는 데 있어 지주회사제도가 금융기관의 동반부실을 예방하는 데 가장 적합한 제도라도 판단하였기 때문이다.[55]

---

52) 선진국 금융지주회사에 대한 개괄적인 설명은 금감원, 금융지주회사법 해설, 2003, 15면-30면; 이동원, 지주회사에 관한 비교법적 고찰, 지주회사와 법(김건식·노혁준 편저), 小花, 2005, 37-82면 참조.
53) 송승훈, 금융지주회사제도에 관한 연구, 고려대 석사학위논문, 2000, 21면.
54) 한유경, "금융지주회사-미국, 유럽 사례", 「신한리뷰」, 제13권 제3호(2000년 가을호), 21면.
55) 성대규, "미국 금융서비스현대화법의 주요내용과 그 시사점", 「생명보험」, 2000.3, 28면. 따라서 미국식의 지주회사 도입에 대해 우리나라는 현행 은행소유 제한제도 때문에 미국식

　미국의 금융기관들과는 달리 유럽 금융기관들은 정부의 규제를 전혀 받지 않는 상태에서 다양한 형태의 금융업을 시도할 수 있었고 금융지주회사는 이러한 맥락에서 발전해 왔다.[56]

☞ 각 국가별 지주회사 관련 법제 개요

	* 풀(pool)조직 : 남북전쟁 후 기업결합의 전 단계 − 거래 제한하는 계약 →　위법 * 신탁(trust) 제도 : 기업결합 규제 ← 1890년 셔먼법(Sherman Act) * 지주회사 : trust 대신 출현. 주로 공익사업 및 금융 지주회사제도 발달 − 일반적인 株式取得·保有가 경쟁을 실질적으로 제한하거나 독점을 형성할 우려가 있을 경우 → Clayton法에 의한 규제(일정규모 이상 주식 취득 시 사전신고) − 공익사업(전기·가스) ← 1935년 공익사업지주회사법에 의한 규제 − 은행업 ← 1956년 은행지주회사법에 의한 규제
미국	* 지주회사의 유형 ① 일반지주회사 규제 : 셔먼法(Sherman Act)[57]과 클레이톤法(Clayton Act)[58] − 事業部 단위의 M&A 또는 기업재편이 용이하기 때문에 대기업 중에 純粹持株會社는 그다지 많지 않은 편임. 美國에서는 GM, GE, IBM 등 대부분의 거대기업은 事業持株會社이고, 純粹持株會社는 Citicorp.(Citibank), BankAmerica Corp.(Bank of America), J.P.Morgan & Co., Inc.(Morgan Guaranty Trust) 등 銀行持株會社가 대부분임 ② 公益事業持株會社 − 1935年 公益事業持株會社法(Public Utility Holding Company Act of 1935) ③ 銀行持株會社 − 1838년 자유은행법(The Free Banking Act) : 은행설립의 자유화 및 포괄적 업무[59] − 1913년 연방준비법(Federal Reserve Act) : 은행의 영업점포망을 본점이 위치하는 주로 제한하고 주간 영업을 금지하는 맥파든법(Mcfadden Act of 1927)이 제정됨 − 은행법(Banking Act of 1933; Glass-Steagall Act) : 은행업무와 증권업무 분리(분업주의) * 1950년대에 들어 회사채 발행 급증 및 증권시장이 활성화되자 대형은행을 중심으로 Glass-Steagall법의 규제대상이 아닌 은행지주회사를 통해 주로 증권업으로의 업무확장 시도 및 은행지주회사를 통한 증권업 겸업이 만연되어 Glass-Steagall법의 실효성이 저하 − 1956년 은행지주회사법(Bank-Holding Company Act; BHCA) : 지주회사를 통한 겸업도 제한. 주 외 은행지주회사에 의한 상업은행의 매수·신설 규제

　금융지주회사제도를 그대로 도입하기는 곤란하다고 한다(31면).

56) 미국의 자세한 금융지주회사의 발전 개요에 대해서는 송승훈, 금융지주회사제도에 관한 연구, 고려대 석사학위논문, 2000, 22-32면 참조.

57) 셔먼법 제1조는 거래와 상업을 제한하는 모든 계약이나 트러스트 및 공모를 불법화하고 있으며, 제2조는 독점 및 또는 독점 기도 그리고 독점 합의 또는 공모도 불법화하였다(이기수, 경제법, 세창출판사, 2000, 55면).

미국	- 보험지주회사 : 생명보험회사는 지주회사 및 자회사를 통하여 은행을 제외한 모든 금융관련업무의 수행이 가능함에 따라 손해보험, 자산관리 및 부동산관리 등 신탁업무, 투신업무, 기타 비은행금융기관업무, 주택대출, 신용카드, 담보금융업무 등에 진출 - 금융서비스현대화법(Financial Services Modernization Act of 1999: FSMA, 일명 Gramm-Leach-Bliley안). 2000년 3월 11일부터 시행. 금융서비스현대화법은 은행, 증권, 보험의 3대 업무영역 구분을 유지하면서도 지주회사의 자회사를 통하여 다른 금융업을 겸업할 수 있도록 허용
영국	영국에는 공정거래법상 순수지주회사에 관한 특별한 규정은 없으나 일반적인 합병, 주식취득과 동일한 기준으로 공정거래법의 규제를 받음. 금융지주회사는 일반제조업 기업을 제외하고 모든 금융기관을 자회사로 보유할 수 있음
독일	독일에 있어서 순수지주회사는 다각화한 대기업이 각 사업부문을 자회사화하고 본사 책임하에 그룹전략을 수행케 할 목적으로 활용되고 있음. 금융지주회사의 경우 사업지주회사와 순수지주회사의 양 형태가 혼재되어 존재하는데, 과거에는 겸업은행인 사업지주회사가 자회사 형태로 다른 금융업무에 진출했으나, 최근에는 사업지주회사 산하에 순수지주회사를 설립하여 분권화를 추진하고 있음
프랑스	일반지주회사 및 금융지주회사 모두 인정되고 있음. 금융지주회사는 모든 금융기관을 자회사로 보유 가능하며, 전체금융그룹에서 차지하는 부분이 적을 경우 제조업의 소유도 제한적으로 허용
일본	지주회사 및 금융지주회사 허용(은행지주회사/보험지주회사/증권지주회사)

---

58) 클레이턴법은 가격차별, 배타적 거래, 주식이나 지분의 취득, 이사나 임원의 겸직을 제한하고 있다(제2조, 제3조, 제7조, 제8조). 셔먼법이 모든 거래제한행위와 독점행위를 일체 위법으로 선언하고 있음에 반하여 클레이턴법은 경쟁을 실질적으로 제한하고 있거나 독점을 창출하는 경향을 나타내게 되는 경우에만 위법성이 인정된다.

59) 취급업무도 예금·대출·증권투자·보험 등 포괄적인 서비스 제공이 가능하였다(강병호·조성종, 「주요국의 금융제도론」, 서울 : 박영사, 1996, 3면).

제2장 각 국의 지주회사법제

제1 미 국

1. 미국의 지주회사 개요

미국은 경쟁법상 순수지주회사에 관한 특별한 규정은 없다. 그러나 당해기업이 순수지주회사 해당여부에 관계없이 일반적인 주식취득·보유가 경쟁을 실질적으로 제한하거나 독점을 형성할 우려가 있을 경우에는 Clayton법에 의한 규제를 받는다. 그리고 공익사업(전기·가스) 및 은행업의 경우에는 1935년의 '공익사업지주회사법'과 1956년의 '은행지주회사법'에 의해 각각 규제를 받는다.

미국의 경우에는 법적 규제를 회피하기 수단으로 지주회사제도가 이용되었다. 예컨대, 은행지주회사의 경우 종래 주법에 준거하여 설립된 은행은 원칙적으로 다른 주가 인정하지 않는 한 다른 주에서는 은행업을 할 수 없었던 것을 은행지주회사를 설립함으로써 이러한 규제를 회피하는 수단으로 이용되었다.

2. 지주회사의 유형

미국의 지주회사에는 크게 세 가지 유형, 즉 ① 일반지주회사 ② 공익사업지주회사 ③ 은행지주회사가 존재한다.

미국에서는 일반적으로 기업들이 사업부제 중심의 조직구조를 형성하고 있으며 은행지주회사를 제외하고 순수지주회사형태는 적은 편이다. 즉 일반적인 지주회사 형태에 대하여 특별한 제한을 두고 있지는 않지만, 그러한 지주회사가 보통법(common law) 및 셔먼법(Sherman Act)과 클레이톤법(Clayton Act) 등 반트러스트법이 금지하려는 취지에 위반되거나 잠탈하려는 경우에는 독점을 원칙적으로 금지하고 있는 이들 법률에 의하여 제한받게 된다. 다만, 미국에서는 사업부 단위의 M&A 또는 기업재편이 용이하기 때문에 대기업 중에 순수지주회사는 그다지 많지 않은 편이다. 미국에서는 GM, GE, IBM 등 대부분의 거대기업은 사업지주회사이고, 순수지주회사는 Citicorp.(Citibank), BankAmerica Corp.(Bank of America), J.P.Morgan & Co., Inc.(Morgan Guaranty Trust) 등 은행지주회사가 대부분이다.[60]

공익사업지주회사는 전력회사나 가스회사 등과 같은 공익사업의 지주회사로서, 이에 대한 규제로는 1935년에 공익사업지주회사법(Public Utility Holding Company Act of 1935)이 제정되어 있다.

미국의 은행지주회사제도의 역사는 다음과 같다. 1838년 자유은행법(The Free Banking Act)의 제정 이후 최소한의 요건만을 갖추면 자유로이 은행설립이 가능하게 되었고, 취급업무도 예금·대출·증권투자·보험 등 포괄적인 서비스 제공이 가능하게 되어 있었다.[61] 그러나 1913년 연방준비법(Federal Reserve Act)의 제정과 더불어 자유은행업(free banking system)시대가 끝나고, 1927년에는 모든 은행의 영업점포망을 본점이 위치하는 주로 제한하고 주간 영업을 금지하는 맥파든법(Mcfadden Act of 1927)이 제정되었다. 1929년 대공황(Great Depression)을 계기로 은행업무와 증권업무를 분리하여[62] 업무장벽을 구축하는 것을 골자로 하는 은행법(Banking Act of 1933[63])이 제정되면서 분업주의가 채택되었다[64]. 은행의 건전성과 예금자 보호를 목적으

---

60) 이동원, 지주회사에 관한 법적 문제점 ―증권거래법을 중심으로―, 경영법률 제9집(1999), 254면.
61) 강병호·조성종, 「주요국의 금융제도론」, 서울 : 박영사, 1996, 3면.
62) Melvin A. Eisenberg, *The Structure of the Corporation*, Boston and Toronto : Little, Brown and Company, p62; Richard E. Speidel and Steve H. Nickles, *Negotiable Instruments and Check Collection in a Nutshell*, 4th ed., St. Paul, Minn. : West Publishing Co., 1993, p30.
63) Glass-Steagall Act로 통칭되기도 한다. 그 이유를 살펴보면 다음과 같다. 1933년의 은행법

로 한 1933년의 은행법의 4개 조문을 글래스-스티걸법(Glass-Steagall Act)이라 하며, 그 주된 내용은 은행이 증권업무 및 기타 비은행업무를 겸영할 수 없게 한 것이었다.[65]

1950년대에 들어 회사채 발행이 급증하고 증권시장이 활성화되자 대형은행을 중심으로 Glass-Steagall법의 규제대상이 아닌 은행지주회사를 통해 주로 증권업으로의 업무확장을 시도했다. 은행지주회사를 통한 증권업 겸업이 만연되어 Glass-Steagall법의 실효성이 저하되자 1956년 은행지주회사법(Bank-Holding Company Act; BHCA)을 제정하여 지주회사를 통한 겸업도 제한했다.

미국의 보험사들도 보험사의 건전성 유지를 위한 제반 규제로 자회사형태로 타 업무에 진출하는 데는 한계가 있자 지주회사방식을 활용하게 되었다. 생명보험회사는 지주회사 및 자회사를 통하여 은행을 제외한 모든 금융관련업무의 수행이 가능하다.

3. 금융서비스현대화법

1980년대 이후 Glass-Steagall법 및 은행지주회사법으로 인한 겸업금지가 미국 금융산업의 경쟁력을 저하시킨다는 인식 확산에 따라 미 의회에서는 겸업허용을 위하여 금융서비스현대화법(Financial Services Modernization Act of 1999; FSMA, 일명 Gramm-Leach-Bliley안[66])으로 명명되었으며 2000년 3월부터 시행되었다.[67] 금융서

의 section 16, 20, 21, 32는 Glass-Steagall Wall(글래스-스티걸 장벽)로 알려지게 되었다. 왜냐하면 이에 의하여 은행이 증권을 인수·매매·유통하는 것이 금지되었고, 또한 증권회사와 중개조직이 상업은행과 같이 예금을 받는 것을 금지하였기 때문이다. 이렇게 상업은행과 투자은행들은 서로의 영역을 침범하는 것이 금지되었다〔William A. Lovett, *Banking and Financial Institutions Law in a Nutshell*, 4th ed.(St. Paul, Minn. : West Publishing Co., 1997), p165; Michael P. Malloy, *Banking Law and Regulation*, Vol. 2(Boston : Little, Brown and Company), 1976, p.7〕.

64) 강병호·조성종, 전게서, 10면.
65) 서보형, 전게논문, 42면.
66) 법안심의를 주도한 Phil Gramm 상원은행위원장, Jim Leach 하원은행위원장, Tom Bliley

비스현대화법은 은행, 증권, 보험의 3대 업무영역 구분을 유지하면서도 지주회사의 자회사를 통하여 다른 금융업을 겸업할 수 있도록 허용하고 있다.

제2 영 국

영국에는 공정거래법상 순수지주회사에 관한 특별한 규정은 없으며, 미국과 달리 많은 대기업들이 본사를 순수지주회사로 하여 다수의 자회사로 이루어지는 기업그룹을 형성하고 있다. 영국의 금융지주회사는 일반제조업 기업을 제외하고 모든 금융기관을 자회사로 보유할 수 있다.

제3 독 일

독일에 있어서도 일반 지주회사에 대하여 직접적으로는 아무런 규정도 두고 있지 않다. 독일에 있어서 순수지주회사는 다각화한 대기업이 각 사업부문을 자회사화하고 본사 책임하에 그룹전략을 수행케 할 목적으로 활용되고 있다. 독일도 미국에서의 반트러스트법과 같이 일반적으로 시장지배적 지위를 형성, 강화할 것이 예견되는 기업결합을 간접적으로 금지하고 있다. 콘체른의 결합기능을 하고 있는 지주회사에 대하여 독일에서는 법형식상으로는 직접적인 규제를 하고 있지 않으며, 다만, 콘체른개념을 기초로 하여 경쟁제한금지법(GWB)에서 간접적으로 규제하고 있을 뿐이다.

하원상업위원장의 이름을 따서 명명한 것이다(금융감독원, 미국 금융서비스현대화법의 주요내용, 금융감독원 조사연구국, 2000.4.).

67) Miriam Leuchter, "Getting rich with merchant banking", 110 *US-Banker 8* (2000.4).

제4 일 본

일본은 개정 전 독점금지법 제9조에서 순수지주회사의 설립을 금지하고 있었으나 개정을 통하여 지주회사를 허용하고 있으며 그 내용은 우리나라의 지주회사 법제와 비슷하다. 금융부문에서도 금융환경변화에 대처한 금융산업의 경쟁력 강화를 위하여 '지주회사 설립 등의 금지해제에 따른 금융관계 법률의 정비 등에 관한 법률' 및 '은행 지주회사의 창설을 위한 은행 등에 관계된 합병수속의 특례 등에 관한 법률' 등 관계 법령의 정비를 통하여 금융지주회사의 설립을 허용(1998.3)하게 되었다.[68]

금융지주회사는 금융업을 영위하는 자회사를 보유하는 지주회사로 총자산의 50%를 초과하여 자회사의 주식을 보유하는 회사를 말한다. 그리고 발행주식의 50% 초과한 지분을 소유하고 있는 경우 금융지주회사의 자회사로 간주한다. 예금자 및 보험계약자의 보호를 위해 설립 주체에 따라 금융지주회사의 자회사 범위를 제한하고 있다.

---

68) 김문희, 전게서, 44면; 금융지주회사 설립이 허용된 이후 일본 금융기관들이 금융지주회사 설립을 활발히 추진하고 있다. 삼화·동해·아시히 은행이 공동 금융지주회사 설립계획을 발표(2000.3.13)했고 제일권업·부사·일본흥업이 미즈호 financial Group을 설립하기로 발표했다(1999.8.20)(김문희, 전게서, 45면).

제3편 금융지주회사의 주요 내용

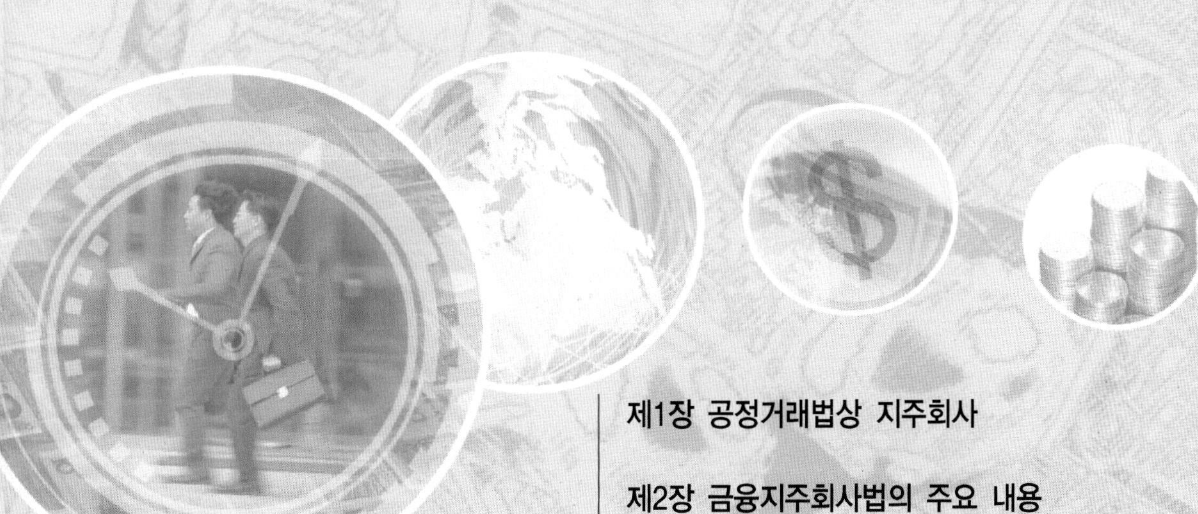

제1장 공정거래법상 지주회사

제2장 금융지주회사법의 주요 내용

제1장 공정거래법상 지주회사

제1 총 설

지주회사는 생산적 사업활동을 경영하지 않고 다른 회사의 주식 소유를 통해 그 회사의 사업내용을 지배하는 것을 목적으로 하는 회사이다. 따라서 지주회사제도가 주식 보유를 통해 다른 회사를 지배하기 위한 수단으로 악용되는 경우에는 사업지배력의 과도한 집중을 초래하여 관련 시장에서의 공정한 경쟁을 억제하게 되면 국민경제의 건전한 발전 및 육성에 지장을 초래할 수도 있다. 따라서 독점규제및공정거래에관한법률(공정거래법)은 일반적인 기업결합규제와는 별도로 입법정책적 차원에서 설립 및 전환의 신고, 일정한 행위유형에 대한 금지 등 지주회사에 대한 규제장치를 마련하고 있다.

제2 지주회사의 정의

1. 공정거래법상의 지주회사의 개념

공정거래법 제2조 제1의2호의 지주회사의 정의규정에 의하면 "지주회사"라 함은 주식(지분 포함)의 소유를 통하여 국내회사의 사업내용을 지배하는 것을 주된 사업으로 하는 회사로서 자산총액이 대통령영이 정하는 금액 이상인 회사를 말한다.

자산총액이 "대통령령이 정하는 금액 이상인 회사"라 함은 직전 사업연도 종료일(당해 사업연도에 새로이 설립되었거나 합병을 한 회사의 경우에는 각각 설립등기일 또는 합병등기일을 말한다) 현재의 대차대조표상의 자산총액이 1000억 원 이상인 회사를 말한다(시행령 제2조 제1항).

주된 사업의 기준은 회사가 소유하고 있는 자회사의 주식(지분 포함) 가액의 합계액(직전 사업연도 종료일 현재의 대차대조표상에 표시된 가액을 합계한 금액을 말한다)이 당해 회사자산총액의 100분의 50이상인 것으로 한다(동 시행령 제2조 제2항). 지배를 받는 "자회사"라 함은 지주회사에 의하여 그 사업내용을 지배받는 국내회사를 말한다(동법 제2조 제1의3호).

따라서 위의 규정에 의한 지주회사가 되기 위해서는 ① 주식의 소유 ② 국내회사의 사업을 지배할 것 ③ 지배하는 것이 주된 사업일 것 ④ 자본총액이 일정액 이상일 것 등의 요건이 필요하다.

2. 지주회사의 요건

(1) 주식의 소유

다른 회사에 대한 지배방법으로는 인적 참가(임원파견)에 의한 지배, 지배계약에 의한 지배, 자본참가에 의한 지배 등이 있으나 지주회사의 경우에는 자본참가에 의한 경우만을 말한다.[1] 공정거래법상의 규제대상이 되는 회사의 범위에 대해 공정거래법은 주식뿐 아니라 지분의 소유에 의해서도 지주회사가 될 수 있다는 점을 법문이 분명히 하고 있으므로 주식회사뿐 아니라 유한회사나 합명회사, 합자회사를 지배하는 회사도 지주회사가 될 수 있다고 본다.

---

1) 서보형, 지주회사에 관한 경제법적 연구, 서울대 법학석사학위논문, 2000.2, 6면.

(2) 국내회사의 사업을 지배할 것

공정거래법상 지주회사가 되기 위해서는 국내회사의 주요한 사업내용을 지배할 목적으로 다른 회사의 주식을 소유하여야 한다. 사업내용의 지배란 지주회사가 국내회사의 주식소유를 통해 자회사 주주총회의 결의사항에 영향력을 행사하거나 이사의 경영활동에 사실상 영향력을 행사함으로써 자회사 또는 손자회사의 사업내용을 지배할 수 있어야 한다.

(3) 지배하는 것이 주된 사업일 것

공정거래법상 주된 사업인지의 여부는 지주회사에 의하여 사업내용을 지배받는 국내회사 주식가액의 합계액(직전 사업연도종료일 현재 대차대조표상에 표시된 가액을 합계한 금액)이 당해 회사 자산총액의 100분의 50이상을 차지하는지를 기준으로 판단하도록 하고 있다(공정거래법 시행령 제2조 제2항). 자회사라 함은 지주회사에 의하여 그 사업내용을 지배받는 국내회사를 말한다(제2조제1호의3).

(4) 자본총액이 일정액 이상일 것

지주회사가 되기 위해서는 자산총액이 직전 사업연도 종료일(당해 사업연도에 새로이 설립되었거나 합병을 한 회사의 경우에는 각각 설립등기일 또는 합병등기일을 말한다) 현재의 대차대조표상의 자산총액이 1000억 원 이상인 회사를 말한다(시행령 제2조 제1항).

제3 지주회사 설립 및 전환의 신고

1. 신고절차 및 서류

지주회사를 설립하거나 지주회사로 전환한 자는 법 제8조의 규정에 의하여 공정거래위원회가 정하여 고시하는 바에 따라 다음의 기한 내에 신고인의 성명, 지주회사·자회사 및 사업관련손자회사의 명칭, 자산총액, 부채총액, 주주현황, 주식소유현황, 사업내용 등을 기재한 신고서에 신고내용을 입증하는 서류를 첨부하여 공정거래위원회에 제출하여야 한다(공정거래법 시행령 제15조 제1항).

① 지주회사를 설립하는 경우에는 설립등기일부터 30일 이내
② 다른 회사와의 합병 또는 회사의 분할을 통하여 지주회사로 전환하는 경우에는 합병등기일 또는 분할등기일부터 30일 이내
③ 다른 법률에 따라 법 제8조의 적용이 제외되는 회사의 경우에는 다른 법률에서 정하고 있는 제외기간이 지난 날부터 30일 이내
④ 다른 회사의 주식취득, 자산의 증감 및 그 밖의 사유로 인하여 지주회사로 전환하는 경우에는 당해 사업연도 종료 후 4월 이내

신고를 하는 자가 법 제10조의2(계열회사에 대한 채무보증의 금지)제1항의 규정에 의한 채무보증제한기업집단에 속하는 회사를 지배하는 동일인 또는 당해 동일인의 특수관계인에 해당하는 경우에는 법 제8조의3(채무보증제한기업집단의 지주회사 설립제한) 각 호의 규정에 의한 채무보증의 해소실적을 함께 제출하여야 한다(공정거래법 시행령 제15조 제2항).

지주회사의 설립신고에 있어서 설립에 참여하는 자가 2이상인 경우에는 공동으로 신고하여야 한다. 다만, 신고의무자 중 1인을 대리인으로 정하여 그 대리인이 신고하는 경우에는 그러하지 아니하다(공정거래법 시행령 제15조 제3항).

지주회사로서 사업연도 중 소유 주식의 감소, 자산의 증감 등의 사유로 인하여 제2

조(지주회사의 기준)제1항 또는 제2항의 규정에 해당하지 아니하게 되는 회사가 이를 공정거래위원회에 신고한 경우에는 당해사유가 발생한 날부터 이를 지주회사로 보지 아니한다(공정거래법 시행령 제15조 제4항). 신고를 하는 회사는 공정거래위원회가 정하는 바에 따라 당해사유가 발생한 날을 기준으로 한 공인회계사의 회계감사를 받은 대차대조표 및 주식소유현황을 공정거래위원회에 제출하여야 한다. 이 경우 공정거래위원회는 신고를 받은 날부터 30일 이내에 그 심사결과를 신고인에게 통지하여야 한다(공정거래법 시행령 제15조 제5항).

제4 지주회사의 행위제한

현행 공정거래법은 지주회사의 설립 및 전환을 전면적으로 허용하면서 지주회사가 가지고 있는 경제력집중이라는 내재적 폐해의 최소화를 목적으로 지주회사 및 자회사에 의한 일정한 행위유형을 규제하고 있다.

1. 지주회사의 부채총액의 제한

자본총액(대차대조표상의 자산총액에서 부채액을 뺀 금액을 말한다. 이하 같다)의 2배를 초과하는 부채액을 보유하는 행위. 다만, 지주회사로 전환하거나 설립될 당시에 자본총액의 2배를 초과하는 부채액을 보유하고 있는 때에는 지주회사로 전환하거나 설립된 날부터 2년간은 자본총액의 2배를 초과하는 부채액을 보유할 수 있다(공정거래법 제8조의2 제2항 1호). 2년간의 유예기간은 주식가격의 급격한 변동 등 경제여건의 변화, 주식처분금지계약, 사업의 현저한 손실 그 밖의 사유로 인하여 부채액을 감소시키거나 주식의 취득·처분 등이 곤란한 경우에는 공정거래위원회의 승인을 얻어 2년을 연장할 수 있다(공정거래법 제8조의2 제6항). 이는 지주회사가 부채를 통하여 자회사를 지배하는 것을 방지하여 문어발 확장을 막기 위한 것이다.

2. 지주회사에 의한 주식취득행위규제

(1) 자회사 주식의 취득의무

자회사의 주식을 그 자회사 발행주식 총수의 100분의 40(자회사가 「증권거래법」에 따른 주권상장법인이나 코스닥상장법인("상장법인")인 경우, 주식 소유의 분산요건 등 상장요건이 국내 유가증권시장의 상장요건에 상당하는 것으로 공정거래위원회가 고시하는 국외 증권거래소에 상장된 법인("국외상장법인")인 경우, 공동출자법인인 경우 또는 벤처지주회사의 자회사인 경우에는 100분의 20)으로 함. "자회사주식보유기준") 미만으로 소유하는 행위. 다만, 다음 각 목의 어느 하나에 해당하는 사유로 인하여 자회사주식보유기준에 미달하게 된 경우에는 그러하지 아니하다(공정거래법 제8조의2 제2항 2호). 이는 소액자본에 의한 계열기업 확장을 방지하기 위한 것이다.[2]

① 지주회사로 전환하거나 설립될 당시에 자회사의 주식을 자회사주식보유기준 미만으로 소유하고 있는 경우로서 지주회사로 전환하거나 설립된 날부터 2년 이내인 경우 ⇒ 2년간의 유예기간은 주식가격의 급격한 변동 등 경제여건의 변화, 주식처분금지계약, 사업의 현저한 손실 그 밖의 사유로 인하여 부채액을 감소시키거나 주식의 취득·처분 등이 곤란한 경우에는 공정거래위원회의 승인을 얻어 2년을 연장할 수 있다(공정거래법 제8조의2 제6항).
② 상장법인 또는 국외상장법인이거나 공동출자법인이었던 자회사가 그에 해당하지 아니하게 되어 자회사주식보유기준에 미달하게 된 경우로서 그 해당하지 아니하게 된 날부터 1년 이내인 경우
③ 벤처지주회사였던 회사가 그에 해당하지 아니하게 되어 자회사주식보유기준에 미달하게 된 경우로서 그 해당하지 아니하게 된 날부터 1년 이내인 경우

---

2) 서보형, 전게논문, 98면.

④ 자회사가 주식을 모집하거나 매출하면서 「증권거래법」 제191조의7(우리사주조합원에 대한 우선배정)의 규정에 따라 우리사주조합에 우선 배정하거나 당해 자회사가 「상법」 제513조(전환사채의 발행) 또는 제516조의2(신주인수권부사채의 발행)의 규정에 따라 발행한 전환사채 또는 신주인수권부사채의 전환이 청구되거나 신주인수권이 행사되어 자회사주식보유기준에 미달하게 된 경우로서 그 미달하게 된 날부터 1년 이내인 경우

⑤ 자회사가 아닌 회사가 자회사에 해당하게 되고 자회사주식보유기준에는 미달하는 경우로서 당해 회사가 자회사에 해당하게 된 날부터 1년 이내인 경우

⑥ 자회사를 자회사에 해당하지 아니하게 하는 과정에서 자회사주식보유기준에 미달하게 된 경우로서 그 미달하게 된 날부터 1년 이내인 경우(자회사주식보유기준에 미달하게 된 날부터 1년 이내에 자회사에 해당하지 아니하게 된 경우에 한한다)

⑦ 자회사가 다른 회사와 합병하여 자회사주식보유기준에 미달하게 된 경우로서 그 미달하게 된 날부터 1년 이내인 경우

(2) 지주회사의 자회사 이외의 국내회사 주식취득 금지

계열회사가 아닌 국내회사(「사회기반시설에 대한 민간투자법」 제4조(민간투자사업의 추진방식)제1호부터 제4호까지의 규정에 정한 방식으로 민간투자사업을 영위하는 회사 제외)의 주식을 당해 회사 발행주식 총수의 100분의 5를 초과하여 소유하는 행위(소유하고 있는 계열회사가 아닌 국내회사의 주식가액의 합계액이 자회사의 주식가액의 합계액의 100분의 15미만인 지주회사에 대하여는 적용하지 아니한다) 또는 자회사 외의 국내계열회사의 주식을 소유하는 행위는 금지된다. 다만, 다음에 해당하는 사유로 인하여 주식을 소유하고 있는 계열회사가 아닌 국내회사나 국내계열회사의 경우에는 그러하지 아니하다(공정거래법 제8조의2 제2항 3호).

① 지주회사로 전환하거나 설립될 당시에 이 호 본문에서 규정하고 있는 행위에 해

당하고 있는 경우로서 지주회사로 전환하거나 설립된 날부터 2년 이내인 경우 ⇒ 2년간의 유예기간은 주식가격의 급격한 변동 등 경제여건의 변화, 주식처분 금지계약, 사업의 현저한 손실 그 밖의 사유로 인하여 부채액을 감소시키거나 주식의 취득·처분 등이 곤란한 경우에는 공정거래위원회의 승인을 얻어 2년을 연장할 수 있다(공정거래법 제8조의2 제6항).

② 계열회사가 아닌 회사를 자회사에 해당하게 하는 과정에서 이 호 본문에서 규정하고 있는 행위에 해당하게 된 날부터 1년 이내인 경우(같은 기간 내에 자회사에 해당하게 된 경우에 한한다)

③ 주식을 소유하고 있지 아니한 국내계열회사를 자회사에 해당하게 하는 과정에서 그 국내계열회사 주식을 소유하게 된 날부터 1년 이내인 경우(같은 기간 내에 자회사에 해당하게 된 경우에 한한다)

④ 자회사를 자회사에 해당하지 아니하게 하는 과정에서 당해 자회사가 자회사에 해당하지 아니하게 된 날부터 1년 이내인 경우

3. 다른 업종 회사의 주식취득행위 제한

(1) 금융지주회사의 비금융회사 주식취득의 제한

금융업 또는 보험업을 영위하는 자회사의 주식을 소유하는 지주회사(이하 "금융지주회사")인 경우 금융업 또는 보험업을 영위하는 회사(금융업 또는 보험업과 밀접한 관련이 있는 등 대통령령이 정하는 기준에 해당하는 회사를 포함한다) 외의 국내회사의 주식을 소유하는 행위가 제한된다. 다만, 금융지주회사로 전환하거나 설립될 당시에 금융업 또는 보험업을 영위하는 회사 외의 국내회사 주식을 소유하고 있는 때에는 금융지주회사로 전환하거나 설립된 날부터 2년간은 그 국내회사의 주식을 소유할 수 있다(공정거래법 제8조의2 제2항 제4호). 2년간의 유예기간은 주식가격의 급격한 변동

등 경제여건의 변화, 주식처분금지계약, 사업의 현저한 손실 그 밖의 사유로 인하여 부채액을 감소시키거나 주식의 취득·처분 등이 곤란한 경우에는 공정거래위원회의 승인을 얻어 2년을 연장할 수 있다(공정거래법 제8조의2 제6항).

(2) 일반지주회사의 금융회사 주식취득의 제한

금융지주회사외의 지주회사("일반지주회사")인 경우 금융업 또는 보험업을 영위하는 국내회사의 주식을 소유하는 행위가 제한된다. 다만, 일반지주회사로 전환하거나 설립될 당시에 금융업 또는 보험업을 영위하는 국내회사의 주식을 소유하고 있는 때에는 일반지주회사로 전환하거나 설립된 날부터 2년간은 그 국내회사의 주식을 소유할 수 있다(공정거래법 제8조의2 제2항 제5호). 2년간의 유예기간은 주식가격의 급격한 변동 등 경제여건의 변화, 주식처분금지계약, 사업의 현저한 손실 그 밖의 사유로 인하여 부채액을 감소시키거나 주식의 취득·처분 등이 곤란한 경우에는 공정거래위원회의 승인을 얻어 2년을 연장할 수 있다(공정거래법 제8조의2 제6항).

4. 일반지주회사의 손회사 관련 금지행위

(1) 일정비율 이상의 손자회사 주식 보유의무

일반지주회사의 자회사는 다음과 같이 일정한 해위가 제한된다(공정거래법 제8조의2 제3항 제1호).

① 손자회사의 주식을 그 손자회사 발행주식총수의 100분의 40(그 손자회사가 상장법인 또는 국외상장법인이거나 공동출자법인인 경우에는 100분의 20. "손자회사주식보유기준") 미만으로 소유하는 행위를 할 수 없다. 다만, 다음에 해당하는 사유로 인하여 손자회사주식보유기준에 미달하게 된 경우에는 그러하지 아니하다.

① 자회사가 될 당시에 손자회사의 주식을 손자회사주식보유기준 미만으로 소유하고 있는 경우로서 자회사에 해당하게 된 날부터 2년 이내인 경우 ⇒ 2년간의 유예기간은 주식가격의 급격한 변동 등 경제여건의 변화, 주식처분금지계약, 사업의 현저한 손실 그 밖의 사유로 인하여 부채액을 감소시키거나 주식의 취득·처분 등이 곤란한 경우에는 공정거래위원회의 승인을 얻어 2년을 연장할 수 있다 (공정거래법 제8조의2 제6항).

② 상장법인 또는 국외상장법인이거나 공동출자법인이었던 손자회사가 그에 해당하지 아니하게 되어 손자회사주식보유기준에 미달하게 된 경우로서 그 해당하지 아니하게 된 날부터 1년 이내인 경우

③ 손자회사가 주식을 모집 또는 매출하면서 「증권거래법」 제191조의7(우리사주조합원에 대한 우선배정)의 규정에 따라 우리사주조합에 우선 배정하거나 당해 손자회사가 「상법」 제513조(전환사채의 발행) 또는 제516조의2(신주인수권부사채의 발행)의 규정에 따라 발행한 전환사채 또는 신주인수권부사채의 전환이 청구되거나 신주인수권이 행사되어 손자회사주식보유기준에 미달하게 된 경우로서 그 미달하게 된 날부터 1년 이내인 경우

④ 손자회사가 아닌 회사가 손자회사에 해당하게 되고 손자회사주식보유기준에는 미달하는 경우로서 당해 회사가 손자회사에 해당하게 된 날부터 1년 이내인 경우

⑤ 손자회사를 손자회사에 해당하지 아니하게 하는 과정에서 손자회사주식보유기준에 미달하게 된 경우로서 그 미달하게 된 날부터 1년 이내인 경우(같은 기간 내에 손자회사에 해당하지 아니하게 된 경우에 한한다)

⑥ 손자회사가 다른 회사와 합병하여 손자회사주식보유기준에 미달하게 된 경우로서 그 미달하게 된 날부터 1년 이내인 경우

(2) 비계열손자회사 주식보유행위 금지

손자회사가 아닌 국내계열회사의 주식을 소유할 수 없다. 다만, 다음에 해당하는 사

유로 인하여 주식을 소유하고 있는 국내계열회사의 경우에는 그러하지 아니하다(공정 거래법 제8조의2 제3항 제2호).

① 자회사가 될 당시에 주식을 소유하고 있는 국내계열회사의 경우로서 자회사에 해당하게 된 날부터 2년 이내인 경우 ⇒ 2년간의 유예기간은 주식가격의 급격한 변동 등 경제여건의 변화, 주식처분금지계약, 사업의 현저한 손실 그 밖의 사유로 인하여 부채액을 감소시키거나 주식의 취득·처분 등이 곤란한 경우에는 공정거래위원회의 승인을 얻어 2년을 연장할 수 있다(공정거래법 제8조의2 제6항).

② 계열회사가 아닌 회사를 손자회사에 해당하게 하는 과정에서 당해 회사가 계열회사에 해당하게 된 날부터 1년 이내인 경우(같은 기간 내에 손자회사에 해당하게 된 경우에 한한다)

③ 주식을 소유하고 있지 아니한 국내계열회사를 손자회사에 해당하게 하는 과정에서 당해 계열회사의 주식을 소유하게 된 날부터 1년 이내인 경우(같은 기간 내에 손자회사에 해당하게 된 경우에 한한다)

④ 손자회사를 손자회사에 해당하지 아니하게 하는 과정에서 당해 손자회사가 손자회사에 해당하지 아니하게 된 날부터 1년 이내인 경우(같은 기간 내에 계열회사에 해당하지 아니하게 된 경우에 한한다)

⑤ 손자회사가 다른 자회사와 합병하여 그 다른 자회사의 주식을 소유하게 된 경우로서 주식을 소유한 날부터 1년 이내인 경우

⑥ 자기주식을 보유하고 있는 자회사가 회사분할로 인하여 다른 국내계열회사의 주식을 소유하게 된 경우로서 주식을 소유한 날부터 1년 이내인 경우

(3) 금융업 또는 보험업 영위 회사의 손자회사 금지

금융업이나 보험업을 영위하는 회사를 손자회사로 지배하는 행위. 다만, 일반지주회사의 자회사가 될 당시에 금융업이나 보험업을 영위하는 회사를 손자회사로 지배하고 있는 경우에는 자회사에 해당하게 된 날부터 2년간 그 손자회사를 지배할 수 있다(공

정거래법 제8조의2 제3항 제3호).

(4) 일반지주회사의 손자회사의 금지행위

일반지주회사의 손자회사는 국내계열회사의 주식을 소유하여서는 아니 된다. 다만,
다음에 해당하는 경우에는 그러하지 아니하다(공정거래법 제8조의2 제4항).
① 손자회사가 될 당시에 주식을 소유하고 있는 국내계열회사의 경우로서 손자회사
  에 해당하게 된 날부터 2년 이내인 경우 ⇒ 2년간의 유예기간은 주식가격의 급격
  한 변동 등 경제여건의 변화, 주식처분금지계약, 사업의 현저한 손실 그 밖의 사유
  로 인하여 부채액을 감소시키거나 주식의 취득·처분 등이 곤란한 경우에는 공정
  거래위원회의 승인을 얻어 2년을 연장할 수 있다(공정거래법 제8조의2 제6항).
② 주식을 소유하고 있는 계열회사가 아닌 국내회사가 계열회사에 해당하게 된 경
  우로서 당해 회사가 계열회사에 해당하게 된 날부터 1년 이내인 경우
③ 자기주식을 소유하고 있는 손자회사가 회사분할로 인하여 다른 국내계열회사의
  주식을 소유하게 된 경우로서 주식을 소유한 날부터 1년 이내인 경우
④ 손자회사가 국내계열회사(금융업 또는 보험업을 영위하는 회사 제외) 발행주식
  총수를 소유하고 있는 경우

(5) 일반지주회사의 증손회사의 금지행위

손자회사가 주식을 소유하고 있는 회사("증손회사")는 국내계열회사의 주식을 소유
하여서는 아니 된다(제4항 제4호에 의한 손회사). 다만, 다음에 해당하는 경우에는 그
러하지 아니하다(공정거래법 제8조의2 제5항).
① 증손회사가 될 당시에 주식을 소유하고 있는 국내계열회사인 경우로서 증손회사
  에 해당하게 된 날부터 2년 이내인 경우 ⇒ 2년간의 유예기간은 주식가격의 급격
  한 변동 등 경제여건의 변화, 주식처분금지계약, 사업의 현저한 손실 그 밖의 사유

로 인하여 부채액을 감소시키거나 주식의 취득·처분 등이 곤란한 경우에는 공정
거래위원회의 승인을 얻어 2년을 연장할 수 있다(공정거래법 제8조의2 제6항).
② 주식을 소유하고 있는 계열회사가 아닌 국내회사가 계열회사에 해당하게 된 경
우로서 그 회사가 계열회사에 해당하게 된 날부터 1년 이내인 경우

5. 사업내용에 관한 보고서의 제출

지주회사는 당해 지주회사·자회사·손자회사 및 증손회사("지주회사 등")의 주식
소유현황·재무상황 등 사업내용에 관한 보고서를 공정거래위원회에 제출하여야 한다
(공정거래법 제8조의2 제7항). 지주회사로 하여금 매년 주식보유현황 등을 보고하게
하는 것은 행정편의적인 발상이므로 지주회사 설립 시 1차 보고한 후에는 주식소유현
황 등은 변경이 있을 경우에만 연 1회 보고하도록 하고 기타 재무상태는 결산공고라
는 형식으로 일간 신문을 통하여 공고하므로 공정거래위원회가 이를 참고로 자신의
업무를 수행하고 지주회사 운영에 문제가 있는 등 특수한 경우에만 필요한 자료의 제
출을 요구하도록 하는 것이 타당하다는 지적이 있다.[3]

제5 행위규제위반의 효과

1. 시정조치

공정거래위원회는 제7조(기업결합의 제한)제1항, 제8조의2(지주회사 등의 행위제한
등)제2항부터 제5항까지, 제8조의3(채무보증제한기업집단의 지주회사 설립제한), 제9
조(상호출자의 금지 등), 제10조(출자총액의 제한)제1항, 제10조의2(계열회사에 대한

---

3) 이화성, 한국의 지주회사제도에 관한 연구 ─제한적 허용에 따른 문제점과 개선책 ─, 박사
   학위논문(단국대학교 무역학과), 1999, 129면.

채무보증의 금지)제1항, 제11조(금융회사 또는 보험회사의 의결권 제한) 또는 제15조(탈법행위의 금지)의 규정에 위반하거나 위반할 우려가 있는 행위가 있는 때에는 당해 사업자[제7조(기업결합의 제한)제1항을 위반한 경우에는 기업결합 당사회사(기업결합 당사회사에 대한 시정조치만으로는 경쟁제한으로 인한 폐해를 시정하기 어렵거나 기업결합 당사회사의 특수 관계인이 사업을 영위하는 거래 분야의 경쟁제한으로 인한 폐해를 시정할 필요가 있는 경우에는 그 특수 관계인을 포함한다)를 말한다] 또는 위반행위자에 대하여 다음의 시정조치를 명할 수 있다. 이 경우 제12조(기업결합의 신고)제6항 단서의 규정에 의한 신고를 받아 행하는 때에는 동조 제7항의 규정에 의한 기간 내에 이를 하여야 한다(공정거래법 제16조 제1항).

① 당해 행위의 중지

② 주식의 전부 또는 일부의 처분

③ 임원의 사임

④ 영업의 양도

⑤ 채무보증의 취소

⑥ 법위반사실의 공표

⑦ 기업결합에 따른 경쟁제한의 폐해를 방지할 수 있는 영업방식 또는 영업범위의 제한

⑧ 기타 법위반상태를 시정하기 위하여 필요한 조치

공정거래위원회는 제7조(기업결합의 제한)제1항을 위반하는 행위에 대하여 제1항 각 호의 시정조치를 부과하기 위한 기준을 정하여 고시할 수 있다(공정거래법 제16조 제3항).

공정거래위원회는 제7조(기업결합의 제한)제1항, 제8조의3(채무보증제한기업집단의 지주회사 설립제한), 제12조(기업결합의 신고)제7항의 규정에 위반한 회사의 합병 또는 설립이 있는 때에는 당해 회사의 합병 또는 설립무효의 소를 제기할 수 있다(공정거래법 제16조 제2항).

2. 행위제한 등의 위반에 대한 과징금의 부과

공정거래위원회는 제8조의2(지주회사의 행위제한 등)제2항 내지 제5항의 규정에 위반한 자에 대하여 다음의 금액에 100분의 10을 곱한 금액을 초과하지 아니하는 범위 안에서 과징금을 부과할 수 있다(제17조제4항).

① 제8조의2(지주회사 등의 행위제한 등)제2항제1호의 규정을 위반한 경우에는 대통령령이 정하는 대차대조표(이하 이 항에서 "기준대차대조표"라 한다)상 자본총액의 2배를 초과한 부채액

② 제8조의2(지주회사 등의 행위제한 등)제2항제2호의 규정을 위반한 경우에는 당해 자회사 주식의 기준대차대조표상 장부가액의 합계액에 다음 각 목의 비율에서 그 자회사 주식의 소유비율을 뺀 비율을 곱한 금액을 그 자회사 주식의 소유비율로 나누어 산출한 금액

— 당해 자회사가 상장법인 또는 국외상장법인이거나 공동출자법인인 경우 및 벤처지주회사의 자회사인 경우에는 100분의 20

— 위에 해당하지 아니하는 경우에는 100분의 40

③ 제8조의2(지주회사 등의 행위제한 등)제2항 제3호 내지 제5호, 같은 조 제3항제2호, 같은 조 제4항 또는 같은 조 제5항을 위반한 경우에는 위반하여 소유하는 주식의 기준대차대조표상 장부가액의 합계액

④ 제8조의2(지주회사 등의 행위제한 등) 제3항 제1호의 규정을 위반한 경우에는 당해 손자회사 주식의 기준대차대조표상 장부가액의 합계액에 다음 각 목의 비율에서 그 손자회사 주식의 소유비율을 뺀 비율을 곱한 금액을 그 손자회사 주식의 소유비율로 나누어 산출한 금액

— 당해 손자회사가 상장법인 또는 국외상장법인이거나 공동출자법인인 경우에는 100분의 20

— 위에 해당하지 아니하는 손자회사의 경우에는 100분의 40

3. 이행확보수단

(1) 이행강제금

공정거래위원회는 제7조(기업결합의 제한)제1항을 위반하여 제16조(시정조치 등)에 따라 시정조치를 받은 후 그 정한 기간 내에 이행을 하지 아니하는 자에 대하여 매 1일당 다음의 금액에 1만분의 3을 곱한 금액을 초과하지 아니하는 범위 안에서 이행강제금을 부과할 수 있다. 다만, 제7조(기업결합의 제한)제1항 제2호의 기업결합을 한 자에 대하여는 매 1일당 200만 원의 범위 안에서 이행 강제금을 부과할 수 있다(제17조의3 제1항).

① 제7조(기업결합의 제한)제1항제1호 또는 제5호의 기업결합의 경우에는 취득 또는 소유한 주식의 장부가격과 인수하는 채무의 합계액

② 제7조(기업결합의 제한)제1항제3호의 기업결합의 경우에는 합병의 대가로 교부하는 주식의 장부가격과 인수하는 채무의 합계액

③ 제7조(기업결합의 제한)제1항 제4호의 기업결합의 경우에는 영업양수금액

이행강제금의 부과·납부·징수·환급 등에 관하여 필요한 사항은 대통령령으로 정한다. 다만, 체납된 이행강제금은 국세체납처분의 예에 따라 이를 징수한다(제17조의3 제2항). 공정거래위원회는 이행강제금의 징수 또는 체납처분에 관한 업무를 국세청장에게 위임할 수 있다(제17조의3 제3항).

(2) 시정조치의 이행확보

제16조(시정조치)제1항의 규정에 의한 주식처분명령을 받은 자는 그 명령을 받은 날부터 당해 주식에 대하여는 그 의결권을 행사할 수 없다(제18조 제1항). 제9조(상호출자의 금지 등)의 규정을 위반하여 상호출자를 한 주식에 대하여는 그 시정조치의 명령을 받은 날부터 법위반상태가 해소될 때까지 당해 주식 전부에 대하여 의결권을

행사할 수 없다(제18조 제2항).

제10조(출자총액의 제한)제1항의 규정을 위반한 자에 대하여 공정거래위원회가 제16조(시정조치)제1항제2호의 규정에 의한 주식처분명령을 함에 있어서 그 처분대상주식을 확정하지 아니한 경우에는 당해 명령을 받은 회사는 그 명령을 받은 날부터 10일이 되는 날까지 의결권을 행사하지 아니할 주식의 내역을 공정거래위원회에 통지하여야 한다. 이 경우 당해 회사는 제1항의 규정에 불구하고 명령을 받은 날부터 10일이 경과된 이후에는 공정거래위원회에 통지한 당해 주식에 대하여 그 의결권을 행사할 수 없다(제18조 제3항).

공정거래위원회는 제3항의 규정에 의한 기간 이내에 통지를 받지 못한 경우에는 대통령령이 정하는 바에 따라 당해 회사가 의결권을 행사할 수 없는 주식을 지정할 수 있다(제18조 제4항).

4. 형사적 제재

(1) 3년 이하의 징역 또는 2억 원 이하의 벌금

다음 각 호의 1에 해당하는 자는 3년 이하의 징역 또는 2억 원 이하의 벌금에 처한다. 징역형과 벌금형은 이를 병과할 수 있다(제66조).

① 제3조의2(시장지배적지위의 남용금지)의 규정에 위반하여 남용행위를 한 자

② 제7조(기업결합의 제한)제1항 본문 또는 제3항의 규정에 위반하여 기업결합을 한 자

③ 제8조의2(**지주회사의 행위제한 등**)제1항 각 호 또는 제2항의 규정에 위반한 자

④ 제8조의3(**채무보증제한대규모기업집단의 지주회사 설립제한**)의 규정에 위반하여 지주회사를 설립하거나 지주회사로 전환한 자

⑤ 제9조(상호출자의 금지 등) 또는 제10조(출자총액의 제한)제1항의 규정에 위반하여 주식을 취득 또는 소유하고 있는 자

⑥ 제10조의2(계열회사에 대한 신규 채무보증의 제한)제1항, 제10조의3(기존 채무보증의 해소)제1항의 규정에 위반하여 채무보증을 하고 있는 자

⑦ 제11조(금융회사 또는 보험회사의 의결권 제한) 또는 제18조(시정조치의 이행확보)의 규정에 위반하여 의결권을 행사한 자

⑧ 제15조(탈법행위의 금지)의 규정에 위반하여 탈법행위를 한 자

⑨ 제19조(부당한 공동행위의 금지)제1항 각 호의 1의 규정에 위반하여 부당한 공동행위를 한 자

⑩ 제26조(사업자단체의 금지행위)제1항제1호의 규정에 위반하여 사업자단체의 금지행위를 한 자

(2) 2년 이하의 징역 또는 1억 5천만 원 이하의 벌금

다음 각 호의 1에 해당하는 자는 2년 이하의 징역 또는 1억 5천만 원 이하의 벌금에 처한다(제67조).

① 제23조(불공정거래행위의 금지) 제1항의 규정에 위반하여 불공정거래행위를 한 자

② 제26조(사업자단체의 금지행위) 제1항 제2호 내지 제5호의 규정에 위반한 자

③ 제29조(재판매가격유지행위의 제한) 제1항의 규정에 위반하여 재판매가격유지행위를 한 자

④ 제32조(부당한 국제계약의 체결제한) 제1항의 규정에 위반하여 국제계약을 체결한 자

⑤ 제5조(시정조치), 제16조(시정조치) 제1항, 제21조(시정조치), 제24조(시정조치), 제27조(시정조치), 제30조(재판매가격유지계약의 수정), 제31조(시정조치) 또는 제34조(시정조치)의 규정에 의한 시정조치 등에 응하지 아니한 자

⑥ 제14조(대규모기업집단의 지정 등) 제5항의 규정에 위반하여 공인회계사의 회계감사를 받지 아니한 자

(3) 1억원 이하의 벌금

다음 각 호의 1에 해당하는 자는 1억 원 이하의 벌금에 처한다(제68조).

① 제8조(**지주회사 설립·전환의 신고**)의 규정에 위반하여 지주회사의 설립 또는 전환의 신고를 하지 아니하거나 허위의 신고를 한 자

② 제8조의2(**지주회사의 행위제한 등**)제3항의 규정에 위반하여 지주회사 및 자회사의 사업내용에 관한 보고를 하지 아니하거나 허위의 보고를 한 자

③ 제13조(주식소유현황등의 신고)제1항 및 제2항의 규정에 위반하여 주식소유현황 또는 채무보증현황의 신고를 하지 아니하거나 허위의 신고를 한 자

④ 제14조(대규모기업집단의 지정 등)제4항의 자료요청에 대하여 정당한 이유 없이 자료제출을 거부하거나 허위의 자료를 제출한 자

⑤ 제50조(위반행위의 조사 및 의견청취 등)제1항제2호의 규정에 위반하여 허위의 감정을 한 자

⑥ 제50조(위반행위의 조사 및 의견청취 등)제6항의 규정에 의한 통지를 하지 아니한 자

(3) 기타 벌칙

제50조(위반행위의 조사 및 의견청취 등)제8항의 규정에 위반한 자는 3년 이하의 징역 또는 2천만 원 이하의 벌금에 처한다(제69조 제1항). 제62조(비밀엄수의 의무)의 규정에 위반한 자는 2년 이하의 징역 또는 200만 원 이하의 벌금에 처한다(제69조 제2항).

(4) 과태료

사업자 또는 사업자단체가 제1호 내지 제6호 및 제8호에 해당하는 경우에는 1억 원

이하, 제7호에 해당하는 경우에는 2억 원 이하, 회사 또는 사업자단체의 임원 또는 종업원 기타 이해관계인이 제1호 내지 제6호 및 제8호에 해당하는 경우에는 1천만 원 이하, 제7호에 해당하는 경우에는 5천만 원 이하의 과태료에 처한다(제69조의2 제1항).

① 제11조의2(대규모내부거래의 이사회 의결 및 공시) 또는 제11조의3(비상장회사 등의 중요사항 공시)의 규정에 의한 공시를 함에 있어 이사회의 의결을 거치지 아니하거나 공시를 하지 아니한 자 또는 주요내용을 누락하거나 허위로 공시한 자

② 제12조(기업결합의 신고)제1항 또는 제6항의 규정에 의한 기업결합의 신고를 하지 아니하거나 허위의 신고를 한 자 또는 동조제7항의 규정에 위반한 자

③ 제14조의2(계열회사의 편입 및 제외등)제2항의 자료요청에 대하여 정당한 이유 없이 자료를 제출하지 아니하거나 허위의 자료를 제출한 자

④ 제17조의2(시정조치 등에 대한 특례)제4항의 규정을 위반한 자

⑤ 제50조(위반행위의 조사등)제1항제1호의 규정에 위반하여 정당한 사유 없이 출석을 하지 아니한 자

⑥ 제50조(위반행위의 조사 등)제1항제3호 또는 제3항의 규정에 의한 보고 또는 필요한 자료나 물건의 제출을 하지 아니하거나, 허위의 보고 또는 자료나 물건을 제출한 자

⑦ 제50조(위반행위의 조사 등)제2항의 규정에 의한 조사를 거부·방해 또는 기피한 자

⑧ 제50조(위반행위의 조사 등)제5항의 규정에 의한 금융거래정보의 제출을 거부한 자

(5) 양벌규정

법인(법인격 없는 단체 포함)의 대표자나 법인 또는 개인의 대리인·사용인 기타 종업원이 그 법인 또는 개인의 업무에 관하여 제66조(벌칙) 내지 제68조(벌칙)의 위반행위를 한 때에는 행위자를 벌하는 외에 그 법인 또는 개인에 대하여도 각 본조의 벌금형을 과한다(제70조).

5. 사법상의 효력문제

공정거래법은 지주회사의 설립 및 전환을 전면적으로 허용하고 그 폐해의 규제를 위해 지주회사 및 그 자회사에 대해 일정한 행위를 금지하고 있다. 그런데 공정거래법은 지주회사 및 그 자회사에 의해 이루어진 공정거래법 위반행위에 대해 그 시정을 위하여 필요한 조치를 명할 수 있다고만 규정하고 있을 뿐 공정거래법 제8조의2에 위반한 행위의 사법상의 효력에 대해서는 아무런 규정도 두고 있지 않다.

이와 관련해서는 공정거래법 제8조의2에 위반한 지주회사 및 그 자회사의 행위의 사법상 효력은 이를 당연히 무효라고 보는 당연무효설, 사법상의 효력은 유효하다고 보는 유효설, 사법상 효력을 일률적으로 무효라고 할 것은 아니고 사법상의 거래행위 전반을 고려하여 그 유·무효를 판단하여야 한다는 제한적 무효설이 있다.

제6 채무보증제한 대규모기업집단의 지주회사 설립제한

공정거래법 제14조(상호출자제한기업집단 등의 지정 등)제1항의 규정에 따라 지정된 채무보증제한기업집단에 속하는 회사를 지배하는 동일인 또는 당해 동일인의 특수관계인이 지주회사를 설립하고자 하거나 지주회사로 전환하고자 하는 경우에는 제10조의2(계열회사에 대한 채무보증의 금지)의 규정에 의한 채무보증으로서 다음 각 호의 1에 해당하는 채무보증을 해소하여야 한다(공정거래법 제8조의3).

① 지주회사와 자회사 간의 채무보증

② 지주회사와 다른 국내계열회사(당해 지주회사가 지배하는 자회사 제외) 간의 채무보증

③ 자회사 상호 간의 채무보증

④ 자회사와 다른 국내계열회사(당해 자회사를 지배하는 지주회사 및 당해 지주회사가 지배하는 다른 자회사 제외) 간의 채무보증

제2장 금융지주회사법의 주요 내용

제1절 금융지주회사법의 일반

1. 공정거래법과 금융지주회사법의 관계

금융지주회사법의 규정이 공정거래법상의 지주회사에 관한 규정보다 특칙이지만 금융지주회사 역시 지주회사이기 때문에 금융지주회사법에 의하여 특례가 인정되는 사항들을 제외하고는 공정거래법상의 제한을 받게 된다.

2. 금융지주회사법의 목적

금융지주회사법은 금융지주회사의 설립을 촉진하고 금융지주회사와 그 자회사의 건전한 경영을 도모함으로써 금융산업의 경쟁력을 높이고 국민경제의 건전한 발전에 이바지함을 목적으로 한다(제1조).

3. 금융지주회사법상의 개념

금융지주회사법에서 사용하는 용어의 정의는 다음과 같다(제2조).

① "금융지주회사"라 함은 주식(지분 포함)의 소유를 통하여 금융업을 영위하는 회사("금융기관") 또는 금융업의 영위와 밀접한 관련이 있는 회사를 대통령령이 정하는 기준에 의하여 지배("지배")하는 것을 주된 사업으로 하며 1이상의 금융

기관을 지배하는 회사로서 인가를 받은 회사를 말한다.

② "자회사"라 함은 금융지주회사에 의하여 지배받는 회사(외국법인 포함)를 말한다.

③ "손자회사"라 함은 자회사에 의하여 지배받는 회사(외국법인 포함)를 말한다.

④ "완전지주회사" 및 "완전자회사"라 함은 각각 금융지주회사가 자회사의 발행주식 총수를 소유하는 경우의 당해 금융지주회사 및 당해 자회사를 말한다.

⑤ "은행지주회사"라 함은 다음 각 목의 어느 하나에 해당하는 회사를 포함하여 1 이상의 금융기관을 지배하는 금융지주회사를 말한다.

가. 「은행법」에 따른 인가를 받아 설립된 금융기관(이하 "은행"이라 한다)

나. 「장기신용은행법」에 따른 장기신용은행

다. 「은행법」 제2조제1항제1호의 은행업을 영위하는 금융기관으로서 대통령령이 정하는 금융기관

라. 위 가 내지 다의 금융기관을 지배하는 금융지주회사

⑥ "지방은행지주회사"라 함은 다음 각목의 은행 또는 은행지주회사를 지배하지 아니하는 은행지주회사를 말한다.

가. 전국을 영업구역으로 하는 은행

나. 가목의 은행을 지배하는 은행지주회사

⑦ "동일인"이라 함은 본인 및 그와 대통령령이 정하는 특수관계에 있는 자(이하 "특수관계인"이라 한다)를 말한다.

⑧ "비금융주력자"라 함은 다음 각 목의 어느 하나에 해당하는 자를 말한다.

가. 동일인 중 비금융회사(대통령령이 정하는 금융업이 아닌 업종을 영위하는 회사를 말함)인 자의 자본총액(대차대조표상 자산총액에서 부채총액을 차감한 금액을 말함)의 합계액이 당해 동일인 중 회사인 자의 자본총액의 합계액의 100분의 25 이상인 경우의 당해 동일인

나. 동일인 중 비금융회사인 자의 자산총액의 합계액이 2조 원 이상으로서 대통령령이 정하는 금액 이상인 경우의 당해 동일인

다. 「간접투자자산 운용업법」에 따른 투자회사("투자회사")로서 위 가. 또는 나.의

자가 그 발행주식 총수의 100분의 4를 초과하여 주식을 보유(동일인이 자기 또는 타인의 명의로 주식을 소유하거나 계약 등에 의하여 의결권을 가지는 것을 말함)하는 경우의 해당 투자회사

⑨ "대주주"라 함은 다음 각 목의 어느 하나에 해당하는 자를 말한다.

가. 최대주주 : 금융지주회사의 의결권 있는 발행주식 총수를 기준으로 본인과 그의 특수관계인이 누구의 명의로 하든지 자기의 계산으로 소유하는 주식을 합하여 그 수가 가장 많은 경우의 그 본인

나. 주요주주 : 누구의 명의로 하든지 자기의 계산으로 금융지주회사의 의결권 있는 발행주식 총수의 100분의 10이상의 주식을 소유하는 자 또는 임원의 임면 등의 방법으로 해당 금융지주회사 및 그 자회사와 손자회사의 주요 경영사항에 대하여 사실상의 영향력을 행사하는 주주로서 대통령령으로 정하는 자

☞ 대주주와 주요출자자

대주주	□ 최대주주 : 본인과 특수관계인의 명의에 관계없이 자기계산의 소유주식 수가 가장 많은 주주
	□ 주요주주 : - 명의불문 자기계산으로 의결권 있는 발행주식총수의 10% 이상을 가지고 있거나
	- 임원의 임면 등의 방법으로 해당 금융지주회사 및 그 자회사와 손자회사의 주요 경영사항에 대하여 사실상의 영향력을 행사하는 주주
주요출자자	① 은행지주회사의 주주 1인을 포함한 동일인이 은행지주회사의 의결권 있는 발행주식 총수의 10%(지방은행지주회사는 15%)을 초과하여 주식을 보유하는 경우의 해당 주주 1인
	② 은행지주회사의 주주 1인을 포함한 동일인이 은행지주회사(지방은행지주회사 제외)의 의결권 있는 발행주식 총수의 4%를 초과하여 주식을 보유하는 경우로서 해당 동일인이 최대주주이거나, 임원의 임면 등의 방법으로 해당 은행지주회사 및 그 자회사와 손자회사("은행지주회사 등")의 주요 경영사항에 대하여 사실상의 영향력을 행사하고 있는 자인 경우의 해당 주주 1인

⑩ "주요출자자"란 다음 각 목의 어느 하나에 해당하는 자를 말한다.

가. 은행지주회사의 주주 1인을 포함한 동일인이 은행지주회사의 의결권 있는 발행주식 총수의 100분의 10(지방은행지주회사의 경우에는 100분의 15)을 초과하여

주식을 보유하는 경우의 해당 주주 1인

나. 은행지주회사의 주주 1인을 포함한 동일인이 은행지주회사(지방은행지주회사 제외)의 의결권 있는 발행주식 총수(제8조의2제2항에 따라 의결권을 행사하지 못하는 주식 제외)의 100분의 4를 초과하여 주식을 보유하는 경우로서 해당 동일인이 최대주주이거나 대통령령으로 정하는 바에 따라 임원의 임면 등의 방법으로 해당 은행지주회사 및 그 자회사와 손자회사("은행지주회사 등")의 주요 경영사항에 대하여 사실상의 영향력을 행사하고 있는 자인 경우의 해당 주주 1인

금융업의 범위, 금융업의 영위와 밀접한 관련이 있는 회사의 범위 및 주된 사업의 기준은 대통령령으로 정한다(제2조 제2항).

☞ 금융지주회사 대주주 개념정의 및 범위조정

금융지주회사 대주주 개념정의 및 범위조정을 위해 현재 대통령령에 규정된 금융지주회사의 주요출자자를 법률에서 금융지주회사의 대주주로 규정하고 그 범위를 확대하는 한편 현재 법률에 규정되어 있는 은행지주회사의 대주주를 은행지주회사의 주요출자자라는 용어를 이용하여 규정하고 범위는 대통령령에 위임하려는 것이다.

대주주의 범위를 보면, 개정 전의 법 시행령상 "본인이 소유하는 주식 수가 10%를 초과하는 자"를 주요 주주의 하나로 보던 것을 개정법에서는 "본인과 특수관계인이 소유하는 주식 수가 10%를 초과하는 자"로 변경하고 있는바, 이는 회사에 대한 실질 지배력 기준으로 현재 최대주주의 주식 수 계산 시 본인과 특수관계인의 주식을 합산하는 것과 일치시키는 것으로 논리적으로 일관성이 있다.[4]

이에 대해 현행법에서 사용하고 있는 은행지주회사의 "대주주"개념을 대신하여 은행지주회사의 "주요출자자"라는 개념을 사용하고 범위는 대통령령에 위임하는 것에 대해서는, "주요출자자" 요건에 해당되게 되면 각종 규제의 대상이 된다는 점에서 정의를 대통령령에 위임하는 것보다는 법률에 규정하는 것이 타당하다고 지적하는 견해[5]에 따른 입법이라 볼 수 있을 것이다.

---

4) 현성수, 금융지주회사법 일부개정법률안(정부제출:5280) 검토보고, 2007.2, 15면.

4. 금융지주회사의 상호사용 금지

금융지주회사가 아닌 자는 그 상호나 명칭에 금융지주회사임을 표시하는 문자를 사용하여서는 아니 된다(제5조의3).

제2절 금융지주회사법의 주요 내용

제1 금융지주회사의 설립·전환 인가

1. 설립·전환 인가

자산총액이 대통령령으로 정하는 금액 이상인 자로서 금융지주회사가 되려는 자는 금융감독위원회의 인가를 받아야 한다. 금감위는 금융지주회사 및 그 자회사 등의 사업계획 및 재무상태 등에 대하여 심사하고 금융지주회사의 설립이 관련시장에서 경쟁을 제한하는지 여부 등에 대해 공정거래위원회와 협의를 거친 후 인가여부를 결정한다(제3조 내지 제6조).

2. 인가 요건

(1) 인가대상의 조정

자산총액이 대통령령으로 정하는 금액 이상인 자로서 금융지주회사가 되려는 자는

---

5) 현성수, 금융지주회사법 일부개정법률안(정부제출:5280) 검토보고, 2007.2, 15-16면.

금융감독위원회의 인가를 받아야 한다. ① 주식회사로서 사업계획이 타당하고 건전할 것 ② 자회사 및 손자회사("자회사 등")가 되는 회사의 사업계획이 타당하고 건전할 것 ③ 대주주(최대주주의 특수관계인인 주주를 포함하며, 최대주주가 법인인 경우에는 그 법인의 주요 경영사항에 대하여 사실상의 영향력을 행사하고 있는 주주로서 대통령령으로 정하는 자 포함)가 충분한 출자능력, 건전한 재무상태 및 사회적 신용을 갖추고 있을 것[6] ④ 금융지주회사와 자회사 등이 되는 회사의 재무상태 및 경영관리 상태가 건전할 것 ⑤ 주식교환 또는 주식이전에 의하여 완전지주회사가 되는 경우에는 주식의 교환비율이 적정할 것 등의 요건이 필요하다(제4조 제1항, 시행령 제5조).

그 밖의 인가의 세부요건은 대통령령으로 정한다(제4조 제2항). 금감위는 인가를 함에 있어서는 다음의 사항에 관하여 미리 공정거래위원회와 협의하여야 한다. 협의할 내용으로는 ① 공정거래법 제8조의2 제2항에 따른 지주회사의 행위제한에 관한 사항 및 동법 제8조의3 규정에 의한 지주회사의 설립제한에 관한 사항 ② 관련시장에서의 경쟁을 실질적으로 제한하는지의 여부에 관한 사항 등이다(제5조). 금감위는 인가를 하거나 인가를 취소한 때에는 지체 없이 그 내용을 관보에 공고하고 컴퓨터통신 등을 이용하여 일반인에게 알려야 한다(제6조).

금융지주회사는 자회사를 지배함으로써 금융시스템의 안정성·예금자 보호 등에 중대한 영향을 주므로 금융지주회사의 설립에 대하여 공정거래법령에 따른 사후신고제[7] 대신 금감위의 인가제를 도입하는 한편, 공정거래위원회와 기업결합의 경쟁제한성 등에 대해 사전협의를 하도록 한 것이다.

---

6) 인가요건으로 사회적 신용이라는 주관적 판단을 규정하고 있는 것은 법의 명확성이라는 원칙에 부합하지 않는다. 따라서 삭제하는 것이 타당하다. 同旨 : 양재호, 금융지주회사 규제에 관한 연구 ― 입법론적 고찰을 중심으로 ―, 숭실대 박사학위논문, 2005.6, 165면.

7) 일반적인 지주회사를 설립하고자 하거나 지주회사로 전환하고자 하는 자는 공정거래위원회에 신고해야 한다(공정거래법 제8조). 설립·전환의 신고를 할 때 필요한 사항과 절차에 관해서는 공정거래법 시행령 제15조에서 규정하고 있다.

(2) 개정법상의 법적 문제점

"자산총액이 대통령령으로 정하는 금액 이상인 자"를 추가한 것은 개정 전에는 인가대상의 자산규모나 지배하고 있는 자회사의 종류 등에 관계없이 획일적인 규제를 하고 있었고, 이와 같은 규제방식은 금융지주회사를 설립하려는 시도를 불필요하게 위축시킬 수 있으므로 개선이 필요하다고 지적하는 데 따른 개정이다. 2007년 개정 금융지주회사법은 금융지주회사의 인가대상을 제도도입의 취지에 맞게 축소·조정함으로써 소규모 금융그룹의 형성 등에 대해서는 자율성을 신장하고, 규제로 인한 행정적인 부담을 완화함과 더불어 규제의 실효성을 제고할 수 있도록 하기 위한 것이다.

금융지주회사제도를 도입한 것은 금융의 대형화·겸업화를 촉진하기 위한 것이었고, 금융지주회사와 그 자회사에 대한 건전성 감독을 위하여 인가제도 등 각종 규제체제가 함께 도입되었다. 이처럼 당초 금융지주회사에 관한 제도는 금융지주회사제도를 통하여 대형화·겸업화된 금융기관을 상정하여 도입하였다.

개정된 금융지주회사법에서 제외된 대형화 또는 겸업화 못한 소규모 금융지주회사는 업종별로 개별법의 적용을 받는 것으로 충분할 것이다. 참고로 「공정거래법」 및 동법 시행령은 자산규모 1천억 원 미만인 회사에 대하여는 지주회사의 신고대상에서 제외하고 있다(제2조 제1호의2 및 시행령 제2조 제1항).

더 나아가 은행, 보험, 증권 등 공공성이 강하게 요구되는 금융업종을 영위하는 자회사를 지배하는 회사에 한하여 금융지주회사로서 인가를 받도록 하는 것이 바람직할 것이다.[8] 미국과 일본의 경우에도 은행업과 보험업을 지배하는 지주회사에 대해서는 엄격한 인가제도를 운영하고 있는 반면, 그 밖의 금융업종을 지배하는 회사에 대해서는 특별한 규정이 없다.

---

8) 일정규모 이하라 하더라도 은행, 증권, 보험 등 중요한 금융업을 영위하는 경우에는 인가대상이 되는 것이 타당한 것으로 생각되므로 지배하는 자회사의 종류도 고려대상이 되어야 할 것이라 한다(현성수, 금융지주회사법 일부개정법률안(정부제출:5280) 검토보고, 2007.2, 5면).

개정법상 일정규모[9] 미만의 소규모 지주회사로서 자산운용업, 보험대리점을 자회사로 지배하는 경우 등 시장에 미치는 영향이 적은 회사는 인가대상에서 제외함으로써 규제대상을 축소하려는 것에 대해 비판적인 시각도 있다. 즉 소규모 금융지주회사라고 해서 아무런 규제를 하지 않는 것은 금융의 안정성과 건전성을 해칠 우려가 있고 같은 자산규모라고 하더라도 금융지주회사와 일반지주회사는 국민경제에 미치는 효과가 크게 다를 수 있으므로 금융지주회사의 자회사는 금융회사라는 특성상 레버리지(leverage; 부채자금 동원 비율)가 훨씬 높기 때문에 금융지주회사의 부실에 따른 파급효과도 증폭된다. 자회사는 개별법상의 인가대상인데, 이를 지배하는 금융지주회사는 인가대상으로 하지 않는 것도 문제이다.[10]

3. 인가받을 의무

(1) 비의도적 미인가 금융지주회사에 대한 처리절차 마련

자회사 주식의 가액증가 등 대통령령으로 정하는 부득이한 사유로 금융지주회사 요건(제3조에 따른 인가요건을 제외하며, 이하 "금융지주회사요건")에 해당하게 된 자(자산총액이 제3조제1항의 금액 미만인 자를 제외하며, 이하 이 조에서 "인가대상금융지주회사"라 한다)는 사업연도 결산일부터 대통령령으로 정하는 기간 이내에 그 사실을 금융감독위원회에 보고하여야 한다(제5조의2 제1항).

인가대상 금융지주회사는 사업연도 결산일부터 대통령령으로 정하는 기간 이내에 제3조에 따른 인가를 받거나 금융지주회사 요건에 해당되지 아니하도록 하여야 한다.

---

9) 구체적인 규모(예시 : 자산규모 1,000억 원 미만)에 대해 정부안은 시행령으로 규정할 예정이나, 인가대상여부에 의해 금융지주회사법상 규제를 받는지 여부가 좌우되므로 최소한 자산규모 기준에 대해서는 법에 명시되는 것이 바람직하다는 의견도 있다(현성수, 금융지주회사법 일부개정법률안(정부제출:5280) 검토보고, 2007.2, 5면).

10) 류동하, 금융지주회사법 개정과과제와 주요쟁점, 국회사무처, 2006.4, 25면.

다만, 불가피한 사유가 있는 경우에는 금융감독위원회의 승인을 받아 1년의 범위 안에서 그 기간을 연장할 수 있다(제5조의2 제2항). 보고 절차 및 방법 등에 관하여 필요한 사항은 금융감독위원회가 정하여 고시한다(제5조의2 제3항).

(2) 개정 이유

1) 개정내용

자회사 주식·지분가액의 증가, 지주회사 자산규모의 축소 등 부득이한 사유로 금감위의 인가를 받지 않고 미인가 금융지주회사가 되는 경우에는 해당 회사는 일정기간 내에 금융지주회사 요건을 해소하거나 금감위의 인가를 받도록 하고, 이에 응하지 아니하는 경우에는 금감위가 해당 회사의 임원에 대한 문책요구, 주식처분 등의 시정조치를 명할 수 있도록 하였다.

2) 구법령상의 문제

구법 및 시행령 제2조 제4항은 주된 사업의 기준으로 회사가 소유하고 있는 금융기관 또는 금융업 관련 회사의 주식·지분가액의 합계액이 해당 회사의 자산총액의 50% 이상일 것을 규정하고 있다.[11] 이에 따라 자회사의 주식가액 또는 모회사의 자산규모의 변동 등으로 특별한 의도 없이 주식·지분가액의 변동에 따라 주된 사업의 기준에 해당하게 되는 경우가 발생할 수 있다.

특히, 기준이 되는 주식·지분가액이 최근 사업연도 말 현재의 대차대조표상에 표시된 가액으로 규정되어 있음으로 인해 해당회사가 사전에 이를 해소할 수 있는 수단

---

[11] 이러한 기준은 지주회사와 그 자회사 간 자산규모의 격차가 큰 경우, 예컨대 자산규모가 큰 회사가 소규모 금융회사를 지배하는 경우에는 법 적용대상이 되지 않는 문제점이 있다. 또한, 「공정거래법」제2조 제1호의2의 규정에 따른 지주회사에도 해당되지 않으므로, 금융자본과 산업자본의 분리에 관한 같은 법 제8조의2제2항제4호 및 제5호의 규정도 적용되지 않는다.

이 없다. 감독당국도 모든 회사들의 주주현황을 파악하기 곤란하므로 금융지주회사 요건에 해당되는지 여부를 알기 어렵다. 그럼에도 불구하고 법 위반상태가 발생하면 바로 형벌부과의 대상이 되는 문제가 있다. 따라서 법 위반 의사가 없음에도 법을 위반하는 회사가 발생한 경우 그 구제 및 처리절차가 필요하다. 이와 같이 인가받지 않은 금융지주회사에 대한 해소절차가 필요한 것은 우리나라 금융지주회사제도가 요건 충족뿐만 아니라 인가를 필요로 하기 때문이다.

미국의 은행지주회사법(Bank Holding Companies Act)은 지배의 개념만을 지주회사 정의에 사용하고, 주된 사업의 개념은 없다. 따라서 우리와 같이 비의도적으로 법을 위반하는 경우는 발생하지 않는다. 한편, 일본은 우리와 같이 지배 및 주된 사업요건을 지주회사 정의에 사용하고 있으나, 비의도적으로 지주회사가 된 회사에 대한 해소절차를 마련하고 있다(일본 은행법 제52조의17)[12]. 즉 비자발적으로 은행지주회사

---

12) 제52조 17 아래 열거하는 거래 혹은 행위에 의해 은행을 자회사로 하는 지주회사가 되려고 하는 회사 또는 은행을 자회사로 하는 지주회사를 설립하려고 하는 사람은 미리 내각총리대신의 인가를 받아야 한다.
　一 해당 회사 또는 그 자회사에 의한 은행 의결권의 취득(담보권 실행에 의한 주식의 취득 그 외의 내각부령으로 정하는 사유에 의하는 것을 제외.)
　二 해당 회사의 자회사에 의한 제4조 제1항의 면허 취득
　三 그 외 정령으로 정하는 거래 또는 행위
　2 전항 각 호에 열거하는 거래 또는 행위 외 사유로 은행을 자회사로 하는 지주회사에 회사(이하 「특정 지주회사」)는 해당 사유 발생일이 속하는 사업 연도 경과 후 3월 이내에, 해당 회사가 은행을 자회사로 하는 지주회사가 된 것, 그 외의 내각부령으로 정하는 사항을 내각총리대신에 신고해야 한다.
　3 특정 지주회사는, 전항의 사유 발생일이 속하는 사업 연도의 종료일로부터 일 년을 경과하는 날(이하 항 및 제5항에 「유예 기한일」이라고 한다.)까지 은행을 자회사로 하는 지주회사가 되지 않도록, 필요한 조치를 강구하지 않으면 안 된다. 다만, 해당 특정 지주회사가, 유예 기한일 후도 계속 은행을 자회사로 하는 지주회사인 것에 대하여 내각총리대신의 인가를 받았을 경우는 이 예외로 한다.
　4 특정 지주회사는, 전 항의 규정에 의한 조치로 은행을 자회사로 하는 지주회사가 아니게 된 때는 지체 없이 그 취지를 내각총리대신에 신고하지 않으면 안 된다. 해당 조치에 의하지 않고 은행을 자회사로 하는 지주회사가 아니게 된 때도 위와 같이 한다.
　5 내각총리대신은, 제1항의 인가를 받지 않고 동항 각 호에서 열거한 거래 혹은 행위에 의해 은행을 자회사로 하는 지주회사가 된 회사 혹은 은행을 자회사로 하는 지주회사로

가 된 경우 해당 사유가 발생한 날이 속하는 영업연도 경과 후 3개월 이내에 해당 회사가 은행지주회사가 된 취지 등을 내각총리대신에게 신고해야 한다. 또한 해당 사유가 발생한 날이 속하는 영업 연도의 종료일로부터 1년을 경과하는 날(유예 기한일)까지 은행을 자회사로 하는 지주회사가 되지 않도록 필요한 조치를 강구해야 한다. 보험의 경우에도 영업연도 종료 후 3월 이내에 해당 회사가 보험지주회사가 된 취지 등을 내각총리대신에게 신고해야 하고, 영업연도 종료일 1년 경과까지 해소해야 할 의무가 있다(일본 보험업법 제271조의18).

4. 인가의 법적 성질

인가란 다른 사람의 행위에 동의를 부여하여 그 행위의 효력을 보충함으로써 법률상의 효력을 완성시키는 행위를 말한다. 금감위의 인가는 법적으로 현행 금융지주회사법 규정상 금감위의 판단 여지를 남겨 두었다는 점에서 재량행위로 판단되는데, 재량행위로 인정하는 경우에도 기속재량(법규재량)인가 자유재량(공익재량, 편의재량, 목적재량)인가에 대해서는 학설이 나뉠 수 있다. 그러나 행정행위의 예측가능성을 제고한다는 점에서 기속재량으로 이해하여야 할 것이고("재량권 0으로의 수축이론") 법조문도 향후 개정 시 명확하게 정비될 필요가 있을 것이다.13)

써 설립된 회사 또는 제3항으로 인가를 받는 일 없이 유예 기한일 후도 은행을 자회사로 하는 지주회사인 회사에 대해, 은행을 자회사로 하는 지주회사가 아니게 되도록, 필요한 조치를 강구하는 것을 명할 수가 있다.

13) 이에 대한 자세한 논의는 양재호, 금융지주회사 규제에 관한 연구 — 입법론적 고찰을 중심으로 —, 숭실대 박사학위논문, 2005.6, 165-169면 참조.

5. 인가 등의 공고

(1) 인가 등의 공고

금융감독위원회는 제3조의 규정에 의하여 인가를 하거나 제57조제2항의 규정에 의하여 인가를 취소한 때에는 지체 없이 그 내용을 관보에 공고하고 컴퓨터 통신 등을 이용하여 일반인에게 알려야 한다(제6조).

(2) 자본금 및 정관 변경의 신고

금융지주회사는 자본금을 감소시키거나 정관을 변경하려는 때에는 금융감독위원회에 미리 신고하여야 한다. 다만, 정관의 변경사항 중 금융감독위원회가 정하는 경미한 사항을 변경하는 때에는 변경한 날부터 7일 이내에 그 사실을 금융감독위원회에 보고하여야 한다. 금융감독위원회는 신고 받은 내용이 관계 법령에 위반되거나 금융지주회사의 경영의 건전성을 훼손할 우려가 있는 경우에는 해당 금융지주회사에 시정하거나 보완할 것을 권고할 수 있다(제6조의2).

제2 금융지주회사의 소유 및 지배구조

1. 자회사 등의 금융지주회사의 지배관계 제한

(1) 원칙 : 자회사 등의 금융지주회사 지배관계 제한

금융지주회사는 금융기관(외국의 법령에 의하여 설립된 금융기관 포함)과 대통령령이 정하는 지배관계에 있어서는 아니 된다. 다만, 다음 각 호의 어느 하나에 해당하는 경우로서 대통령령으로 정하는 요건에 해당하는 때에는 그러하지 아니하다(제7조 제1항).

　① 금융지주회사가 다른 금융지주회사와 지배관계에 있는 경우

　② 「간접투자자산 운용업법」에 따른 투자회사·사모투자전문회사 또는 투자목적회
　　사가 금융지주회사와 지배관계에 있는 경우

　③ 경영 능력, 규모 및 건전성 등을 감안하여 대통령령으로 정하는 외국 금융기관
　　(외국의 법령에 따라 설립되어 외국에서 금융업을 영위하는 자)으로서 금융감독
　　위원회가 인정한 자가 금융지주회사와 지배관계에 있는 경우

지배관계의 금지에도 불구하고 담보권의 실행 등 대통령령으로 정하는 부득이한 사
유로 금융기관이 금융지주회사와 지배관계에 있게 된 경우에는 사업연도 결산일부터
대통령령으로 정하는 기간 이내에 그 금융지주회사와 지배관계를 해소하여야 한다. 다
만, 불가피한 사유가 있는 경우에는 금융감독위원회의 승인을 받아 1년의 범위 안에서
그 기간을 연장할 수 있다(제7조 제2항).

금융지주회사법은 금융기관이 금융지주회사의 사업내용을 지배하는 것을 금지하는
것은 금융지주회사가 산하 자회사 및 손자회사에 대한 궁극적인 지배권을 가짐으로써
독자적인 그룹관리를 할 수 있도록 하기 위한 것이다.

(2) 외국 금융기관의 국내 금융지주회사 설립허용

구금융지주회사법은 금융기관이 금융지주회사와 지배관계[14]에 있는 것을 금지하고
있었다(제7조 본문). 또한 이 규정은 외국계 금융기관에도 동일한 규제를 적용하고 있

---

14) 여기서 "지배관계"라 함은 금융기관이 사실상 금융지주회사의 사업내용을 지배하는 것을
　　말하는바, 동 금융기관을 계열주로 하는 기업집단에 금융지주회사가 속한다는 것을 의미
　　한다. 금융기관이 금융지주회사의 사업내용을 지배하는 것을 "지배관계"로 표현한 것은
　　금융지주회사의 자회사 지배와 구별하기 위한 것으로, 이 경우 "지배"는 동일한 기업집단
　　내에 있는 회사들이 보유한 동 자회사 발행주식 중 금융지주회사의 보유주식이 가장 많다
　　는 것을 의미한다는 점에서 "지배관계"와 다르다고 한다(류동하, 금융지주회사법 개정과
　　과제와 주요쟁점, 국회사무처, 2006.4, 17면).

어서 외국금융기관은 국내에 금융지주회사를 설립할 수 없다.

금융기관이 금융지주회사와 지배관계에 있는 것을 금지한 이유는 금융기관이 금융지주회사를 다른 금융기관을 지배하기 위한 레버리지 수단으로 활용하는 것을 방지하고, 금융지주회사가 개별 금융기관의 입장에서 운영됨에 따라 다른 자회사의 경영에 지장을 초래하는 것을 미연에 방지하기 위한 것이라고 할 수 있다.

따라서 법 제7조 본문의 입법취지는 금융지주회사가 금융그룹 지배의 중심 역할을 하도록 지배구조를 형성하기 위한 것이라고 볼 수 있다. 그러나 이에 의하여 외국금융기관의 국내 금융지주회사 설립이 금지됨에 따라 동북아 금융허브 추진 등을 위해서 외국계 금융기관을 국내로 유치하는 데 장애가 되고 있다는 견해가 있었다.[15] 그리하여 법 개정에 의하여 외국 금융기관의 국내 금융지주회사 설립을 허용할 수 있도록 법이 개정되었다. 즉 금감위는 경영 능력, 규모 및 건전성 등을 감안하여 대통령령으로 정하는 외국 금융기관(외국의 법령에 따라 설립되어 외국에서 금융업을 영위하는 자)으로서 금융감독위원회가 인정한 자가 금융지주회사와 지배관계에 있는 경우에는 금융지주회사를 지배할 수 있도록 하였다.

(3) 국내 금융지주회사의 해외진출 방향

국내 금융지주회사의 해외진출과 관련하여, 구금융지주회사법상 외국 금융기관을 자회사로 편입할 수 있는지, 아울러 공정거래법상[16]의 자회사주식 소유의무(상장·등

---

15) 다만, 외국계 금융지주회사의 국내 설립을 허용할 경우 외국자본에 의한 국내 금융산업 지배확산 등에 대한 우려가 있으므로 법에서 경영능력, 규모 등에서 국제적 신인도가 높은 금융지주회사 등으로 한정하여 규정하는 것이 타당하다는 의견도 있다(현성수, 금융지주회사법 일부개정법률안(정부제출:5280) 검토보고, 2007.2, 7면).

16) 독점규제 및 공정거래에 관한 법률」 제8조의2 제2항 제2호 본문.
   2. 자회사의 주식을 당해 자회사 발행주식총수의 100분의 50(자회사가 증권거래법의 규정에 의한 주권상장법인 또는 협회등록법인이거나 공동출자법인인 경우에는 100분의30, 벤처지주회사의 자회사인 경우에는 100분의 20으로 하며, 이하 이 조에서 "자회사주식보유기준"이라 한다) 미만으로 소유하는 행위.

록법인 30% 이상, 비상장법인 50% 이상)가 외국 금융기관을 자회사로 편입하는 경우에도 동일하게 적용되는지 여부가 불명확하였다. 따라서 법을 개정하여 국내 금융지주회사가 외국의 금융회사를 자회사로 가질 수 있게 되었고, 자회사를 통하여 외국의 금융회사를 손자회사로 가질 수 있게 되었다(제2조 제2호·제3호 참조). 또한 아울러서 외국금융기관을 국내 금융지주회사가 자회사로 편입 시 주식소유의무비율 완화 등과 같은 규정을 별도로 신설하는 방안에 대한 검토가 필요하다.[17]

(4) 사모투자전문회사(PEF)의 금융지주회사 지배 허용

1) 현행법령 및 개정 필요성

개정 금융지주회사법은 사모투자전문회사를 통한 금융지주회사의 소유·지배구조 개선 등 구조조정을 유도하기 위하여 사모투자전문회사와 금융지주회사의 지배관계 형성을 허용하도록 하고 있다.[18]

구금융지주회사법은 투자회사만 은행지주회사를 지배하는 것을 허용하고 있었고(제7조 제2호) PEF의 금융지주회사 지배는 허용하고 있지 않았다. 구법에 의하면, 투자회사는 은행지주회사의 의결권 있는 주식을 30% 이상 보유하는 최다출자자로서 은행지주회사와 지배관계를 형성할 경우 보유주식에 대한 의결권 행사 시 중립적 투표(shadow voting)만을 할 수 있으므로, 그 사업내용을 지배하지는 못한다(간접투자자산 운용업법」제94조(의결권행사의 제한 등) 제1항). 따라서 투자회사가 은행지주회사와 지배관계에 있다고 하더라도 금융지주회사에게 그 자회사에 대한 궁극적 지배권을 부여하고자 하는 본 조의 취지와 배치되지 않는다.

투자회사와 은행지주회사의 지배관계를 허용하는 것은 정책적 배려도 일부 작용한

---

17) 현성수, 금융지주회사법 일부개정법률안(정부제출:5280) 검토보고, 2007.2, 7-8면
18) 정부의 개정안은 투자회사도 은행지주회사뿐만 아니라 여타 금융지주회사와 지배관계를 형성하는 것을 허용한다. 한편, 사모투자전문회사의 구체적인 허용요건은 시행령에서 규정할 예정이다.

것으로 보인다. 일반적으로 은행지주회사는 그 규모가 커서 은행지주회사의 지배권을 인수할 수 있는 자금을 보유한 동일인이 많지 않기 때문이다.

2) 구법상 PEF의 금융지주회사 지배 제한과 허용 논리

한편, 사모투자전문회사는 「간접투자자산 운용업법」 제2조 제4호의2 등의 규정상 투자대상 금융지주회사에 대한 지배권의 행사를 목적으로 할 수밖에 없다는 점에서 투자회사와는 다른 점이 있다. 그럼에도 불구하고 정부가 사모투자전문회사와 금융지주회사의 지배관계를 허용하려는 것은 투자회사에 있어서와 같이 정책적 필요성이 큰 것으로 보인다. 사모투자전문회사와 금융지주회사의 지배관계를 금지함에 따라 사모투자전문회사를 이용한 금융지주회사의 구조조정 등이 제한되고 있기 때문이다.

그러나 이에 대해 PEF의 금융지주회사에 투자를 허용하더라도 문제가 되지 않는다는 견해도 있다. 이에 따르면 사모투자전문회사(Private Equity Fund: PEF) 또는 이들이 투자수단으로 이용하는 투자목적회사에 대해 금융지주회사 지배를 허용하는 것은 다음과 같은 사정을 고려할 때 타당한 측면이 있다고 한다.[19]

첫째, 금융지주회사법 제7조의 취지가 개별 금융기관의 입장에서 금융지주회사가 운영되는 것을 방지하려는 것임에 비추어 PEF는 법적으로 금융기관이긴 하지만 실제 금융업무를 수행하는 금융기관이라기보다는 기업지분의 인수 등을 통하여 기업가치의 제고를 도모하는 펀드의 성격이 강하다는 점이다.

둘째, 개인 및 법인 등 투자자들이 직접 금융지주회사에 투자할 수 있음에도 불구하고 이들의 투자전문기구인 PEF를 통하여 간접적으로 금융지주회사에 투자할 수 없도록 할 논리가 미약하다.

셋째, 현행 「간접투자자산 운용업법」제144조의16에서 산업자본이 PEF를 설립하는 경우 동 PEF를 비금융주력자로 간주하여 은행지주회사 지배를 금지하는 등 PEF의 근거법인 동법에서는 이미 PEF의 금융지주회사 지배를 전제하고 있는 점이다.

---

19) 현성수, 금융지주회사법 일부개정법률안(정부제출:5280) 검토보고, 2007.2, 10-11면.

넷째, 현행 금융지주회사법에서 투자회사의 은행지주회사 지배를 허용하고 있는 것은 「간접투자자산 운용업법」에 PEF가 도입('04.10)되기 이전에 제정('02.4)된 규정으로 2004.10월 PEF가 투자기구로 새로이 도입된 점을 감안할 필요가 있다는 점이다.

3) PEF의 금융지주회사 지배 허용에 따른 법적 문제점

가. 허용논리의 빈약

「금융지주회사법」 제7조의 규정은 금융지주회사에게 그 자회사에 대한 궁극적 지배권을 부여하고자 하는 것인바, 사모투자전문회사가 금융지주회사와 지배관계에 있는 것을 허용할 경우에는 이러한 입법취지가 상당부분 훼손될 수 있다. 즉 금융기관이 '금융기관 → PEF → 금융지주회사'의 구조로 금융기관의 금융지주회사 지배금지 조항(제7조)을 우회할 가능성이 있으므로 이를 방지할 수 있는 방안을 강구하여 대통령령에 명확히 규정할 필요가 있다.

은행 등 자회사인 금융기관이 사모펀드를 조성하여 그 지주회사를 사실상 지배하는 것이 가능하기 때문이다. 다만, 영구적인 지배관계의 형성은 곤란하다(「간접투자자산 운용업법」 제144조의5 제1항 제5호 참조).

나. 비금융주력자 정의상의 문제

「금융지주회사법」에 따른 비금융주력자의 정의[20]와 「간접투자자산 운용업법」에 따

---

20) 제2조 제1항 제8호 : "비금융주력자"라 함은 다음 각목의 1에 해당하는 자를 말한다.
　가. 동일인 중 비금융회사(대통령령이 정하는 금융업이 아닌 업종을 영위하는 회사를 말한다. 이하 같다)인 자의 자본총액(대차대조표상 자산총액에서 부채총액을 차감한 금액을 말한다. 이하 같다)의 합계액이 당해 동일인 중 회사인 자의 자본총액의 합계액의 100분의 25 이상인 경우의 당해 동일인
　나. 동일인 중 비금융회사인 자의 자산총액의 합계액이 2조 원 이상으로서 대통령령이 정하는 금액 이상인 경우의 당해 동일인
　다. 「간접투자자산 운용업법」에 따른 투자회사(이하 "투자회사"라 한다)로서 가목 또는 나목의 자가 그 발행주식 총수의 100분의 4를 초과하여 주식을 보유(동일인이 자기 또는 타인의 명의로 주식을 소유하거나 계약 등에 의하여 의결권을 가지는 것을 말한

른 사모투자전문회사에 대한 비금융주력자의 정의[21])가 상이한바, 사모투자전문회사에 대하여 금융지주회사의 지배를 허용할 경우 비금융주력자에 대하여 현행보다 완화된 규제기준이 적용되게 된다.

다. 「금융지주회사법」의 적용배제 문제

사모투자전문회사 또는 투자목적회사가 회사재산을 ① 다른 회사의 발행주식 총수 또는 출자총액의 100분의 10이상이 되도록 투자하거나 ② 다른 회사에 대한 사실상의 지배력 행사가 가능하도록 투자하는 경우에는 그 투자한 날부터 10년이 되는 날까지는 「금융지주회사법」에 따른 금융지주회사로 보지 아니한다(간접투자자산운용업법 제144조의17 제3항). 따라서 사모투자전문회사가 금융지주회사를 지배하는 것을 허용할 경우 일부규정(금융지주회사법 제45조 내지 제45조의4 및 제48조)을 제외하고는 「금융지주회사법」의 적용이 배제되게 되는바, 금융지주회사를 지배하면서 「금융지주회사법」의 적용을 받지 아니하는 문제가 있다.

2. 대주주의 변경승인 등

금융지주회사(은행지주회사 제외)의 주식 취득으로 대주주가 되려는 자는 대주주

다. 이하 같다)하는 경우의 해당 투자회사
21) 제144조의16제1항 : 사모투자전문회사가 다음 각 호의 1에 해당하는 경우에는 금융지주회사법 제2조 제1항제8호 또는 은행법 제2조 제1항제9호의 규정에 의한 비금융주력자로 본다.
   1. 금융지주회사법 제2조 제1항제8호 가목·나목 또는 은행법 제2조 제1항제9호 가목·나목에 해당하는 자가 다음 각목의 1에 해당하는 사모투자전문회사의 유한책임사원인 경우
   가. 사모투자전문회사 출자총액의 100분의 10을 초과하여 지분을 보유한 경우
   나. 사모투자전문회사 출자총액의 100분의 4 이상 100분의 10 이하의 지분을 보유한 경우로서 최다출자자인 경우
   2. 금융지주회사법 제2조 제1항제8호 가목·나목 또는 은행법 제2조 제1항제9호 가목·나목에 해당하는 자가 사모투자전문회사의 무한책임사원인 경우
   3. 다른 대기업집단에 속하는 각각의 계열회사가 취득한 사모투자전문회사의 지분의 합이 사모투자전문회사 출자총액의 100분의 30을 초과하는 경우

기준 중 건전한 경영을 위하여 대통령령으로 정하는 기준을 갖추어 미리 금융감독위원회의 승인을 받아야 한다(제7조의2 제1항). 금융감독위원회는 위의 승인을 받지 아니하고 취득한 주식에 대하여 6개월 이내의 기간을 정하여 처분을 명할 수 있다(제7조의2 제2항). 승인을 받지 아니하고 주식을 취득한 자는 승인 없이 취득한 주식의 취득분에 대하여 의결권을 행사할 수 없다(제7조의2 제3항). 승인 및 처분명령의 요건에 관하여 필요한 사항은 대통령령으로 정한다(제7조의2 제4항).

3. 은행지주회사주식의 보유제한

동일인은 은행지주회사의 의결권 있는 발행주식 총수의 100분의 10을 초과하여 당해 은행지주회사의 주식을 보유하여서는 아니 된다. 다만 ① 정부 또는 예금자보호법에 의한 예금보험공사가 은행지주회사의 주식을 보유하는 경우 ② 금융지주회사가 지배하는 당해 은행지주회사의 주식을 보유하는 경우 ③ 전국을 영업구역으로 하는 은행 또는 전국을 영업구역으로 하는 은행을 지배하는 은행지주회사를 지배하지 아니하는 은행지주회사("지방은행지주회사")의 의결권 있는 발행주식 총수의 100분의 15 이내에서 당해 지방은행지주회사의 주식을 보유하는 경우에는 그러하지 아니하다(제8조 제1항).

동일인이 은행지주회사의 주식을 4%를 초과하여 보유하게 되거나 최대주주가 된 때, 1% 이상의 지분변동 등이 있을 경우에는 금감위에 보고하여야 한다(제8조 제2항). 동일인이 은행지주회사 주식을 보유함에 있어서 10%(지방은행지주회사의 경우 15%)·25%·33% 초과 시마다 금감위의 승인을 얻어야 한다. 다만, 금융감독위원회는 은행업의 효율성과 건전성에의 기여 가능성, 당해 은행지주회사 주주의 보유지분 분포 등을 감안하여 필요하다고 인정되는 때에 한하여 각 호에서 정한 한도 외에 별도의 구체적인 보유한도를 정하여 승인할 수 있으며, 동일인이 그 승인받은 한도를 초과하여 주식을 보유하고자 하는 경우에는 다시 금융감독위원회의 승인을 얻어야 한다

(제8조 제3항).

금융감독위원회는 위 승인을 하지 아니하는 경우에는 대통령령이 정하는 기간 이내에 신청인에게 그 사유를 명시하여 통지하여야 한다(제8조 제4항). 10%(지방은행지주회사의 경우 15%)·25%·33%의 한도초과 시 규정을 적용함에 있어 은행지주회사의 주식을 보유할 수 있는 자의 자격, 주식보유와 관련한 승인의 요건·절차 그 밖에 필요한 사항은 당해 은행지주회사 등의 건전성을 저해할 위험성, 자산규모·재무상태의 적정성, 당해 은행지주회사 등으로부터의 신용공여규모, 금융산업의 효율성과 건전성에의 기여가능성 등을 감안하여 대통령령으로 정한다(제8조 제5항). 투자회사가 제3항에 따라 승인을 얻어 은행지주회사의 주식을 보유하는 경우 해당 투자회사 및 그 투자회사의 법인이사인 자산운용회사에 대하여는 「간접투자자산 운용업법」 제88조제1항 제2호[22]를 적용하지 아니한다(제8조 제6항).[23]

---

22) 제88조(자산운용의 제한) ①자산운용회사는 간접투자재산을 운용함에 있어 다음 각 호의 1에 해당하는 행위를 하여서는 아니 된다.
  1. 각 간접투자기구 자산총액의 100분의 10을 초과하여 대통령령이 정하는 자에게 단기대출로 운용하는 행위
  2. 간접투자재산을 제2조제1호 가목의 자산에 운용함에 있어 다음 각목의 1에 해당하는 행위
  가. 각 간접투자기구 자산총액의 100분의 10 이내에서 대통령령이 정하는 비율을 초과하여 동일종목의 투자증권에 투자하는 행위 이 경우 동일회사가 발행한 투자증권 중 주식을 제외한 투자증권은 동일종목으로 본다.
  나. 자산운용회사가 운용하는 전체 간접투자기구 자산총액으로 동일회사가 발행한 주식총수의 100분의 20을 초과하여 투자하는 행위
  다. 각 간접투자기구 자산총액으로 동일회사가 발행한 주식총수의 100분의 10을 초과하여 투자하는 행위
23) 동법은 2007.8.3 법률 제8635호에 의해 폐지되었으며, 시행일은 2009.2.4이다.

4. 비금융주력자의 주식보유제한

(1) 비금융주력자의 주식보유제한

비금융주력자는 은행지주회사의 의결권 있는 발행주식 총수의 4%(지방은행은 15%) 내에서만 주식을 소유할 수 있다(제8조의2 제1항). 비금융주력자가 4%(지방은행지주회사 제외)를 초과하여 보유하고자 하는 은행지주회사의 주식에 대한 의결권을 행사하지 아니하는 조건으로 재무건전성 등의 요건을 충족하여 금감위의 승인을 얻은 경우에는 10%까지 보유할 수 있다(제8조의2 제2항). 다만 2년 이내에 금융주력자로 전환하기 위한 계획을 금감위에 제출하여 승인을 얻은 비금융주력자는 10%까지 보유할 수 있고, 10%·25%·33% 초과 시마다 금감위의 승인을 얻어야 한다(제8조의2 제3항).

(2) 전환계획에 대한 평가 및 점검

제8조의2 제3항의 규정에 의한 승인을 신청하고자 하는 비금융주력자는 전환계획을 금융감독위원회에 제출하여야 하며, 금융감독위원회는 전환계획에 대한 전문기관의 평가가 필요하다고 인정하는 경우 금융감독위원회가 정하는 바에 따라 그 평가를 실시할 수 있다(제8조의3 제1항).

금융감독위원회는 전환계획에 대한 승인을 얻어 동조제1항에서 정한 한도를 초과하여 은행지주회사의 주식을 보유하는 비금융주력자("전환대상자")의 전환계획 이행상황을 대통령령이 정하는 바에 따라 정기적으로 점검하고 그 결과를 컴퓨터통신 등을 이용하여 공시하여야 한다(제8조의3 제2항). 금융감독위원회는 점검결과 전환대상자가 전환계획을 이행하지 아니하고 있다고 인정되는 경우에는 6월 이내의 기간을 정하여 그 이행을 명할 수 있다(제8조의3 제3항).

다음에 해당하는 전환대상자는 제8조의2 제1항에서 정한 한도를 초과하여 보유하는 은행지주회사의 주식에 대하여는 의결권을 행사할 수 없다(제8조의3 제4항).

①　금융감독위원회로부터 제3항의 규정에 의한 이행명령을 받은 전환대상자

②　제51조의2 제1항 제2호의 사유에 의한 금융감독원장의 검사결과 은행지주회사
　　등과의 불법거래 사실이 확인된 전환대상자

금융감독위원회는 전환대상자가 다음에 해당하는 경우에는 6월 이내의 기간을 정하여 제8조의2 제1항에서 정한 한도를 초과하여 보유하는 은행지주회사의 주식을 처분할 것을 명할 수 있다(제8조의3 제5항).

①　제3항의 규정에 의한 이행명령을 이행하지 아니하는 경우

②　제4항 제2호에 해당하는 경우

5. 한도초과 주식의 의결권 제한 등

보유한도 초과주식의 의결권 행사금지의무 및 초과한도의 해소의무를 부여함과 동시에 동 의무를 준수하지 아니하는 경우에 6개월 이내의 기간을 정하여 한도 초과주식에 대한 처분명령권을 금감위에 부여했다(제10조).

6. 은행지주회사의 특례

은행지주회사는 은행법상 동일인 한도 10% 제한에도 불구하고 의결권 있는 발행주식 총수의 100분의 10을 초과하여 은행의 주식을 보유할 수 있다(제13조).

7. 금융지주회사의 일반기업 주식보유제한

금융지주회사는 금융기관을 자회사로 지배하면서 비금융회사를 자회사로 지배할 수

없다(공정거래법 제8조의2 제2항 제4호). 자회사는 업무상 연관이 있는 금융기관(손자회사)을 지배할 수 있으나 손자회사는 다른 회사를 지배할 수 없다. 다만, 손자회사가 될 당시에 지배하고 있던 회사의 경우에는 당해 손자회사가 된 날부터 2년간은 그러하지 아니하다(제19조).

8. 지주회사의 손자회사의 원칙적 소유 금지

금융지주회사의 손자회사 및 증손자회사(손자회사의 자회사)를 원칙적으로 소유를 금지하되, 자회사의 업무와 연관성이 있는 금융기관 및 금융업과 밀접한 관련이 있는 회사로서 대통령령이 정하는 경우에는 예외적으로 손자회사 소유를 허용하는 한편, 자회사 또는 손자회사가 될 당시에 지배하고 있던 회사에 대해서는 2년간 유예규정을 두고 있다(제19조).

금융지주회사의 손자회사를 원칙적으로 소유를 금지하는 취지는 지주회사에 의한 피라미드형 기업집단의 형성을 방지하고자 하는 동시에 손자회사를 허용할 경우 손자회사를 통해 지주회사에 출자하는 순환식 상호출자에 의해 탈법적으로 지주회사의 부채비율 요건을 충족할 수도 있기 때문이다.

9. 부채비율, 투자 및 주식소유제한과 관련한 규제완화 필요성

금융지주회사의 부채비율, 투자 및 주식소유 제한과 관련하여 규제가 선진 입법례에 비해 지나치다는 주장이 있다.[24] 유럽에서는 전통적으로 금융자본과 산업자본의 분리정책을 취하고 있지 않을 뿐만 아니라 미국의 경우에도 분리원칙을 점차 완화하고 있으며, 일본의 경우에는 은행지주회사 또는 그 자회사가 여타 일본 내의 회사주식

---

24) 양재호, 금융지주회사 규제에 관한 연구 ―입법론적 고찰을 중심으로―, 숭실대 박사학위 논문, 2005.6, 125면.

등을 취득한 경우에는 이를 합산하여 당해 회사의 의결권 있는 발행주식 총수 중 15% 이상의 주식을 취득할 수 없도록 하고 있으며, 보험지주회사의 경우에는 오히려 일반 사업회사를 자회사로 둘 수 있도록 하고 있다(일본 정비법 제1조, 은행법 제52조의8 제1항).

아직도 우리나라 금융관련 법제는 산업자본과 금융자본의 엄격한 분리원칙을 고수하고 있으나 지주회사 도입의 취지가 시너지 효과를 극대화하기 위한 금융회사의 그룹화에 있다면, 금융지주회사의 공공성을 고려하고 금융지주회사의 자회사인 은행의 예금자를 보호하자는 취지를 고려하더라도 규제가 다소 과하다고 생각된다.[25]

제3 금융지주회사의 업무 및 자회사의 편입 등

1. 금융지주회사의 업무범위

금융지주회사는 자회사의 경영관리 업무와 그에 부수하는 업무 외에 영리를 목적으로 하는 다른 업무를 영위할 수 없다(제15조). 법에서는 금융지주회사의 업무를 금융그룹의 영업전략 수립 및 자회사 영업전략 간의 조정 등 자회사의 경영관리 업무와 이와 관련된 부수업무로 한정하여 순수지주회사만을 허용하고 있다.

금융지주회사가 직접 사업을 영위하는 사업지주회사를 허용했을 때, 금융지주회사와 자회사 간에 이해상충 문제가 발생할 수 있고, 자회사의 경영이 부실해질 경우, 금융지주회사의 경영부실로 직접 연결되어 금융그룹 전체의 안정성을 위협할 가능성이 있다는 점 등을 고려할 때 사업지주회사를 배제하고 순수지주회사만 허용하고 있는 것이다. 또한 금융지주회사가 자회사의 경영관리 업무와 그에 부수하는 업무만을 영위하게 함으로써 금융지주회사가 보다 효율적으로 운영될 수 있도록 하고 있는 것이다.

---

25) 同旨 : 양재호, 금융지주회사 규제에 관한 연구 ─입법론적 고찰을 중심으로─, 숭실대 박사학위논문, 2005.6, 125면.

2. 자회사 등의 편입 승인

중간지주회사를 제외한 금융지주회사가 새로이 자회사를 편입하거나 자회사가 새로이 손자회사를 편입하는 경우에 금감위의 승인을 얻어야 한다(제16조). 승인요건으로 ① 편입되는 자회사·손자회사 등의 사업계획이 타당하고 건전할 것 ② 경영관리 상태가 건전할 것 등의 요건을 규정하고 있으며, 금감위의 승인 시 자회사·손자회사의 편입에 따른 관련 시장에서의 경쟁을 실질적으로 제한하는지의 여부에 관하여 미리 공정거래위원회와 협의하도록 하고 있다(제17조).

3. 자회사 등의 편입 신고

금융지주회사법은 편입되는 자회사·손자회사가 설립 시 금감위의 인가를 받지 아니하는 금융기관(신고대상 회사)인 경우에는 금감위에 사후에 신고하도록 하는 한편, 이 경우에도 관련시장에서의 경쟁제한 여부에 관하여 공정거래위원회와 협의토록 하고, 편입한 자회사 등이 신고대상이 아니거나 관련시장에서의 경쟁을 제한한다고 인정되는 때에는 금감위가 금융지주회사에 대하여 새로이 편입한 자회사 등의 주식에 대한 처분을 명할 수 있도록 규정하고 있다(제18조).

금융지주회사가 새로이 자회사를 편입하거나 자회사가 새로이 손자회사를 편입하는 경우에 금감위의 사전승인을 얻도록 한 것은 자회사 등의 편입이 금융지주회사 그룹 전체의 건전성 및 경영관리에 중대한 의미를 가지는 것이며, 설립 시 인가를 받지 않는 금융기관(신고대상 회사) 등을 자회사 또는 손자회사로 편입하는 경우에는 금감위에 사후신고를 하도록 한 것은 규제완화 차원에서 이루어지는 것이다.

제4 금융지주회사의 운영

1. 금융지주회사 운영의 개관

금융지주회사법 제38조 내지 제48조에서는 금융지주회사의 운영에 관하여 규정하고 있다. 금융관련 법률의 개정에 따라 강화된 지배구조개선 내용과 동일하게 사외이사·감사위원회·소수주주권의 행사요건 등을 규정하는 한편, 타 금융관련 법률과 동일한 내용의 임원의 자격요건 및 임원의 겸직제한 규정을 두고 있다.

구체적인 내용은 임원의 자격요건(제38조), 임원의 겸직제한(제39조), 사외이사의 선임(제40조), 감사위원회(제41조), 소수주주권의 행사(제42조), 유가증권의 투자한도(제43조), 다른 회사의 주식소유제한(제44조), 신용공여한도(제45조), 은행지주회사의 대주주에 대한 신용공여한도 등(제45조의2), 대주주가 발행한 주식의 취득한도 등(제45조의3), 대주주의 부당한 영향력 행사 금지(제45조의4), 대주주에 대한 자료제출요구 등(제45조의5), 금융지주회사의 출자(제46조), 자회사의 행위제한(제48조), 개인신용정보 등의 제공 및 관리(제48조의2), 수뢰 등의 금지 등(제48조의3)등이다.

2. 임원의 결격사유 및 겸직제한

(1) 임원의 결격사유

금융지주회사법은 미성년자·금치산자·한정치산자, 파산선고를 받은 자로서 복권되지 아니한 자, 금고 이상의 실형선고를 받고 그 집행이 종료되지 않은 자 등과 같이 일정한 경우에는 임원이 될 수 없도록 결격사유를 규정하고 있다(제38조 제1항).

☞ 임원의 결격사유

① 미성년자·금치산자·한정치산자

② 파산선고를 받은 자로서 복권되지 아니한 자

③ 금고 이상의 실형의 선고를 받고 그 집행이 종료(집행이 종료된 것으로 보는 경우 포함)되거나 집행이 면제된 날부터 5년이 경과하지 아니한 자

④ 이 법 또는 대통령령이 정하는 금융관련법령에 의하여 벌금 이상의 형의 선고를 받고 그 집행이 종료(집행이 종료된 것으로 보는 경우 포함)되거나 집행이 면제된 날부터 5년이 경과하지 아니한 자

⑤ 금고 이상의 형의 집행유예의 선고를 받고 그 유예기간 중에 있는 자

⑥ 이 법 또는 대통령령이 정하는 금융관련법령에 의하여 해임되거나 징계면직된 자로서 해임 또는 징계면직된 날부터 5년이 경과하지 아니한 자

⑦ 이 법 또는 대통령령이 정하는 금융관련법령에 의하여 영업의 허가·인가 등이 취소된 법인 또는 회사의 임원 또는 직원이었던 자(당해 취소사유의 발생에 관하여 직접 또는 이에 상응하는 책임이 있는 자로서 대통령령이 정하는 자에 한한다)로서 당해 법인 또는 회사에 대한 취소가 있은 날부터 5년이 경과하지 아니한 자

⑧ 「금융산업의 구조개선에 관한 법률」 제10조제1항에 따른 적기시정조치 또는 같은 법 제14조제2항에 따른 계약이전의 결정 등의 행정처분(이하 "적기시정조치 등"이라 한다)을 받은 금융기관의 임원 또는 직원으로 재직 중이거나 재직하였던 자(그 적기시정조치 등을 받게 된 원인에 대하여 직접 또는 이에 상응하는 책임이 있는 자로서 대통령령으로 정하는 자에 한한다)로서 그 적기시정조치 등을 받은 날부터 2년이 경과되지 아니한 자

금융지주회사의 임원은 금융에 대한 경험과 지식을 갖춘 자로서 금융지주회사의 공익성 및 경영의 건전성과 거래질서를 해칠 우려가 없는 자이어야 한다(제38조 제2항). 금융지주회사 임원의 자격요건에 관한 구체적인 사항은 대통령령으로 정한다(제38조 제3항).

(2) 임원의 겸직제한 등

금융지주회사의 상무에 종사하는 임원은 금융지주회사의 자회사 등의 고객과 이해가 상충되거나 당해 자회사 등의 건전한 경영을 저해할 우려가 있는 등의 경우에는 다른 회사의 상무에 종사하거나 영리를 목적으로 하는 다른 사업을 영위할 수 없다(제39조 제1항). 그러나 금융관련 법령에 불구하고 금융지주회사의 임직원은 당해 금융지주회사의 자회사 등의 임원이 될 수 있다(제39조 제2항).

또한 금융지주회사의 자회사 등의 임원은 당해 금융지주회사에 속하는 자회사 등으로서 동일한 업종을 영위하는 다른 자회사 등의 임원이 될 수 있다(제39조 제3항).

3. 사외이사의 선임

(1) 사외이사의 선임

금융지주회사(금융지주회사 및 그 자회사의 자산 등을 감안하여 대통령령이 정하는 금융지주회사에 한함)는 이사회에 사외이사(그 회사의 상시적인 업무에 종사하지 아니하는 이사)를 3인 이상 두어야 하며, 사외이사는 이사 총수의 2분의 1이상[26]이 되어야 한다(제40조 제1항).

---

[26] 금융지주회사의 이사회 구성 중 사외이사의 비율과 사외이사후보추천위원회 위원 중 사외이사의 비율을 각각 2분의 1 이상에서 과반수로 상향조정하려는 법 개정안이 담겨 있었으나 반영되지 못하였다. 이는 사외이사를 활용하여 회사경영을 견제하고자 하는 취지이므로 그 사외이사의 역할이 중요하다 할 것이다. 사외이사후보추천위원회 위원 중 사외이사의 비율을 2분의 1 이상에서 과반수로 상향하고 있는바, 대주주 및 경영진에 의하여 사외이사후보추천위원회의 다수 위원이 구성될 경우 대주주 등으로부터 독립된 인사가 사외이사로 추천되기 어려워지고 결국 사외이사가 이사회에서 견제기능을 제대로 수행하기 어려워질 수 있는 점을 감안할 때 타당성이 있다는 의견도 있다(현성수, 금융지주회사법 일부개정법률안(정부제출:5280) 검토보고, 2007.2, 21면).

금융지주회사는 사외이사후보를 추천하기 위하여 상법 제393조의2의 규정에 의한 위원회("사외이사후보추천위원회")를 설치하여야 한다. 이 경우 사외이사후보추천위원회는 사외이사가 총 위원의 2분의 1이상이 되도록 구성하여야 한다(제40조 제2항). 단 최초로 사외이사를 두어야 하는 회사에 대하여는 이를 적용하지 아니한다(제40조 제6항). 사외이사는 사외이사후보추천위원회의 추천을 받은 자 중에서 주주총회에서 선임한다(제40조 제3항).

☞ 법령상 사외이사 선임이 의무화된 회사[27]

구　　분	금융지주회　사*	은행·종금	증권·보험 (총자산 2조원 이상)	투신(운용)사 (수탁고 6조원 이상)	투자회사	상장법인
사외이사 선　임	O	O	O	O	X	O

* 자산 1천억 원 이상 또는 관련법령에 의하여 사외이사를 이사 총수의 1/2 이상 선임하여야 하는 자회사를 지배하는 금융지주회사

(2) 사외이사의 결격사유

다음에 해당하는 자는 금융지주회사의 사외이사가 될 수 없으며, 사외이사가 된 후 이에 해당하게 된 때에는 그 직을 상실한다(제40조 제4항).

① 미성년자·금치산자 또는 한정치산자

② 파산선고를 받은 자로서 복권되지 아니한 자

③ 금고 이상의 실형을 선고받고 그 집행이 종료되거나 집행을 받지 아니하기로 확정된 후 2년을 경과하지 아니한 자

④ 이 법에 따라 해임되거나 면직된 후 2년을 경과하지 아니한 자

⑤ 최대주주

---

27) 금감원, 금융지주회사법 해설, 2003, 141면.

⑥ 최대주주와 대통령령으로 정하는 특수관계에 있는 자

⑦ 주요주주 및 그의 배우자와 직계존비속

⑧ 해당 금융지주회사 또는 그 계열회사(「독점규제 및 공정거래에 관한 법률」에 따른 계열회사를 말한다. 이하 같다)의 상근 임직원이거나 최근 2년 이내에 상근 임직원이었던 자

⑨ 해당 금융지주회사의 상근 임원의 배우자 및 직계존비속

⑩ 해당 금융지주회사와 대통령령으로 정하는 중요한 거래관계가 있거나 사업상 경쟁관계 또는 협력관계에 있는 법인의 상근 임직원이거나 최근 2년 이내에 상근 임직원이었던 자

⑪ 해당 금융지주회사의 상근 임직원이 비상임이사로 있는 회사의 상근 임직원

⑫ 그 밖에 사외이사로서 직무를 충실하게 이행하기 곤란하거나 그 금융지주회사의 경영에 영향을 미칠 수 있는 자로서 대통령령으로 정하는 자

금융지주회사는 사외이사의 사임 또는 사망 등의 사유로 이사회의 구성 요건에 합치하지 아니하게 된 경우에는 당해 사유가 발생한 날 이후에 최초로 소집되는 주주총회에서 이사회의 구성 요건에 합치하도록 하여야 한다(제40조 제5항).

4. 감사위원회

(1) 감사위원회의 선임

금융지주회사는 감사위원회(상법 제415조의2)를 설치하여야 한다(제41조 제1항). 감사위원회는 ① 재적위원의 3분의 2 이상이 사외이사이고 ② 위원 중 1인 이상은 대통령령으로 정하는 회계 또는 재무 전문가이어야 한다(제41조 제2항).

감사위원회[28] 제도는 경영의 투명성을 확보하고, 기업의 국제경쟁력을 제고하기 위

---

28) 나승성, 개정상법상 감사위원회 제도, 고시연구, 고시연구사, 제313호, 2000.5, 26-43면 참조.

한 기업지배구조 개선의 일환으로 도입되었으며, 경영진의 직무를 제3자의 관점에서 견제·감시하는 감사의 기능에 갈음하여 이사회 내 위원회로써 운영되는 제도이다.[29]

감사위원회는 감사에 갈음하여 회사의 업무감사를 주된 임무로 하는 필요적인 상설기관이다. 감사위원회는 이사회 내 위원회의 하나이지만 다른 위원회와는 달리 감사업무의 독립성을 보장하여야 하므로 반드시 3인 이상이어야 하며 전체위원의 2/3 이상은 사외이사로 구성한다.

☞ 법령상 감사위원회 설치가 의무화된 회사[30]

구 분	금융지주 회 사*	은행·종금	증권·보험 (총자산 2조 원 이상)	투신(운용)사 (수탁고 6조 원 이상)	투자회사	상장법인 (총자산 2조 원 이상)
감사위원회 설 치	O	O	O	O	X	O

* 자산 1천억 원 이상 또는 관련법령에 의하여 사외이사를 이사 총수의 1/2 이상 선임하여야 하는 자회사를 지배하는 금융지주회사

(2) 감사위원회의 결격사유

다음에 해당하는 자는 감사위원회의 사외이사가 아닌 위원이 될 수 없으며, 위원이 된 후 이에 해당하게 된 때에는 그 직을 상실한다(제41조 제3항).

① 미성년자·금치산자 또는 한정치산자

② 파산선고를 받은 자로서 복권되지 아니한 자

③ 금고 이상의 실형을 선고받고 그 집행이 종료되거나 집행을 받지 아니하기로 확정된 후 2년을 경과하지 아니한 자

④ 이 법에 따라 해임되거나 면직된 후 2년을 경과하지 아니한 자

---

29) 나승성, 이사회 내 위원회제도, 인권과 정의, 대한변호사협회, 제285호, 2000.5, 158-171면 참조.
30) 금감원, 금융지주회사법 해설, 2003, 146면.

⑤ 주요주주 및 그의 배우자와 직계존비속

⑥ 해당 금융지주회사 또는 그 계열회사(「독점규제 및 공정거래에 관한 법률」에 따른 계열회사를 말한다. 이하 같다)의 상근 임직원이거나 최근 2년 이내에 상근 임직원이었던 자 ⇒ 다만, 감사위원회의 사외이사가 아닌 위원으로 재임(在任) 중인 자는 감사위원회의 사외이사가 아닌 위원이 될 수 있다.

⑨ 해당 금융지주회사의 상근 임원의 배우자 및 직계존비속

감사위원회의 위원의 사임 또는 사망 등의 사유로 감사위원회의 구성이 제2항에 규정된 요건에 합치하지 아니하게 된 경우에는 당해 사유가 발생한 날 이후에 최초로 소집되는 주주총회에서 감사위원회의 구성 요건에 합치하도록 하여야 한다(제41조 제4항).

상법 제415조의2제 2항 단서의 규정은 제1항의 규정에 의한 감사위원회의 구성에 관하여는 이를 적용하지 아니한다(제41조 제5항). 따라서 다음의 자가 위원의 3분의 1을 넘을 수 있다.

① 회사의 업무를 담당하는 이사 및 피용자 또는 선임된 날부터 2년 이내에 업무를 담당한 이사 및 피용자이었던 자

② 최대주주가 자연인인 경우 본인·배우자 및 직계존·비속

③ 최대주주가 법인인 경우 그 법인의 이사·감사 및 피용자

④ 이사의 배우자 및 직계존·비속

⑤ 회사의 모회사 또는 자회사의 이사·감사 및 피용자

⑥ 회사와 거래관계 등 중요한 이해관계에 있는 법인의 이사·감사 및 피용자

⑦ 회사의 이사 및 피용자가 이사로 있는 다른 회사의 이사·감사 및 피용자

(3) 감사위원회 위원후보의 추천

감사위원회의 위원후보는 사외이사 전원으로 구성된 감사위원후보추천위원회에서 추천한다. 이 경우 감사위원후보추천위원회는 재적 사외이사 3분의 2이상의 찬성으로

의결한다(제41조의2). 이는 감사위원회 위원 선임의 독립성을 보장하고자 규정하고 있는 것이다.

5. 금융지주회사에 있어서의 지배구조

(1) 사외이사·감사위원회에 관한 특례

완전자회사 및 완전자회사가 발행주식 총수를 소유하는 손자회사("완전자회사등")는 경영의 투명성 등 대통령령으로 정하는 바에 따라 금융감독위원회가 정하는 요건에 해당하는 경우에는 해당 금융기관의 설립근거가 되는 법률에 따른 이사회 및 감사위원회에 관한 규정에도 불구하고 사외이사를 두지 아니하거나 감사위원회를 설치하지 아니할 수 있다(제41조의4 제1항). 완전자회사 등이 감사위원회를 설치하지 아니하는 때에는 상근감사를 선임하여야 한다. 이 경우 「증권거래법」 제191조의12를 준용한다(제41조의4 제2항).

개정법은 완전자회사(지주회사가 지분을 100% 소유하고 있는 회사) 및 완전손자회사(완전자회사가 지분을 100% 소유하고 있는 회사)의 경영 건전성 등이 금감위가 정하는 요건에 해당하는 경우, 개별 설립근거 법규정에 불구하고 사외이사 및 감사위원회를 설치하지 아니할 수 있도록 하고 감사위원회를 설치하지 않을 경우에는 상근감사를 선임하도록 하려는 것이다.

(2) 금융지주회사의 특수성

금융지주회사의 업무범위는 자회사의 경영관리 업무와 그에 부수하는 업무로 한정되어 있다(제15조, 시행령 제11조). 즉 순수지주회사만 허용되고 사업지주회사는 금지되고 있다.[31] 이는 순수지주회사가 자회사의 경영관리에 전념함으로써 자회사의 건전

경영을 도모하기 위한 것이다. 경영관리 업무는 자회사 등의 사업내용을 지배하는 그룹통할업무를 수행하는 것을 말하고, 경영관리에 부수하는 업무는 자회사 등의 영업을 지원하기 위한 후선업무를 수행하는 것을 말한다.[32]

금융지주회사는 자회사나 손자회사에 대하여 그룹 통할 업무를 수행하고 있기 때문에 금융지주회사는 「증권관련 집단소송법」상의 주주에 대한 손해배상 등 민사 책임, 완전자회사에 대한 업무집행지시자 등의 책임(상법 제401조의2), 완전자회사의 재무상태, 경영관리상태 등에 관한 감독상의 책임(금융지주회사법 제50조) 등을 부담하고 있다.

이러한 법적인 동일체 관계 이외에도 완전자회사의 경우 소수주주가 존재하지 않고 금융지주회사와는 경제적 단일체라는 점 등을 감안할 때 소수주주를 보호하기 위한 사외이사 및 감사위원회 제도는 중요한 의미를 가지지 못하게 된다. 이 제도들은 지배주주의 전횡을 방지하고 내부견제의 직무를 수행함으로써 소수주주를 보호하려는 것이기 때문이다.

결국 금융지주회사는 법적·경제적 위험부담은 모두 부담하고 있으므로 그에 상응하는 경영권을 행사할 수 있도록 법과 제도를 정비하는 것이 바람직할 것이다. 특히 금융지주회사는 완전자회사나 완전손자회사에 대한 1인 주주의 역할을 함으로써[33] 완전한 지배권을 행사할 수 있으므로 금융지주회사의 완전자회사 또는 완전손자회사에 대해서는 사외이사나 감사위원회 구성에 관한 예외를 인정하는 것이 필요할 수 있다. 완전자회사 등이 개별 금융법의 엄격한 사외이사 관련 의무를 준수하도록 하는 것은 금융지주회사 및 완전자회사 등에게 불필요한 부담을 지우는 측면이 있기 때문이다.

---

31) 일반지주회사의 경우 「공정거래법」에서 별도의 업무범위를 명시하지 않고 있기 때문에 사업지주회사도 가능하다.

32) 금감원, 금융지주회사법 해설, 109면.

33) 판례도 상법상 1인회사의 경우 ① 복수의 주주를 전제로 하는 주주총회소집과 결의에 관한 「상법」의 규정 적용이 배제될 수 있고(대판 93.6.11, 93다8702) ② 1인 주주의 동의가 있는 경우 이사와 회사 사이의 거래에 대하여도 이사회 승인이 필요하지 않다고 한다(대판 92.3.31, 91다1631). 따라서 이러한 논리에 의하면 1인 주주인 금융지주회사는 별도의 주주총회의 소집이나 결의 없이도 그 자신의 의사만으로 완전자회사의 사외이사나 감사위원회 위원을 언제든지 선임 또는 해임할 수 있다는 것이다.

(3) 사외이사를 두지 않는 경우의 문제점

금융지주회사와 완전자회사·완전손자회사의 관계에서는 소수주주가 없기 때문에 이러한 측면에서는 사외이사를 두지 않을 수 있다. 그러나 사외이사는 소수주주뿐만 아니라 채권자 등 다양한 이해관계자의 입장을 대변할 필요성이 있고, 금융기관의 공공성을 감안할 때 더욱 그러하다. 즉 소수주주가 없다고 해도 유일한 대주주가 집행이사를 통해 회사에 손실을 끼치면서 사익을 추구하는 것을 견제할 필요는 있으므로 이번 법개정으로 그 권한이 강화되는 지주회사의 사외이사 등을 통해 사외이사 등이 면제되는 완전자회사 등의 지배구조를 보완하는 방안을 강구할 필요가 있는 것으로 보인다.[34]

또한, 자회사인 개별 금융기관의 지배구조가 금융지주회사의 지배구조보다 더 강화된 조건을 충족하여야 하는 경우도 있는데(예컨대 은행법 제24조 및 제25조), 완전자회사라고 하여 사외이사와 이에 따른 감사위원회의 구성을 완화할 경우 규제의 강도가 저하될 수 있다.

한편, 우리의 경우 다중대표소송제(Multiple Derivative Suit) 등의 제도적 기반이 없는 점도 고려할 필요가 있다.[35] 즉 미국은 회사법, 소송절차법 등에서 이러한 기업 간 종속관계에 의한 책임소재를 물을 수 있는 각종 보완장치가 도입되어 있어서 사외이사 제도를 완화할 수 있는 여지가 있으나, 이러한 보완장치가 없는 상태에서 선진국 제도를 따르는 것은 곤란하다는 것이다.

따라서 개정안은 경영의 건전성 등이 금감위가 정하는 요건[36]에 해당하는 경우에 한하여 사외이사 설치를 면제하도록 하고 있다. 이는 사외이사 설치를 완전히 면제할

---

34) 현성수, 금융지주회사법 일부개정법률안(정부제출:5280) 검토보고, 2007.2, 25면.
35) 대판 2004.9.23, 2003다49221에 의하여 우리나라에서는 다중대표소송의 법리가 부정된다.
36) 완전자회사(완전손자회사)는 이사회 의결사항을 지주회사(자회사)에 보고토록 하고, 지주회사(자회사)는 필요시 수정의결 등을 요구하고 이를 공시하는 등 자회사(손자회사)의 경영에 대한 금융지주회사(자회사)의 책임이 명확한 경우 등이다(재경부, 보도자료, 2006.10.27).

경우 지주회사(자회사)가 완전자회사(완전손자회사)에 손실을 끼치는 것을 방지하기 곤란한 측면을 반영하기 위한 것이다.

6. 이해관계자의 의결권의 제한

이사회의 의결의 경우 해당 의안과 특별한 이해관계가 있는 이사는 의결권을 행사하여서는 아니 된다(제41조의3).

7. 소수주주권의 행사

(1) 대표소송권

6월 이상 계속하여 금융지주회사의 발행주식 총수의 10만분의 5이상에 해당하는 주식을 대통령령이 정하는 바에 의하여 보유한 자는 주주의 대표소송권(상법 제403조)을 행사할 수 있다(제42조 제1항).

소송을 제기하여 승소한 때에는 금융지주회사에 대하여 소송비용, 기타 소송으로 인한 모든 비용의 지급을 청구할 수 있다(제42조 제7항). 소송에서 승소한 경우 소송비용 기타 소송으로 인한 모든 비용의 지급을 청구할 수 있도록 한 것은 상법이나 증권거래법에 비해 소수주주권을 더 강화한 것이라 해석될 수 있다.[37]

---

37) 선진 어느 국가도 금융지주회사에 대하여 별도의 소수주주권을 규정한 국가가 없다는 점에서 우리나라의 소수주주권의 규정이 특이하고, 소수주주권에 관한 각 법령들로 인해 소수주주권을 행사함에 있어서 혼란을 초래하고 법규충돌로 인한 법률분쟁의 발생소지가 더 많다고 비판하는 견해가 있다(양재호, 금융지주회사 규제에 관한 연구―입법론적 고찰을 중심으로―, 숭실대 박사학위논문, 2005.6, 122면). 하지만 소수주주권의 행사요건을 더 완화하여 소수주주권을 강화하기 위한 별도의 규정은 법체계상 문제가 없다고 본다.

(2) 유지청구권 등

6개월 이상 계속하여 금융지주회사의 발행주식 총수의 10만분의 250이상(대통령령이 정하는 금융지주회사의 경우에는 10만분의 125이상)에 해당하는 주식을 대통령령이 정하는 바에 의하여 보유한 자는 이사의 해임(상법 제385조), 유지청구권(상법 제402조)[38] 및 청산인 해임(상법 제539조)의 권리를 행사할 수 있다(제42조 제2항). 다만, 은행지주회사의 경우에는 6개월 이상 계속하여 은행지주회사의 발행주식 총수의 10만분의 25이상(대통령령이 정하는 은행지주회사의 경우에는 100만분의 125이상)에 해당하는 주식을 보유하면 위의 권리들을 행사할 수 있다(제42조 제3항).

(3) 주주제안권

6개월 이상 계속하여 금융지주회사의 발행주식 총수의 1만분의 50이상(대통령령이 정하는 금융지주회사의 경우에는 1만분의 25이상)에 해당하는 주식을 대통령령이 정하는 바에 의하여 보유한 자는 주주제안권(상법 제363조의2) 및 주주의 회계장부열람권(상법 제466조)[39]의 주주의 권리를 행사할 수 있다(제42조 제4항). 주주제안권의 경우(상법 제363조의2) 주주의 권리를 행사할 때에는 의결권 있는 주식을 기준으로 한다(제42조 제4항 단서).

---

38) 은행지주회사의 경우 금융지주회사에 비해 완화된 요건으로 유지청구권을 행사할 수 있도록 하고 있다. 즉 6개월 이상 계속하여 은행지주회사의 발행주식 총수의 10만분의 25 이상(대통령령이 정하는 은행지주회사의 경우에는 100만분의 125 이상)에 해당하는 주식을 대통령령이 정하는 바에 의하여 보유한 자는 상법 제402조에서 규정하는 주주의 권리를 행사할 수 있다(제42조 제3항).

39) 은행지주회사의 경우 금융지주회사에 비해 완화된 요건으로 회계장부열람권을 행사할 수 있도록 하고 있다. 즉 6개월 이상 계속하여 은행지주회사의 발행주식 총수의 1만분의 5 이상(대통령령이 정하는 은행지주회사의 경우에는 10만분의 25 이상)에 해당하는 주식을 대통령령이 정하는 바에 의하여 보유한 자는 상법 제466조(회계장부열람권)에서 규정하는 주주의 권리를 행사할 수 있다(제42조 제5항).

6개월 이상 계속하여 은행지주회사의 발행주식 총수의 1만분의 5이상(대통령령이 정하는 은행지주회사의 경우에는 10만분의 25이상)에 해당하는 주식을 대통령령이 정하는 바에 의하여 보유한 자는 주주의 회계장부열람권(상법 제466조)을 행사할 수 있다(제42조 제5항).

(4) 주주총회 소집청구 등

6개월 이상 계속하여 금융지주회사의 발행주식 총수의 1만분의 150이상(대통령령이 정하는 금융지주회사의 경우에는 1만분의 75이상)에 해당하는 주식을 대통령령이 정하는 바에 의하여 보유한 자는 소수주주에 의한 소집청구(상법 제366조)[40] 및 회사의 업무, 재산상태의 검사(상법 제467조)의 주주의 권리를 행사할 수 있다. 이 경우 소수주주에 의한 소집청구(상법 제366조)를 행사할 때에는 의결권 있는 주식을 기준으로 한다.(제42조 제6항).

☞ 소수주주권의 종류 및 행사요건[41]

구 분	상 법	증권거래법	금융지주회사주[주2]	은행지주회사
대표소송 제기권	발행주식의 1% (상법§403)	발행주식의 0.01% (증거법§191의13①)	발행주식의 0.005%	좌동
이사등 해임청구권	발행주식의 3% (상법§385)	발행주식의 0.5%(0.25%)[주1] (증거법§191의13④)	발행주식의 0.25%(0.125%)[주3]	좌동
유지청구권	발행주식의 1% (상법§402)	발행주식의 0.05%(0.025%)[주1] (증거법§191의13②)	발행주식의 0.25%(0.125%)[주3]	발행주식의 0.025%(0.0125%)[주4]
청산인 해임청구권	발행주식의 3% (상법§539)	발행주식의 0.5%(0.25%)[주1] (증거법§191의13④)	발행주식의 0.25%(0.125%)[주3]	좌동

---

40) 소집청구권은 의결권을 전제로 하므로 의결권 있는 주식을 기준으로 한다(제42조 제6항 단서).

41) 금감원, 금융지주회사법 해설, 2003, 158면.

구　분	상　법	증권거래법	금융지주회사주[주2]	은행지주회사
주주제안권	의결권주식의 3% (상법§363의2)	의결권주식의 1%(0.5%)[주1] (증거법§191의14①)	발행주식의 0.5%(0.25%)[주3]	발행주식의 0.05%(0.025%)
회계장부 열람권	발행주식의 3% (상법§466)	발행주식의 0.1%(0.05%)[주1] (증거법§191의13③)	발행주식의 0.5%(0.25%)[주3]	발행주식의 0.05%(0.025%)[주4]
임시총회 소집요구권	발행주식의 3% (상법§366)	의결권주식의 3%(1.5%)[주1] (증거법§191의13⑤)	의결권주식의 1.5%(0.75%)[주3]	좌동
검사인 선임청구권	발행주식의 3% (상법§467)	발행주식의 3%(1.5%)[주1] (증거법§191의13⑤)	발행주식의 1.5%(0.75%)[주3]	좌동

주1) 최근 사업연도 말 현재의 자본금이 1천억 원 이상인 법인
주2) 자산 1천억 원 이상 또는 관련법령에 의하여 사외이사를 이사 총수의 1/2 이상 선임하여야 하는 자회사를 지배하는 금융지주회사
주3) 최근 사업연도 말 현재의 자산총액이 5조 원 이상으로서 자산총액이 2조 원 이상인 자회사를 2 이상 지배하는 금융지주회사
주4) 최근 사업연도 말 현재의 자산총액이 5조 원 이상으로서 자산총액이 2조 원 이상인 자회사를 2 이상 지배하는 은행지주회사

제5 금융지주회사의 자금조달 및 운용제한 등

1. 유가증권의 투자한도

　다른 회사가 발행한 유가증권(해당 금융지주회사에 속하는 자회사 등이 발행한 것을 제외)에 대한 금융지주회사의 투자는 자기자본에서 자회사에 대한 출자총액을 차감한 금액(투자한도)을 초과할 수 없다. 자기자본의 변동, 유가증권의 가격변동, 금융지주회사와의 합병 또는 영업전부의 인수, 담보권의 실행 또는 대물변제의 수령 등으로 인하여 한도를 초과한 경우는 제외한다.

　금융지주회사가 위 사유로 투자한도를 초과하는 경우 그 한도를 초과한 날부터 1년 이내에 해당 한도에 적합하도록 조치하여야 한다. 다만, 대통령령이 정하는 부득이한 사유에 해당하는 경우에는 금감위가 그 기간을 정하여 연장할 수 있다(제43조).

2. 자회사주식의 소유의무

금융지주회사는 자회사의 주식을 해당 자회사의 발행주식 총수의 100분의 50(자회사가 「증권거래법」에 따른 주권상장법인 또는 코스닥상장법인인 경우에는 100분의 30으로 하며, 이하 이 조에서 "주식소유기준"이라 한다) 이상 소유하여야 한다. 다만, 다음 각 호의 어느 하나에 해당하는 사유로 인하여 주식소유기준에 미달하게 된 경우에는 그러하지 아니하다(제43조의2 제1항).

① 금융지주회사요건에 해당하게 된 당시에 자회사의 주식을 주식소유기준 미만으로 소유하고 있는 경우로서 금융지주회사요건에 해당하게 된 날부터 2년 이내인 경우

② 「증권거래법」에 따른 주권상장법인 또는 코스닥상장법인이었던 자회사가 그에 해당하지 아니하게 되어 주식소유기준에 미달하게 된 경우로서 그 해당하지 아니하게 된 날부터 1년 이내인 경우

③ 자회사가 주식을 모집하거나 매출하면서 「증권거래법」 제191조의7에 따라 우리사주조합에 우선배정하거나 해당 자회사가 「상법」 제513조 또는 제516조의2에 따라 발행한 전환사채 또는 신주인수권부사채의 전환이 청구되거나 신주인수권이 행사되어 주식소유기준에 미달하게 된 경우로서 그 미달하게 된 날부터 1년 이내인 경우

④ 자회사가 아닌 회사가 자회사에 해당하게 되고 주식소유기준에는 미달하는 경우로서 해당 회사가 자회사에 해당하게 된 날부터 1년 이내인 경우

⑤ 자회사를 자회사에 해당하지 아니하게 하는 과정에서 주식소유기준에 미달하게 된 경우로서 그 미달하게 된 날부터 1년 이내인 경우(주식소유기준에 미달하게 된 날부터 1년 이내에 자회사에 해당하지 아니하게 된 경우에 한한다)

자회사가 주식을 해외에서 발행하여 해외시장에서 상장·등록한 경우에도 그 해외시장의 안정성·유동성·투명성, 외국의 거래소의 공시수준·자율규제체계 등을 고려하여 금융감독위원회가 인정하는 때에는 주식소유기준의 적용에 있어 주권상장법인으

로 본다(제43조의2 제2항).

　금융감독위원회는 금융지주회사가 외국법인인 자회사(이하 이 항에서 "외국 자회사"라 한다)에 대하여 대통령령으로 정하는 사실상의 지배력을 확보할 수 있음을 충분히 소명한 경우에는 해당 외국 자회사의 주식에 대한 소유기준을 제1항의 주식소유기준과 달리 완화하여 정할 수 있다. 이 경우 금융지주회사는 제1항에도 불구하고 금융감독위원회가 인정하는 소유기준 이상으로 외국 자회사의 주식을 소유하여야 한다(제43조의2 제3항). 외국의 유가증권시장 및 주식소유기준의 완화에 관하여 필요한 사항은 대통령령으로 정한다(제43조의2 제4항).

3. 다른 회사의 주식 소유제한

　금융지주회사는 자회사 등이 아닌 회사의 발행주식 총수의 100분의 5 이내에서 다른 회사의 주식을 소유할 수 있다. 다만, 금융지주회사가 비계열회사인 국내회사의 주식을 당해 회사 발행주식 총수의 100분의 5를 초과하여 소유하는 행위,[42] 또는 자회사 외의 국내계열회사의 주식을 소유하는 행위[43]는 금지된다.(제44조 제1항: 공정거

---

[42] 소유하고 있는 계열회사가 아닌 국내회사의 주식가액의 합계액이 자회사의 주식가액의 합계액의 100분의 15 미만인 지주회사에 대하여는 적용하지 아니한다.

[43] 다만, 다음에 해당하는 사유로 인하여 주식을 소유하고 있는 계열회사가 아닌 국내회사나 국내계열회사의 경우에는 그러하지 아니하다.

　가. 지주회사로 전환하거나 설립될 당시에 이 호 본문에서 규정하고 있는 행위에 해당하고 있는 경우로서 지주회사로 전환하거나 설립된 날부터 2년 이내인 경우

　나. 계열회사가 아닌 회사를 자회사에 해당하게 하는 과정에서 이 호 본문에서 규정하고 있는 행위에 해당하게 된 날부터 1년 이내인 경우(같은 기간 내에 자회사에 해당하게 된 경우에 한한다)

　다. 주식을 소유하고 있지 아니한 국내계열회사를 자회사에 해당하게 하는 과정에서 그 국내계열회사 주식을 소유하게 된 날부터 1년 이내인 경우(같은 기간 내에 자회사에 해당하게 된 경우에 한한다)

　라. 자회사를 자회사에 해당하지 아니하게 하는 과정에서 당해 자회사가 자회사에 해당하지 아니하게 된 날부터 1년 이내인 경우

래법 제8조의2제 2항[44] 제3호)

 이 공정거래법 제8조의2 제2항 3호는 준용하는 의미가 명확하지 않고 법적 논리도 모순되어 보인다. 예컨대, 금융지주회사는 원칙적으로 5% 이내에서 금융회사이든 비금융회사이든 주식을 소유할 수 있다고 본문에서는 규정하고 있으나, 단서에서는 지주회사가 비계열회사인 국내회사의 주식을 당해 회사 발행주식 총수의 100분의 5를 초과하여 소유하는 행위를 할 수 있다고 하고 있어서 이는 금융지주회사법 제44조 본문의 이중적 열거이고, 자회사 외의 국내계열회사의 주식을 소유할 수 없다고 하고 있는데 본문에 정면으로 반대되는 논리인데 그 이유가 명확하지 않다. 이에 따른다면 후자의 경우에만 의미가 있다는 결론에 이르게 된다.

 결론적으로 금융지주회사는 비계열회사의 주식은 5%까지 소유할 수 있으나, 자회사가 아니면서 국내계열회사의 주식은 소유할 수 없다. 관건은 계열회사인지 아닌지에 따르게 될 것이다. "계열회사"라 함은 2이상의 회사가 동일한 기업집단에 속하는 경우에 이들 회사는 서로 상대방의 계열회사라 한다(공정거래법 제2조 제3호).

 금융지주회사는 계열회사의 주식을 소유할 수 없고, 비계열회사인 경우에는 5%까지 소유할 수 있으나 비금융회사의 주식은 소유할 수 없으므로[45] 결국 금융지주회사는 다른 금융계열사의 주식을 5%까지만 허용되는 결과가 된다. 이러한 단순한 결론을 얻기 위하여 법조문이 너무 꼬리에 꼬리를 무는 수수께끼처럼 규정되어 있다. 향후에는 법을 간단명료하게 개정할 필요가 있다. 만약 금융지주회사법 제44조가 금융기관이든 비금융기관이든 다른 회사의 주식을 소유할 수 있도록 하는 취지라면 굳이 비계열회사의 금융기관에 한정하여 이를 규정할 필요가 없을 것이다. 따라서 주식의 5% 소유가 지배구조에 별다른 영향을 미치지 않는다면 제8조의2 제2항 3호는 준용규정에서 삭제하여야 할 것이다.

 또한 금융업 또는 보험업을 영위하는 자회사의 주식을 소유하는 금융지주회사인 경

---

44) 1항이라고 되어 있으나 입법적 오류로서 2항으로 수정하여야 할 것이다.
45) 금융지주회사는 금융기관을 자회사로 지배하면서 비금융회사를 자회사로 지배할 수 없다
    (공정거래법 제8조의2 제2항 제4호).

우 금융업 또는 보험업을 영위하는 회사(금융업 또는 보험업과 밀접한 관련이 있는 등 대통령령이 정하는 기준에 해당하는 회사를 포함) 외의 국내회사의 주식을 소유하는 행위[46]를 할 수 없다. 그러나 은행지주회사는 5% 이내에서 주식을 소유할 수 있다(제44조 제1항; 공정거래법 제8조의2제 2항 제4호).[47]

금융지주회사가 다른 회사(금융기관 및 금융업과 밀접한 관련이 있는 회사 제외)의 주식을 소유하는 경우 당해 금융지주회사는 그 다른 회사의 주주총회의 참석 주식 수에서 금융지주회사가 소유한 주식 수를 차감한 주식 수의 의결내용에 영향을 미치지 아니하도록 의결권을 행사하여야 한다(제44조). 즉 금융지주회사의 주식소유가 의결내용에 영향을 미치지 아니하도록(Shadow voting : 중립적 투표) 의결권을 제한하고 있다.

4. 신용공여한도

(1) 동일차주에 대한 신용공여 제한

금융지주회사 등(금융지주회사 및 자회사 등을 말함)의 동일차주에 대한 신용공여

---

46) 다만, 금융지주회사로 전환하거나 설립될 당시에 금융업 또는 보험업을 영위하는 회사 외의 국내회사 주식을 소유하고 있는 때에는 금융지주회사로 전환하거나 설립된 날부터 2년간은 그 국내회사의 주식을 소유할 수 있다.

47) 금융지주회사의 주식소유가 금지되는 대상을 국내 비금융회사로 정하고 있으므로(공정거래법§8의2①④) 금융지주회사는 외국 비금융회사의 주식을 그 발행주식 총수의 5% 이내로 소유할 수 있다고 볼 수 있다. 공정거래법에서 금융지주회사의 비금융회사 주식소유를 금지하고 있는 것은 국내의 대규모기업집단이 금융지주회사를 통하여 부당하게 다른 회사에 대한 영향력을 강화하거나 확장하는 것을 방지하기 위함이다. 그러나 외국 비금융회사의 경우 국내 대규모기업집단의 부당한 영향력 행사를 우려할 필요가 없으므로 국내 비금융회사의 주식과 같이 규제할 필요가 없을 것이라 한다(금감원, 금융지주회사법 해설, 2003, 163면). 공정거래법이 국내회사를 규제하기 위한 것으로 입법된 것이므로 외국의 공정거래에 관한 법이 아니기 때문에 당연한 것이라 할 수 있다.

한도는 자기자본 순 합계액[48]의 25%이며, 동일한 개인 또는 법인에 대해서는 자기자본 순 합계액의 20%, 10%를 초과하는 주식을 보유하는 동일인에 대한 금융지주회사 등의 합계액은 금융지주회사 등의 자기자본 순 합계액의 25%와 대주주의 금융지주회사에 대한 출자비율에 해당하는 금액 중 적은 금액이다(제45조).

　금융지주회사·자회사 등(금융지주회사 등)의 합산 신용공여 제한을 은행법을 준용하여 규정하고 있는바, 동일차주에 대한 금융지주회사 등의 신용공여는 자기자본의 순 합계액의 25%를 초과할 수 없다(제45조 제1항).

　또한 동일한 개인이나 법인 각각에 대한 금융지주회사 등의 신용공여는 금융지주회사 등의 자기자본의 순 합계액의 20%를 초과할 수 없도록 하고(제45조 제2항), 금융지주회사 주식의 100분의 10을 초과하는 주식을 보유하는 동일인에 대한 금융지주회사 등의 신용공여의 합계액은 자기자본의 순 합계액의 100분의 25의 범위 안에서 대통령령이 정하는 금액을 초과할 수 없다(제45조 제3항).

대상	신용공여한도
동일차주	금융지주회사등*의 자기자본순합계액의 25%
동일한 개인 또는 법인 각각	금융지주회사등의 자기자본순합계액의 20%
금융지주회사주식 10% 초과보유 동일인	금융지주회사등의 자기자본순합계액의 25%와 동일인의 금융지주회사에 대한 출자비율에 해당하는 금액 중 적은 금액

　다만 위의 경우에 ① 국민경제를 위하여 또는 금융지주회사 등의 채권확보의 실효성 확보를 위하여 필요한 경우 ② 금융지주회사 등이 추가로 신용공여를 하지 아니하였음에도 불구하고 자기자본의 변동, 동일차주의 변동 등으로 인하여 본문의 규정에 의한 한도를 초과하게 되는 경우에는 초과할 수 있다(제45조 제1항 단서).

　한도를 초과하게 되는 경우에는 당해 한도가 초과하게 된 날부터 1년 이내에 대통

---

48) "자기자본 순 합계액"이라 함은 금융지주회사와 그 자회사 등의 자기자본을 단순합계한 금액에서 상호 출자분을 차감한 금액을 말한다.

령령이 정하는 바에 따라 당해 한도에 적합하도록 하여야 한다. 다만, 대통령령이 정하는 부득이한 사유에 해당하는 경우에는 금감위가 그 기간을 정하여 연장할 수 있다(제45조 제4항).

(2) 은행지주회사의 대주주에 대한 신용공여한도

금융지주회사법 제45조의2는 은행지주회사 등이 은행지주회사의 대주주[49]에게 제공할 수 있는 신용공여합계액의 총액한도, 규제회피를 위한 교차신용공여 금지, 단일 거래금액이 일정액 이상인 신용공여 규제 및 대주주에 대한 신용공여 현황의 분기별 공시의무 등에 대하여 규정하고 있다.[50]

은행지주회사 등(다른 은행지주회사에 의하여 지배받는 금융지주회사 제외)이 그 은행지주회사의 주요출자자(특수관계인 포함)에게 할 수 있는 신용공여의 합계액은 당해 은행지주회사 등의 자기자본의 순 합계액의 100분의 25의 범위 안에서 대통령령이 정하는 비율에 해당하는 금액과 그 주요출자자의 당해 은행지주회사에 대한 출자 비율에 해당하는 금액 중 적은 금액을 초과할 수 없다. 다만, 은행지주회사 등이 제45조 제1항 단서의 사유에 해당하는 경우에는 그러하지 아니하다(제45조의2 제1항).

은행지주회사 등이 그 은행지주회사의 주요출자자 모두에게 할 수 있는 신용공여의 합계액은 당해 은행지주회사 등의 자기자본의 순 합계액의 100분의 25의 범위 안에서 대통령령이 정하는 비율에 해당하는 금액을 초과할 수 없다(제45조의2 제2항).

---

49) 금융지주회사법 제2조 제1항제9호에 의한 대주주는 주주 1인을 말하지만, 본 조에 의한 규제대상이 되는 대주주는 주주 1인과 그의 특수관계인을 포함한다.

50) 은행지주회사의 대주주에 대한 신용공여한도는 동일인의 은행지주회사 주식보유한도 확대에 따른 보완책으로 은행지주회사의 대주주에 대한 감독을 강화하고자 도입된 것이다. 즉 동일인이 은행지주회사의 주식을 보유할 수 있는 한도가 4%에서 10%로 확대되었고 금감위의 승인을 얻을 경우 10% 초과보유도 가능해짐에 따라 은행지주회사를 통하여 은행을 사금고화 할 우려가 있는바, 본 조는 이를 방지하고자 은행지주회사 등이 은행지주회사의 대주주에게 신용공여를 제공할 수 있는 한도를 정하고 있는 것이다(금감원, 금융지주회사법 해설, 2003, 176면).

☞ 은행지주회사의 대주주에 대한 신용공여한도 규제(법 §45의2)

① 개별대주주 : 은행지주회사 등의 자기자본 순 합계액의 25%와 대주주의 은행지
주회사에 대한 출자비율에 해당하는 금액 중 적은 금액

② 전체대주주 :은행지주회사 등의 자기자본 순 합계액의 25%

③ 대주주에게 단일거래금액이 은행지주회사 등의 자기자본 순 합계액의 0.1%와 50
억 원 중 적은 금액 이상의 신용공여 제공 시 이사회 의결(재적이사 전원의 찬
성 필요)을 거쳐야 하고 즉시 금감위 보고 및 공시

은행지주회사 등은 위의 신용공여한도를 회피하기 위한 목적으로 다른 은행지주회
사 등 또는 은행과 교차하여 신용공여를 하여서는 아니 된다(제45조의2 제3항). 은행
지주회사 등은 그 은행지주회사의 주요출자자에 대하여 대통령령이 정하는 금액 이상
의 신용공여를 하고자 하는 때에는 미리 이사회의 의결을 거쳐야 한다. 이 경우 이사
회는 재적이사 전원의 찬성으로 의결한다(제45조의2 제4항).

은행지주회사 등이 그 은행지주회사의 주요출자자에 대하여 대통령령이 정하는 금
액 이상의 신용공여를 한 때에는 지체 없이 그 사실을 금감위에 보고하고 컴퓨터통신
등을 이용하여 공시하여야 한다(제45조의2 제5항).

은행지주회사 등은 그 은행지주회사의 주요출자자에 대한 신용공여에 관한 사항을
대통령령이 정하는 바에 따라 분기별로 컴퓨터통신 등을 이용하여 공시하여야 한다
(제45조의2 제6항).

금감위는 은행지주회사 등 또는 당해 은행지주회사의 대주주가 규정을 위반한 혐의
가 있다고 인정할 때에는 은행지주회사 등 또는 당해 은행지주회사의 대주주에 대하
여 필요한 자료의 제출을 요구할 수 있다(제45조의5 제1항).

5. 주요출자자가 발행한 주식의 취득한도 등

금융지주회사법 제45조의3에서는 은행지주회사 등의 대주주 발행주식 취득한도, 단일 거래금액이 일정액 이상인 대주주 발행주식 취득 규제, 대주주 발행주식 취득현황의 분기별 공시의무 및 은행지주회사 등의 대주주 발행주식에 대한 의결권행사 제한 등에 대하여 규정하고 있다.

은행지주회사 등은 자기자본의 순 합계액의 100분의 1의 범위 안에서 대통령령이 정하는 비율에 해당하는 금액을 초과하여 그 은행지주회사의 주요출자자가 발행한 주식(출자지분 포함)을 취득(신탁업무에 의하여 취득하는 것 포함)하여서는 아니 된다(제45조의3 제1항). 은행지주회사의 주요출자자가 아닌 자가 새로 주요출자자가 됨에 따라 은행지주회사 등이 한도를 초과하게 되는 경우 당해 은행지주회사 등은 대통령령이 정하는 기간 이내에 그 한도를 초과한 주식을 처분하여야 한다(제45조의3 제2항).

그리고 그 은행지주회사의 주요출자자가 발행한 주식을 대통령령이 정하는 금액 이상으로 취득하고자 하는 때에는 미리 이사회의 의결을 거쳐야 한다. 이 경우 이사회는 재적이사 전원의 찬성으로 의결한다(제45조의3 제3항). 은행지주회사 등이 그 은행지주회사의 주요출자자가 발행한 주식을 대통령령이 정하는 금액 이상으로 취득한 때에는 지체 없이 그 사실을 금감위에 보고하고 컴퓨터통신 등을 이용하여 공시하여야 한다(제45조의3 제4항).

은행지주회사 등은 그 은행지주회사의 주요출자자가 발행한 주식의 취득에 관한 사항을 대통령령이 정하는 바에 따라 분기별로 컴퓨터통신 등을 이용하여 공시하여야 한다(제45조의3 제5항).

> □ 은행지주회사 등의 주요출자자 발행주식 취득한도
>   - 은행지주회사 등은 자기자본의 순합계액의 100분의 1의 범위안에서 대통령령이 정하는 비율에
>   해당하는 금액을 초과하여 당해 은행지주회사의 주요출자자가 발행한 주식(출자지분 포함)을 취득
>   (신탁업무에 의하여 취득하는 것 포함)하여서는 아니 됨
>
> □ 단일 거래금액이 일정액 이상인 대주주 발행주식 취득 규제
>   - 은행지주회사의 주요출자자가 발행한 주식을 대통령령이 정하는 금액 이상으로 취득하고자 하는
>   때에는 미리 이사회의 의결을 거쳐야 하며, 이 경우 이사회는 재적이사 전원의 찬성으로 의결
>
> □ 주요출자자 발행주식 취득현황의 분기별 공시의무
>   - 은행지주회사 등은 당해 은행지주회사의 주요출자자가 발행한 주식의 취득에 관한 사항을
>   대통령령이 정하는 바에 따라 분기별로 컴퓨터통신 등을 이용하여 공시

은행지주회사 등은 당해 은행지주회사의 주요출자자가 발행한 주식의 의결권을 행사함에 있어 그 주요출자자 주주총회의 참석주식 수에서 당해 은행지주회사 등이 소유한 주식 수를 차감한 주식 수의 의결내용에 영향을 미치지 아니하도록 의결권을 행사하여야 한다. 다만, 대주주의 합병, 영업의 양도·양수, 임원의 선임, 그 밖에 이에 준하는 사항으로서 당해 은행지주회사 등에 손실을 초래할 것이 명백하게 예상되는 경우에는 그러하지 아니하다(제45조의3 제6항).

금감위는 은행지주회사 등 또는 당해 은행지주회사의 대주주가 규정을 위반한 혐의가 있다고 인정할 때에는 은행지주회사 등 또는 당해 은행지주회사의 대주주에 대하여 필요한 자료의 제출을 요구할 수 있다(제45조의5 제1항).

6. 주요출자자의 부당한 영향력 행사 금지

은행지주회사의 주요출자자는 당해 은행지주회사의 이익에 반하여 주요출자자 개인

의 이익을 취할 목적으로 다음에 해당하는 행위를 하여서는 아니 된다(제45조의4).

　① 부당한 영향력을 행사하기 위하여 당해 은행지주회사 등에 대하여 외부에 공개
　　되지 아니한 자료 또는 정보의 제공을 요구하는 행위[51]

　② 경제적 이익 등 반대급부 제공을 조건으로 다른 주주와 담합하여 당해 은행지주
　　회사 등의 인사 또는 경영에 부당한 영향력을 행사하는 행위

　③ 경쟁사업자의 사업활동을 방해할 목적으로 신용공여를 조기 회수하도록 요구하
　　는 등 은행지주회사 등의 경영에 영향력을 행사하는 행위

　금감위는 은행지주회사 등 또는 당해 은행지주회사의 대주주가 규정을 위반한 혐의
가 있다고 인정할 때에는 은행지주회사 등 또는 당해 은행지주회사의 대주주에 대하
여 필요한 자료의 제출을 요구할 수 있다(제45조의5 제1항).

7. 주요출자자에 대한 자료제출요구 등

　금융감독위원회는 은행지주회사 등 또는 그 은행지주회사가 주요출자자에 대한 신
용공여한도를 위반하거나(제45조의2), 주요출자자가 발행한 주식의 취득한도 제한을
위반하거나(제45조의3), 주요출자자가 부당한 영향력 행사금지(제45조의4)를 위반한
혐의가 있다고 인정할 때에는 은행지주회사 등 또는 그 은행지주회사의 주요출자자에
대하여 필요한 자료의 제출을 요구할 수 있다(제45조의5 제1항).

　금융감독위원회는 은행지주회사의 주요출자자(회사에 한함)의 부채가 자산을 초과
하는 등 재무구조의 부실화로 인하여 당해 은행지주회사 등의 경영건전성을 현저히
저해할 우려가 있는 경우로서 대통령령이 정하는 경우에는 은행지주회사 등에 대하여
그 은행지주회사의 주요출자자에 대한 신용공여의 제한을 명하는 등 대통령령이 정하

---

51) 다만 제42조 제5항의 규정에 해당되는 경우를 제하고 있는데, 이에 따르면 은행지주회사
　　의 경우 금융지주회사에 비해 완화된 요건으로 회계장부열람권을 행사할 수 있도록 하고
　　있다. 즉 회계장부열람권은 대주주의 부당한 영향력 행사로 보지 않겠다는 것으로 주주의
　　회계장부열람권은 투명경영을 위해서도 바람직한 것으로 아무런 문제가 되지 않는다.

는 조치를 할 수 있다(제45조의5 제2항).

8. 금융지주회사의 출자

금융지주회사는 당해 금융지주회사의 자기자본을 초과하여 자회사의 주식을 소유할 수 없다. 다만, 자회사 등의 재무개선을 위한 증자 등 대통령령이 정하는 경우에는 그러하지 아니하다(제46조).

제6 위험전이를 막기 위한 차단벽 설치 등

그룹 내 자회사 간 부실이 전염되는 것을 방지하기 위하여 내부거래에 대하여 엄격한 규제를 가하고 있다. 자회사 등은 당해 금융지주회사에 대한 출자 및 신용공여, 다른 자회사 등에 대한 출자, 자회사 등간 불량자산 거래가 금지된다. 또한 자회사 간 신용공여 시 일정한도를 초과해서는 안 되며 적정담보를 확보해야 한다(제48조).

1. 자회사 등의 행위제한

금융지주회사의 자회사 등은 다음의 행위를 하여서는 아니 된다. 다만, 당해 자회사 등이 새로이 금융지주회사에 편입되는 등 대통령령이 정하는 경우에는 그러하지 아니하다(제48조 제1항).

① 당해 자회사 등이 속하는 금융지주회사에 대한 신용공여

② 당해 자회사 등이 속하는 금융지주회사의 다른 자회사 등(당해 자회사 등에 의하여 직접 지배받는 회사 제외)의 주식을 소유하는 행위

③ 당해 자회사 등이 속하는 금융지주회사의 다른 자회사 등에 대한 신용공여로서

　대통령령이 정하는 기준을 초과하는 신용공여

　동일한 금융지주회사에 속하는 자회사[52] 등 상호간에 신용공여를 하는 경우에는 대통령령이 정하는 기준에 따라 적정한 담보를 확보하여야 한다. 다만, 자회사 등의 구조조정에 필요한 신용공여 등 금감위가 정하는 요건에 해당하는 경우에는 그러하지 아니하다(제48조 제2항).

　금융지주회사와 자회사 간 또는 자회사 등 상호 간에는 대통령령이 정하는 불량자산을 거래하여서는 아니 된다. 다만, 자회사 등의 구조조정에 필요한 거래 등 금감위가 정하는 요건에 해당하는 경우에는 그러하지 아니하다(제48조 제3항).

　금융지주회사 및 자회사 등(금융지주회사 등)은 공동광고 및 전산시스템 등의 공동사용에 관하여 대통령령이 정하는 기준을 준수하여야 한다(제48조 제4항).

　금융지주회사의 자회사 등은 당해 금융지주회사의 주식을 소유하여서는 아니 된다. 다만, 금융지주회사의 자회사가 제62조의2 제1항(주식교환 주식이전의 특례) 또는 상법 제342조의2[53]의 규정에 의하여 당해 금융지주회사의 주식을 취득하는 경우에는 그러하지 아니하다(제48조 제5항).

　금융지주회사의 자회사 등(해당 자회사 등으로부터 직접 지배받는 회사를 제외)이

---

52) 제1항 제1호·제3호 및 제2항의 자회사 등의 범위, 신용공여의 기준은 대통령령으로 정한다(제48조 제8항).

53) 第342條의2(子會社에 의한 母會社株式의 取得)

　① 다른 會社의 發行株式의 總數의 100분의 50을 초과하는 株式을 가진 會社(이하 "母會社"라 한다)의 株式은 다음의 경우를 제외하고는 그 다른 會社(이하 "子會社"라 한다)가 이를 取得할 수 없다.

　1. 주식의 포괄적 교환, 주식의 포괄적 이전, 회사의 합병 또는 다른 회사의 영업전부의 讓受로 인한 때

　2. 會社의 權利를 實行함에 있어 그 目的을 達成하기 위하여 필요한 때

　② 第1項 各號의 경우 子會社는 그 株式을 取得한 날로부터 6個月 이내에 母會社의 株式을 처분하여야 한다.

　③ 다른 會社의 發行株式의 總數의 100분의 50을 초과하는 株式을 母會社 및 子會社 또는 子會社가 가지고 있는 경우 그 다른 會社는 이 法의 適用에 있어 그 母會社의 子會社로 본다.

당해 금융지주회사 또는 당해 금융지주회사의 다른 자회사 등의 주식을 소유하는 경우에는 그 주식에 대하여 의결권을 행사할 수 없다(제48조 제7항).[54]

2. 개인신용정보 등의 제공 및 관리

금융지주회사 등 상호 간에는 고객의 동의 없이 영업상 목적으로 고객의 개인신용정보 등을 공유할 수 있도록 하고 있는데, 이는 고객정보의 공유를 통하여 교차판매를 가능하게 함으로써 금융그룹의 시너지효과를 제고할 수 있도록 하기 위한 것이다.

그러나 이에 따른 정보유출 등의 우려가 있으므로 금융지주회사 등으로 하여금 임원 중 1인 이상을 '신용정보관리인'으로 선임하고, 고객정보의 엄격한 관리를 위한 업무지침서를 작성하여 그 내용을 금감위에 보고하며, 개인신용정보 등의 취급방침을 정하여 거래상대방에게 통지·공고하고 영업점에 게시하도록 하고 있다(제48조의2).

즉 금융지주회사 등은 신용정보의이용및보호에관한법률 제23조[55] 및 제24조[56] 제1

---

54) 금융지주회사의 자회사가 당해 금융지주회사의 주식을 취득하는 경우에는 취득한 날부터 6월 이내에 당해 주식을 처분하여야 한다(제48조 제6항)는 규정이 삭제되어 처분하지 않아도 되나 의결권 행사를 못하도록 하고 있다.

55) **제23조(개인신용정보의 제공·활용에 대한 동의)**

① 신용정보제공·이용자는 다음 각 호에서 정하는 개인에 관한 신용정보(이하 "개인신용정보"라 한다)를 신용정보업자 등에게 제공하고자 하는 경우에는 대통령령이 정하는 바에 의하여 당해 개인으로부터 서면 또는 공인전자서명(「전자서명법」 제2조제3호의 공인전자서명)이 있는 전자문서(「전자거래기본법」 제2조제1호의 전자문서)에 의한 동의를 얻어야 한다.

1. 「금융실명거래 및 비밀보장에 관한 법률」 제4조의 규정에 의한 금융거래의 내용에 관한 정보 또는 자료
2. 개인의 질병에 관한 정보
3. 개인의 성명·주소·주민등록번호(외국인의 경우 외국인등록번호 또는 여권번호)·성별·국적 및 직업 등 개인을 식별할 수 있는 정보
4. 기타 대통령령이 정하는 개인신용정보

②제1항의 규정에 불구하고 신용정보제공·이용자가 개인신용정보 중 제1항제3호에 해당하는 정보를 제공하고자 하는 경우에는 전화에 의한 본인의 동의나 인터넷 홈페이지의 동

항의 규정에 불구하고 동법 제23조제1호·제3호 및 제4호의 규정에 의한 개인에 관한 신용정보57)("개인신용정보")를 그가 속하는 금융지주회사 등에게 영업상 이용하게 할

　　의란에 본인이 행하는 동의표시에 의하여 신용정보업자 등에게 제공할 수 있다.
56) **제24조(개인신용정보의 제공·이용의 제한)**
　　① 개인신용정보는 당해 신용정보주체와의 금융거래 등 상거래관계(고용관계를 제외한다)의 설정 및 유지여부 등의 판단목적으로만 제공·이용되어야 한다. 다만, 다음 각 호의 어느 하나에 해당하는 경우에는 그러하지 아니하다.
　　1. 개인이 서면 또는 공인전자서명이 있는 전자문서에 의하여 금융거래 등 상거래관계의 설정 및 유지여부 등의 판단목적 외의 다른 목적에의 제공·이용에 동의하거나 개인이 자신의 신용정보를 제공하는 경우
　　2. 법원의 제출명령 또는 법관이 발부한 영장에 의하여 제공·이용되는 경우
　　2의2. 범죄로 인하여 피해자의 생명이나 신체에 심각한 위해가 예상되는 등 긴박한 상황에 있고 제2호의 규정에 따른 법관의 영장을 발부받을 시간적 여유가 없는 경우로서 검사 또는 사법경찰관의 요구에 따라 제공·이용되는 경우. 이 경우 개인신용정보를 제공받은 검사는 지체 없이 법관에게 영장을 청구하여야 하고, 사법경찰관은 검사에게 신청하여 검사의 청구로 영장을 청구하여야 하며, 개인신용정보를 제공받은 때부터 36시간 이내에 영장을 발부받지 못한 때에는 지체 없이 제공받은 개인신용정보를 폐기하여야 한다.
　　3. 신용정보업자 및 신용정보집중기관 상호 간에 집중관리·활용하기 위하여 제공·이용되는 경우
　　4. 조세에 관한 법률의 규정에 의한 질문·조사를 위하여 관할관서의 장이 서면으로 요구하거나 조세에 관한 법률의 규정에 의하여 제출의무가 있는 과세자료의 제공을 요구함에 따라 제공·이용되는 경우
　　5. 기타 법률의 규정에 의하여 제공·이용되는 경우
　　6. 채권추심, 인·허가의 목적 등 대통령령이 정하는 목적으로 사용하기 위하여 제공·이용되는 경우
　　② 신용정보업자 등은 개인신용정보를 제공할 경우에는 금융감독위원회가 정하는 바에 의하여 의뢰인의 신원 및 이용목적을 확인하여야 한다.
57) 제2조(정의) 이 법에서 사용하는 용어의 정의는 다음과 같다.
　　1. "신용정보"라 함은 금융거래 등 상거래에 있어서 거래상대방에 대한 식별·신용도·신용거래능력 등의 판단을 위하여 필요로 하는 정보로서 대통령령이 정하는 정보를 말한다. ⇒ 시행령 제2조(정의)
　　① 법 제2조제1호에서 "대통령령이 정하는 정보"라 함은 다음 각 호의 1에 해당하는 정보를 말한다. 다만, 법 제2조제8호·제9호 및 제11호의 업무와 관련하여서는 다른 법령의 규정에 의하여 공시 또는 공개되거나 다른 법령에 위반됨이 없이 출판물·방송 등의

목적으로 제공할 수 있다(제48조의2 제1항).

　금융지주회사의 자회사 등인 증권회사는 증권거래법 제59조[58]의 규정에 불구하고

공공매체 등을 통하여 공시 또는 공개된 정보 등은 제외한다.
1. 개인의 성명·주소·주민등록번호(외국인의 경우 외국인등록번호 또는 여권번호)·성별·국적 및 직업 등과 기업 및 법인의 상호·법인등록번호·사업자등록번호·본점 및 영업소의 소재지·설립연월일·목적 및 임원에 관한 사항 등 특정 신용정보주체를 식별할 수 있는 정보(제2호 내지 제6호의 1에 해당하는 정보와 결합되는 경우에 한한다)
2. 대출·보증·담보제공·가계당좌예금　또는　당좌예금·신용카드·할부금융·시설대여 등의 금융거래 등 상거래와 관련하여 신용정보주체의 거래내용을 판단할 수 있는 정보로서 재정경제부령이 정하는 정보
3. 금융거래 등 상거래와 관련하여 발생한 연체·부도·대지급 또는 허위 기타 부정한 방법에 의한 신용질서 문란행위 등 신용정보주체(신용정보주체가 회사인 경우에는 다음 각목의 자를 포함한다)의 신용도를 판단할 수 있는 정보로서 재정경제부령이 정하는 정보
　가. 「국세기본법」 제39조제2항의 규정에 의한 과점주주로서 최다출자자인 자
　나. 「국세기본법」 제39조제2항의 규정에 의한 과점주주인 동시에 당해 회사의 이사 또는 감사로서 당해 회사의 채무에 연대보증을 한 자
　다. 당해 회사의 발행주식 총수 또는 지분총액의 100분의 30이상을 소유하고 있는 자로서 최다출자자인 자
　라. 당해 회사의 무한책임사원
4. 금융거래 등 상거래에 있어서 신용도 등의 판단을 위하여 필요한 개인의 재산·채무·소득의 총액, 납세실적 등과 기업 및 법인의 연혁·주식 또는 지분보유현황 등 회사의 개황, 판매내역·수주실적·경영상의 주요계약 등 사업의 내용, 재무제표 등 재무에 관한 사항, 「주식회사의 외부감사에 관한 법률」의 규정에 의한 감사인의 감사의견 및 납세실적 등 신용정보주체의 신용거래능력을 판단할 수 있는 정보
5. 금융거래 등 상거래에 있어서 신용정보주체의 식별·신용도 및 신용거래능력을 판단할 수 있는 법원의 심판·결정정보, 조세 또는 공공요금 등의 체납정보, 주민등록 및 법인등록에 관한 정보 및 기타 공공기관이 보유하는 정보로서 재정경제부령이 정하는 정보
6. 제2호 내지 제5호와 유사한 신용정보로서 재정경제부령이 정하는 정보

58) 증권거래법 제59조(정보의 제공 또는 누설의 금지)
　① 증권회사의 임원 및 직원은 증권회사를 통하여 유가증권을 매매하거나 매매하고자 하는 위탁자(제50조의 규정에 의한 증권저축을 한 자 포함)의 서면에 의한 요구나 동의를 받지 아니하고는 타인에게 당해 위탁자의 유가증권의 매매 기타의 거래와 그 예탁한 금전 또는 유가증권의 내용에 관한 정보를 제공하거나 누설하여서는 아니 된다. 다만, 감독기관의 업무상 필요에 의하여 검사를 받는 경우 또는 제60조의 규정에 의한

당해 증권회사를 통하여 유가증권을 매매하거나 매매하고자 하는 위탁자가 예탁한 금전 또는 유가증권의 총액에 관한 정보를 그가 속하는 금융지주회사 등에게 영업상 이용하게 할 목적으로 제공할 수 있다(제48조의2 제2항).

위 경우에 자회사 등이 개인신용정보 및 금전 또는 유가증권의 총액에 관한 정보("개인신용정보 등")를 제공하는 경우에는 신용정보의이용및보호에관한법률 제24조제2항의 규정을 적용하지 아니한다(제48조의2 제3항).

금융지주회사 등은 개인신용정보 등의 엄격한 관리를 위하여 그 임원 중에 1인 이상을 개인신용정보 등을 관리할 자("신용정보관리인")로 선임하여야 한다(제48조의2 제4항). 신용정보관리인은 개인신용정보 등의 엄격한 관리를 위하여 금융감독위원회가 정하는 바에 따라 업무지침서를 작성하고, 그 내용을 금융감독위원회에 보고하여야 한다(제48조의2 제5항). 금융지주회사 등은 대통령령이 정하는 바에 따라 개인신용정보 등의 취급방침을 정하여야 하며, 이를 당해 금융지주회사 등의 거래상대방에게 통지하거나 공고하고 영업점에 게시하여야 한다(제48조의2 제6항).

3. 수뢰 등의 금지 등

금융지주회사의 임·직원은 직무와 관련하여 직접·간접을 불문하고 증여를 받거나 뇌물을 수수·요구 또는 약속하여서는 아니 된다(제48조의3 제1항). 금융지주회사의 임·직원 또는 임·직원이었던 자는 업무상 알게 된 정보를 다른 사람에게 누설하거나 업무 외의 목적으로 이용하여서는 아니 된다(제48조의3 제2항).

요구가 있는 경우에는 그러하지 아니하다.
② 감독기관의 업무상 필요에 의하여 정보를 지득한 자는 그 지득한 정보를 타인에게 제공 또는 누설하거나 그 목적 이외에 이를 사용하여서는 아니 된다.

제7 지주회사에 관한 주요 규제

1. 지주회사법에 관한 주요 규제 개관

지주회사는 경제적 유용한 면이 있는 제도인 반면에 사업지배력의 과도한 집중을 초래하여 시장에서의 공정한 경쟁을 저해할 수도 있다. 따라서 공정거래법은 일반적인 기업결합규제와는 달리 경제력의 과도한 집중을 억제하기 위한 규제를 마련하고 있다. 이러한 규제로는 지주회사 설립 및 전환 시 신고, 지주회사의 부채총액 제한, 주식취득 행위의 제한, 손자회사 등의 금지 등 여러 가지 지주회사의 행위를 제한하고 있다.

2. 지주회사 설립 및 전환의 신고

지주회사를 설립하거나 지주회사로 전환한 자는 공정거래위원회가 정하여 고시하는 바에 따라 일정한 기한 내에 신고인의 성명, 지주회사·자회사 및 사업관련손자회사의 명칭, 자산총액, 부채총액, 주주현황, 주식소유현황, 사업내용 등을 기재한 신고서에 신고내용을 입증하는 서류를 첨부하여 공정거래위원회에 제출하여야 한다(공정거래법 제8조, 시행령 제15조 제1항).

지주회사 설립 및 전환신고에는 설립 및 전환의 사유가 발생한 날을 기준으로 공인회계사의 회계감사를 받은 대차대조표 및 주식소유현황 보고서를 첨부하여야 하며(시행령 제15조 제5항) 특히 지주회사를 설립하거나 전환하고자 하는 자가 공정거래법 제10조의2가 규정하고 있는 채무보증제한대규모기업집단에 속하는 회사를 지배하는 동일인 또는 당해 동일인의 특수관계인에 해당되는 경우에는 채무보증제한대규모기업집단의 지주회사 설립제한 규정에 따라 채무보증 해소실적을 제출하여야 한다(시행령 제15조 제2항).

채무보증제한대규모기업집단이 지주회사를 설립하는 경우에 채무보증을 해소하도록 하고 있는 것은 채무보증에 의한 과다한 차입을 억제함으로써 계열회사의 독립경영체제를 확보해주어 구조조정 시 쉽게 할 수 있도록 하기 위한 것이다. 또한 채무보증으로 그룹 계열사 전체가 부실해질 수 있는 가능성을 방지하기 위한 것이다.

3. 지주회사의 행위제한

공정거래법은 지주회사의 설립 및 전환을 전면적으로 허용하면서 지주회사가 가지고 있는 경제력 집중이라는 내재적 폐해의 최소화를 목적으로 지주회사 및 자회사에 의한 일정한 행위유형을 규제하고 있다.

(1) 지주회사의 부채총액의 제한(100%)

기존 사업회사가 지주회사로 전환하는 경우 지주회사는 순자산액을 초과하는 부채액을 소유하지 못한다(공정거래법 제8조의2 제2항 1호). 다만 기존 사업회사가 자산의 전부 또는 일부를 다른 회사에 현물출자하고 지주회사로 전환하는 경우에는 지주회사로 전환한 날로부터 2년간은 부채총액에 대한 제한을 받지 않고 순자산액(자산총액에서 부채액을 차감한 금액)을 초과하는 부채액을 보유할 수 있다(공정거래법 제8조의2 제2항 1호).

(2) 지주회사에 의한 주식취득행위 규제

지주회사는 자회사의 주식을 자회사 발행주식 총수의 100분의 50이상 소유하여야 한다(공정거래법 제8조의2 제2항 2호). 이는 소액자본에 의한 계열기업 확장 방지[59] 및 소수주주를 보호하기 위한 것이다. 다만 자회사가 증권거래법에 따른 주권상장법인

---

59) 이동규, 지주회사제도의 효율적 운용방안, 공정경쟁, 2000.9, 9면.

또는 협회등록법인이거나 공동출자법인인 경우에는 100분의 30, 벤처지주회사의 자회사인 경우에는 100분의 20이상을 소유하여야 한다.

(3) 자회사 외의 국내 다른 회사 주식소유 제한

계열회사가 아닌 국내회사의 주식을 당해 회사 발행주식 총수의 100분의 5를 초과하여 소유할 수 없다. 다만 소유하고 있는 계열회사가 아닌 국내회사의 주식가액의 합계액이 자회사의 주식가액의 합계액의 100분의 15 미만인 지주회사에 대하여는 적용하지 아니한다. 또한 자회사 외의 국내계열회사의 주식을 소유하는 행위도 할 수 없다(공정거래법 제8조의2 제2항 3호).

(4) 일반지주회사와 금융지주회사의 금융업과 비금융업 자회사 소유 제한

금융업 또는 보험업을 영위하는 자회사의 주식을 소유하는 금융지주회사는 금융업 또는 보험업을 영위하는 회사 외의 국내회사의 주식을 소유할 수 없다(공정거래법 제8조의2 제2항 4호). 또한 일반지주회사도 금융업 또는 보험업을 영위하는 국내회사의 주식을 소유할 수 없다(공정거래법 제8조의2 제2항 5호).

이는 금융과 일반지주회사의 분리 설립원칙을 규정한 것으로 금융기관이 산업자본의 사금고화 되어 기업확장 수단으로 악용되는 것을 방지하고 산업의 위험이 금융부문으로 파급되는 것을 방지하기 위한 것이다.[60]

---

60) 김학현, 공정거래법상의 지주회사 규제, 지주회사와 법(김건식·노혁준 편저), 小花, 2005, 28면.

4. 자회사의 행위제한(손자회사 금지)

일반지주회사의 자회사는 다음의 행위를 하여서는 아니 된다.

(1) 자회사의 손자회사의 원칙적 소유금지

일반지주회사의 자회사는 사업관련손자회사 외에는 다른 국내 계열회사의 주식을 소유할 수 없다. 그러나 일반지주회사의 자회사는 사업관련손자회사의 주식을 당해 사업관련손자회사 발행주식 총수의 100분의 50(그 사업관련손자회사가 증권거래법의 규정에 의한 주권상장법인 또는 협회등록법인이거나 공동출자법인인 경우에는 100분의 30. "사업관련손자회사주식보유기준") 이상 소유하는 경우에는 손자회사를 둘 수 있다(공정거래법 제8조의2 제3항 1호).

(2) 손자회사의 국내 계열회사 주식소유 금지

일반지주회사의 사업관련손자회사는 국내계열회사의 주식을 소유하여서는 아니 된다(공정거래법 제8조의2 제4항).

5. 사업내용에 관한 보고서의 제출

지주회사는 당해 지주회사·자회사 및 사업관련손자회사의 주식소유현황·재무상황 등 사업내용에 관한 보고서를 공정거래위원회에 제출하여야 한다(공정거래법 제8조의2 제5항).

6. 채무보증제한 대규모기업집단의 지주회사 설립제한

공정거래법 제14조(상호출자제한기업집단 등의 지정 등) 제1항의 규정에 따라 지정된 채무보증제한기업집단에 속하는 회사를 지배하는 동일인 또는 당해 동일인의 특수관계인이 지주회사를 설립하고자 하거나 지주회사로 전환하고자 하는 경우에는 제10조의2(계열회사에 대한 채무보증의 금지)의 규정에 의한 채무보증으로서 다음에 해당하는 채무보증을 해소하여야 한다(공정거래법 제8조의3).

① 지주회사와 자회사 간의 채무보증
② 지주회사와 다른 국내계열회사(당해 지주회사가 지배하는 자회사 제외) 간의 채무보증
③ 자회사 상호 간의 채무보증
④ 자회사와 다른 국내계열회사(당해 자회사를 지배하는 지주회사 및 당해 지주회사가 지배하는 다른 자회사 제외) 간의 채무보증

제8 금융지주회사 관련 감독제도

1. 국내 감독체계의 특성 및 개요

(1) 해외 감독제도와 비교

미국, 일본 등 외국에서는 금융지주회사를 은행지주회사, 증권지주회사, 보험지주회사 등으로 구분하여 감독하고 있으며, 그 근거법규도 자회사의 업종별로 다르다. 그러나 우리나라는 외국의 금융지주회사 감독체계와 달리 금융지주회사에 대한 근거법규가 자회사의 업종에 따라 별도로 정해져 있지 않으며, 「금융지주회사법」이 금융지주회사에 대하여 규율하는 단일의 근거법규이다. 따라서 우리나라는 자회사의 업종에 상관

없이 금융지주회사 및 그 자회사 등(자회사 및 손자회사를 말함)을 동일한 기준하에 감독하는 점이 외국의 경우와 다르다.

(2) 금융지주회사법상 감독제도

금융지주회사에 대한 금감위 및 금감원의 감독과 관련하여 경영지도기준의 준수의무 부과·금감원의 검사·영업보고서 제출·경영공시 의무 등을 규정하고 있는바, 이는 타 금융관련 법령과 다르지 않다(제49조 내지 제59조).

금감위는 금융지주회사 등의 건전한 경영을 위하여 감독상 필요한 명령을 할 수 있으며, 금감원은 금감위의 규정과 지시가 정하는 바에 의하여 이 법, 기타 금융관련 법령, 금감위의 규정·명령 및 지시에 대한 금융지주회사 등의 준수여부를 감독한다(제49조).

2. 건전성 감독

금융지주회사는 경영의 건전성을 유지하기 위하여 ① 금융지주회사와 그 자회사 등의 재무상태에 관한 사항 ② 금융지주회사와 그 자회사 등의 경영관리 상태에 관한 사항 ③ 기타 경영의 건전성 확보를 위하여 필요한 사항에 관하여 대통령령이 정하는 바에 의하여 금감위가 정하는 경영지도기준을 준수하여야 한다(제50조 제1항).

금감위는 금융지주회사가 경영지도기준을 준수하지 아니하는 등 경영의 건전성을 크게 해할 우려가 있다고 인정되는 때에는 경영개선 계획의 제출, 자본금의 증액, 이익배당의 제한, 자회사 주식의 처분 등 경영개선을 위하여 필요한 조치를 명할 수 있다(제50조 제2항).

건전성 규제 중 일반 금융기관에는 적용하지 않고 금융지주회사에만 적용하는 것은 부채비율로서 금융지주회사의 부채총액은 자기자본을 초과해서는 안 된다. 금융지주회사 등에 대한 자본적정성 규제는 연결기준으로 적용하여 필요자본합계액에 대한 자기자본 순 합계액의 비율이 100% 이상을 유지하도록 하고 있다. 경영실태평가제도는 금융지주회사 등의 특성을 반영하여 평가대상을 6개 부문(LOPECM)[61]으로 구분하여 운영한다. 그 밖에 유동성비율 및 적기시정조치 등의 규제도 금융지주회사의 특성에 맞게 운영하고 있다.

3. 감독원의 검사권

(1) 업무 및 재산에 관한 검사권

금융지주회사 및 그 자회사 등은 그 업무와 재산에 관하여 금감원의 원장("금감원장")의 검사를 받아야 한다(제51조 제1항). 금감원장은 검사상 필요하다고 인정하는 때에는 금융지주회사 및 그 자회사 등에 대하여 업무 또는 재산에 관한 보고, 자료의 제출, 관계자의 출석 및 진술을 요구할 수 있다(제51조 제2항). 검사를 하는 자는 그 권한을 표시하는 증표를 휴대하여 이를 관계인에게 내보여야 한다(제51조 제3항).

(2) 자료제출 요구권

금감원장은 주식회사의외부감사에관한법률에 의하여 금융지주회사 또는 그 자회사 등이 선임한 감사인에 대하여 당해 금융지주회사 또는 그 자회사 등을 감사한 결과 알게 된 정보 기타 경영의 건전성에 관련되는 자료의 제출을 요구할 수 있다(제51조 제4항).

---

61) 주력자회사(Leading subsidiaries), 여타자회사(Other subsidiaries: 금융업을 영위하지 아니한 자회사 등은 제외), 금융지주회사(Parent company), 수익성(Earnings: 연결기준), 자본적정성(Capital adequacy: 연결기준), 경영관리능력(Management).

(3) 검사 후 금감위에 보고서 제출

금감원장은 검사를 한 때에는 그 보고서를 금감위에 제출하여야 한다. 이 경우 당해 보고서에는 이 법 기타 금융관련 법령, 이 법에 의한 처분 또는 금감위 규정에 위반한 사실이 있는 때에는 그 처리에 관한 의견서를 첨부하여야 한다(제51조 제5항).

(4) 전환대상자에 대한 검사

금융감독위원회는 다음에 해당하는 경우에는 금융감독원장으로 하여금 그 목적에 필요한 최소한의 범위 안에서 전환대상자의 업무 및 재산상황을 검사하게 할 수 있다(제51조의2 제1항).
　① 전환계획의 규정(제8조의3제2항)에 의한 점검결과를 확인하기 위하여 필요한 경우
　② 전환대상자가 차입금의 급격한 증가, 거액의 손실발생 등 재무상황의 부실화로 인하여 은행지주회사 등과 불법거래를 할 가능성이 크다고 인정되는 경우
　검사의 구체적 범위·방법 그 밖에 검사에 필요한 사항은 금융감독위원회가 정한다(제51조의2 제2항). 검사에 관한 규정(제51조제2항 내지 제4항)은 검사에 관하여 이를 준용한다.

4. 금융지주회사의 의무

(1) 이익준비금 적립

금융지주회사는 적립금이 자본금의 총액에 달할 때까지 결산순이익금을 배당할 때마다 그 순이익금의 100분의 10 이상을 적립하여야 한다(제53조).

(2) 업무보고서 작성 및 제출의무

금융지주회사는 매 사업연도 개시일부터 3개월간·6개월간·9개월간 및 12개월간의 당해 금융지주회사 등의 영업실적 및 재무상태 기타 대통령령이 정하는 사항을 기재한 영업보고서를 작성하여 각각 그 기간 경과 후 1개월 이내에 금감원장에게 제출하여야 한다(제54조 제1항). 업무보고서의 작성을 위한 세부사항 기타 필요한 사항은 금융감독위원회가 정한다(제54조 제2항).

(3) 재무제표 등의 공고

금융지주회사는 그 결산일부터 3개월 이내에 금감위가 정하는 서식에 의하여 결산일 현재의 대차대조표, 당해 결산기의 손익계산서 및 주식회사의외부감사에관한법률에 따른 연결재무제표 중 금융감독위원회가 정하는 서류를 공고하여야 한다. 다만, 부득이한 사유로 3월 이내에 공고할 수 없는 서류에 대하여는 금감위의 승인을 얻어 그 공고를 연기할 수 있다(제55조).

(4) 전자문서에 의한 제출

금융지주회사가 업무보고서 작성 및 제출의무(제54조) 및 재무제표 등의 공고(제55조)의 규정에 의하여 자료를 제출하거나 공고를 하는 때에는 금감원장 또는 금감위가 정하는 바에 따라 전자문서의 방법에 의할 수 있다(제55조의2).

(5) 경영공시

금융지주회사는 자회사 등의 예금자 및 투자자의 보호를 위하여 필요한 사항으로서 대통령령이 정하는 사항을 금감위가 정하는 바에 따라 공시하여야 한다(제56조).

5. 금감위의 행정처분

(1) 징계권

금감위는 금융지주회사 등이 이 법 또는 이 법에 의한 명령을 위반하여 금융지주회사 등의 경영의 건전성을 해할 우려가 있다고 인정되는 경우에는 ① 금융지주회사 등에 대한 주의·경고 또는 그 임·직원에 대한 주의·경고·견책 요구 ② 당해 위반행위에 대한 시정명령 ③ 법 위반사실의 공표 ④ 임원의 해임권고·직무정지 또는 임원의 직무를 대행하는 관리인의 선임 ⑤ 위반행위를 한 자회사 등에 대한 6개월 이내의 영업의 일부 정지의 조치를 할 수 있다(제57조 제1항).

(2) 영업의 정지 등

금감위는 금융지주회사 등이 ① 허위 기타 부정한 방법으로 제3조의 인가를 받은 경우 ② 시정명령을 이행하지 아니한 경우 ③ 영업의 정지기간 중에 그 영업을 한 경우 ④ 이 법 또는 이 법에 의한 명령이나 처분에 위반하여 자회사 등의 예금자 또는 투자자의 이익을 크게 해할 우려가 있는 경우 ⑤ 금융지주회사가 사업연도 중에 소유주식의 감소, 자산의 증감 등의 사유로 금융지주회사의 요건을 흠결한 경우(제2조 제1항 제1호의 규정에 해당하지 아니하게 되는 경우)에는 당해 금융지주회사 등에 대하여 6개월 이내의 영업의 전부 정지 또는 그 자회사 등의 주식의 처분을 명하거나 당해 금융지주회사의 인가를 취소할 수 있다(제57조 제2항).

금융지주회사는 제2항에 따라 그 인가가 취소된 때에는 3개월 이내에 금융지주회사 요건에 해당되지 아니하도록 하여야 한다(제57조 제3항). 금감위는 금융지주회사의 인가를 취소하고자 하는 경우에는 청문을 실시하여야 한다(제59조).

(3) 시정조치 등

금융감독위원회는 제3조제1항, 제5조의2제2항, 제7조 또는 제57조제3항을 위반한 자에 대하여 다음 각 호의 어느 하나에 해당하는 시정조치를 명할 수 있다(제58조 제1항).

① 법 위반상태를 시정하기 위한 계획의 제출 또는 그 계획의 수정

② 위반행위에 관련된 회사에 대한 주의·경고

③ 위반행위에 관련된 회사의 임원 또는 직원에 대한 주의, 경고 또는 문책의 요구

④ 주식의 전부 또는 일부의 처분 ⇒ 주식처분명령을 받은 자는 해당 명령을 받은 날부터 그 처분명령을 받은 주식에 대하여는 의결권을 행사할 수 없다(제58조 제2항).

⑤ 그 밖에 법 위반상태를 시정하기 위하여 필요한 조치

6. 기타 감독권(보칙)

(1) 합병 등의 인가

금융지주회사가 해산하거나 다른 회사와 합병하고자 하는 때에는 대통령령이 정하는 바에 의하여 금융감독위원회의 인가를 받아야 한다(제60조 제1항). 금융감독위원회는 인가여부를 결정함에 있어서 해산 또는 합병이 경쟁을 제한하거나 건전한 금융시장질서를 저해하지 아니 하는지 여부 등 대통령령이 정하는 사항을 심사하여야 한다(제60조 제2항). 인가 시 신청서에 의한 신청, 조건부 인가 등(제3조제2항 및 제3항)의 규정은 위 인가에 관하여 이를 준용한다(제60조 제3항).

(2) 보고사항

금융지주회사는 다음 각 호의 어느 하나에 해당하는 경우에는 지체 없이 그 사실을 금융감독위원회에 보고하여야 한다. 다만, 은행지주회사의 보고(제8조 제2항)에 따라 보고하는 경우에는 그러하지 아니하다(제61조).

① 임원이 변경된 경우

② 최대주주가 변경된 경우

③ 은행지주회사의 주요출자자가 변경된 경우

④ 대주주 또는 그의 특수 관계인의 소유주식이 의결권 있는 발행주식 총수의 100분의 1 이상 변동된 경우

⑤ 상호를 변경한 경우

⑥ 해산사유가 발생한 경우

⑦ 금융지주회사 또는 그 자회사가 자회사 또는 손자회사를 지배하지 아니하게 된 경우

⑧ 기타 금융지주회사 등의 경영의 건전성을 해할 우려가 있는 경우로서 대통령령이 정하는 경우

(3) 권한의 위탁

금융감독위원회는 이 법에 의한 권한의 일부를 대통령령이 정하는 바에 의하여 금융감독원장에게 위탁할 수 있다(제63조).

7. 과징금의 부과 및 징수

(1) 과징금

금융감독위원회는 금융지주회사 또는 자회사 등이 제43조 내지 제45조, 제45조의2,

제45조의3, 제46조, 제48조 또는 제62조의2제1항의 규정을 위반하는 경우에는 다음 각 호의 구분에 따라 과징금을 부과할 수 있다(제64조).

① 제43조제1항 또는 제3항의 규정을 위반하여 유가증권의 투자한도를 초과하여 투자하거나 1년 이내에 해당 한도에 적합하도록 조치하지 아니한 경우 : 초과투자액의 100분의 10 이하

② 제44조의 규정에 의한 주식소유한도를 초과한 경우 : 초과소유한 주식의 장부가액합계액의 100분의 10 이하

③ 제45조제1항 내지 제3항의 규정에 의한 신용공여한도를 초과한 경우 : 초과한 신용공여액의 100분의 10 이하

④ 제45조의2제1항 및 제2항의 규정에 의한 신용공여한도를 초과한 경우 : 초과한 신용공여액의 100분의 20 이하

⑤ 제45조의3제1항의 규정에 의한 주식취득한도를 초과한 경우 : 초과취득한 주식의 장부가액 합계액의 100분의 20 이하

⑥ 제46조의 규정에 의한 주식소유한도를 초과한 경우 : 초과소유한 주식의 장부가액합계액의 100분의 10 이하

⑦ 제48조제1항제1호를 위반하여 자회사 등이 금융지주회사에게 신용을 공여한 경우 : 신용공여액의 100분의 10 이하

⑧ 제48조제1항제2호를 위반하여 자회사 등의 주식을 소유한 경우 : 소유한 주식의 장부가액합계액의 100분의 10 이하

⑨ 제48조제1항제3호를 위반하여 자회사 등 상호 간의 신용공여한도를 초과한 경우 : 초과한 신용공여액의 100분의 10 이하

⑩ 제48조제2항을 위반하여 적정한 담보를 확보하지 아니하고 신용을 공여한 경우 : 신용공여액의 100분의 10 이하

⑪ 제48조제3항을 위반하여 불량자산을 거래한 경우 : 자산의 장부가액의 100분의 10 이하

⑫ 제48조제5항의 규정을 위반하여 주식을 소유하는 경우 : 소유한 주식의 장부가

액 합계액의 100분의 2 이하

⑬ 제62조의2제1항을 위반하여 주식을 소유하는 경우 : 소유한 주식의 장부가액 합
계액의 100분의 2 이하

(2) 과징금의 부과

금융감독위원회는 제64조의 규정에 의하여 과징금을 부과하는 경우에는 다음 각 호
의 사항을 참작하여야 한다(제65조 제1항). 과징금의 부과기준 기타 과징금의 부과에
관하여 필요한 사항은 대통령령으로 정한다(제65조 제3항).

① 위반행위의 내용 및 정도

② 위반행위의 기간 및 횟수

③ 위반행위로 인하여 취득한 이익의 규모

금융감독위원회는 이 법의 규정을 위반한 회사가 합병을 하는 경우 당해 회사가 행
한 위반행위는 합병 후 존속하거나 합병에 의하여 신설된 회사가 행한 행위로 보아
과징금을 부과·징수할 수 있다(제65조 제2항).

(3) 의견제출

금융감독위원회는 과징금을 부과하기 전에 미리 당사자 또는 이해관계인 등에게 의
견을 제출할 기회를 주어야 한다. 과징금의 부과기준 기타 과징금의 부과에 관하여 필
요한 사항은 대통령령으로 정한다(제66조 제1항). 당사자 또는 이해관계인 등은 금융
감독위원회의 회의에 출석하여 의견을 진술하거나 필요한 자료를 제출할 수 있다(제
66조 제2항).

(4) 이의신청

과징금 부과처분에 대하여 불복이 있는 금융지주회사 등은 그 처분의 고지를 받은 날부터 30일 이내에 그 사유를 갖추어 금융감독위원회에 이의를 신청할 수 있다(제67조 제1항). 금융감독위원회는 이의신청에 대하여 30일 이내에 결정을 하여야 한다. 다만, 부득이한 사정으로 그 기간 내에 결정을 할 수 없을 경우에는 30일의 범위 내에서 그 기간을 연장할 수 있다(제67조 제2항). 위 결정에 대하여 불복이 있는 자는 행정심판을 청구할 수 있다(제67조 제3항).

(5) 과징금납부기한의 연장 및 분할납부

금융감독위원회는 과징금을 부과받은 자(이하 "과징금납부의무자"라 한다)가 다음에 해당하는 사유로 과징금의 전액을 일시에 납부하기 어렵다고 인정되는 때에는 그 납부기한을 연장하거나 분할납부하게 할 수 있다. 이 경우 필요하다고 인정하는 때에는 담보를 제공하게 할 수 있다(제68조 제1항).
① 재해 등으로 인하여 재산에 현저한 손실을 입은 경우
② 사업여건의 악화로 사업이 중대한 위기에 처한 경우
③ 과징금의 일시납부에 따라 자금사정에 현저한 어려움이 예상되는 경우
④ 기타 제1호 내지 제3호에 준하는 사유가 있는 경우
과징금납부의무자가 제1항의 규정에 의한 과징금납부기한의 연장을 받거나 분할납부를 하고자 하는 경우에는 그 납부기한의 10일 전까지 금융감독위원회에 신청하여야 한다(제68조 제2항).
금융감독위원회는 제1항의 규정에 의하여 납부기한이 연장되거나 분할납부가 허용된 과징금납부의무자가 다음에 해당하게 된 때에는 그 납부기한의 연장 또는 분할납부결정을 취소하고 과징금을 일시에 징수할 수 있다(제68조 제3항).
① 분할납부 결정된 과징금을 그 납부기한 내에 납부하지 아니한 때

② 담보의 변경 기타 담보보전에 필요한 금융감독위원회의 명령을 이행하지 아니한 때

③ 강제집행, 경매의 개시, 파산선고, 법인의 해산, 국세 또는 지방세의 체납처분을 받는 등 과징금의 전부 또는 잔여분을 징수할 수 없다고 인정되는 때

④ 기타 제1호 내지 제3호에 준하는 사유가 있는 때

과징금납부기한의 연장, 분할납부 또는 담보 등에 관하여 필요한 사항은 대통령령으로 정한다.

(6) 과징금 징수 및 체납처분

금융감독위원회는 과징금납부의무자가 납부기한 내에 과징금을 납부하지 아니한 경우에는 납부기한의 다음날부터 납부한 날의 전일까지의 기간에 대하여 대통령령이 정하는 가산금을 징수할 수 있다(제69조 제1항).

금융감독위원회는 과징금납부의무자가 납부기한 내에 과징금을 납부하지 아니한 때에는 기간을 정하여 독촉을 하고, 그 지정한 기간 내에 과징금 및 제1항의 규정에 의한 가산금을 납부하지 아니한 때에는 국세체납처분의 예에 따라 이를 징수할 수 있다(제69조 제2항).

금융감독위원회는 과징금 및 가산금의 징수 또는 체납처분에 관한 업무를 국세청장에게 위탁할 수 있다(제69조 제3항). 과징금의 징수에 관하여 필요한 사항은 대통령령으로 정한다(제69조 제4항).

(7) 이행강제금

금융감독위원회는 제7조의2제2항 · 제8조의3제5항 · 제10조제2항 · 제10조의2제5항 · 제18조제3항 또는 제58조제1항제4호에 따른 주식처분명령을 받은 자가 그 정한 기간 이내에 당해 명령을 이행하지 아니하는 때에는 매 1일당 그 처분하여야 하는 주식의 장부가액에 1만분의 3을 곱한 금액을 초과하지 아니하는 범위 안에서 이행강제금을

부과할 수 있다(제69조의2 제1항).

　이행강제금은 주식처분명령에서 정한 이행기간의 종료일의 다음날부터 주식처분을 이행하는 날(주권 교부일을 말한다)까지의 기간에 대하여 이를 부과한다(제69조의2 제2항).

　금융감독위원회는 이행강제금을 징수함에 있어서 주식처분명령에서 정한 이행기간의 종료일부터 90일을 경과하고서도 이행이 이루어지지 아니하는 경우에는 그 종료일부터 기산하여 매 90일이 경과하는 날을 기준으로 하여 이행강제금을 징수한다(제69조의2 제3항). 제65조 내지 제69조의 규정은 이행강제금의 부과 및 징수에 관하여 이를 준용한다(제69조의2 제4항).

8. 금융지주회사 관련 감독제도의 개선의 필요성

　현재의 금융관련 감독은 지주회사에 관한 감독과 그 자회사에 관한 감독이 별개로 이루어지고 있어서 감독의 통일성이 미흡할 수 있다. 따라서 금융그룹에 대한 감독은 지주회사 특성상 연결기준에 의한 재무제표 등 연결감독과 개별감독의 병행·조화, 금융감독기구 내에서의 주감독부서 지정제도 등을 검토할 필요가 있다.[62]

　금융그룹의 통합을 지향하고 있는 금융지주회사에 있어서 사전규제는 완화하고, 회사내부통제 및 시장규율을 강화시켜서 시장 안에서 금융시스템의 안정 및 고객보호가 이루어지도록 하되, 시장실패나 그 징후가 발견되는 경우 금융감독기구가 사후적으로 감독·시정시키는 시스템으로 그 감독방향이 개선·발전되어야 할 것이다.[63] 이와 병

---

62) 同旨 : 양재호, 금융지주회사 규제에 관한 연구—입법론적 고찰을 중심으로—, 숭실대 박사학위논문, 2005.6, 202-203면. 미국의 금융지주회사는 이러한 기능별 감독을 하고 있다 (금감원, 금융지주회사법 해설, 2003, 15면 참조).

63) 기업내부 통제시스템에 의한 사전적 조정수단이 잘 작동되도록 하여 감독기관의 사후적 통제보다 더 중시되어야 한다는 견해도 같은 맥락이라 할 수 있다(김건식·노혁준, 지주회사의 운영과 회사법 : 총론적 고찰, 지주회사와 법(김건식·노혁준 편저), 小花, 2005, 318면).

행하여 연결감독, 주감독부서제, 금감위와 금감원으로 이원화된 조직의 단일화(통합), 감독기구 간의 견제와 균형 등 제도적 정비 및 운영이 필요하다고 주장하는 견해[64]에 귀를 기울여야 할 것이다.[65]

제9 벌 칙

1. 5년 이하의 징역 또는 2억 원 이하의 벌금

다음 각 호의 어느 하나에 해당하는 자는 5년 이하의 징역 또는 2억 원 이하의 벌금에 처한다(제70조 제1항).

① 금융지주회사요건에 해당되는 자로서 제3조, 제5조의2제2항 본문 또는 제57조제3항을 위반하여 인가를 받지 아니하거나 금융지주회사요건을 해소하지 아니한 자

② 제45조의2제1항 내지 제3항의 규정을 위반하여 주요출자자에게 신용공여를 한 자와 그로부터 신용공여를 받은 주요출자자

③ 제45조의3제1항의 규정을 위반하여 주요출자자가 발행한 주식을 취득한 자

④ 제45조의4의 규정을 위반한 자

⑤ 제48조의3제1항의 규정을 위반한 자

⑥ 제48조의3제2항의 규정을 위반하여 업무상 알게 된 정보를 누설하거나 업무목적 외로 이용한 자

⑦ 금융지주회사 등의 임·직원으로서 업무상 알게 된 개인신용정보 등을 당해 금융지주회사 등 외의 자에게 제공 또는 누설하거나 개인신용정보 등을 영업상의

---

64) 양재호, 금융지주회사 규제에 관한 연구―입법론적 고찰을 중심으로―, 숭실대 박사학위 논문, 2005.6, 203면.
65) 이용찬, 금융지주회사의 감독제도에 관한 연구(중앙대학교 박사학위논문, 2003), 200면 이하: 이영대, 금융지주회사 규제에 관한 연구, 상사법연구 제20권 제1호, 한국상사법학회, 2001, 657면 이하 참조.

목적 외로 이용한 자

2. 3년 이하의 징역 또는 1억 원 이하의 벌금

다음에 해당하는 자는 3년 이하의 징역 또는 1억 원 이하의 벌금에 처한다(제70조 제2항).

① 제7조제1항 또는 제2항을 위반하여 금융지주회사와 지배관계에 있거나 금융지주 회사와 지배관계를 해소하지 아니한 자

② 제43조의2제1항 또는 제3항 후단을 위반하여 주식소유기준 또는 금융감독위원회 가 완화하여 정한 소유기준 미만으로 자회사의 주식을 소유한 자

③ 제44조의 규정을 위반하여 주식소유한도를 초과하여 주식을 취득한 자

④ 제45조의 규정을 위반하여 신용공여한도를 초과하여 신용공여를 한 자

3. 1년 이하의 징역 또는 3천만 원 이하의 벌금

다음에 해당하는 자는 1년 이하의 징역 또는 3천만 원 이하의 벌금에 처한다(제70 조 제3항).

① 제15조의 규정을 위반한 자

② 제16조의 규정을 위반하여 승인을 받지 아니하고 자회사 등을 편입한 자

③ 제19조의 규정을 위반하여 손자회사를 편입한 자

④ 제43조제1항 또는 제3항의 규정을 위반하여 유가증권의 투자한도를 초과하여 투 자하거나 1년 이내에 해당 한도에 적합하도록 조치하지 아니한 자

⑤ 제46조의 규정을 위반하여 주식소유한도를 초과하여 주식을 취득한 자

⑥ 제48조의 규정을 위반한 자

⑦ 제60조의 규정에 의한 인가를 받지 아니하고 해산 또는 합병을 한 자

4. 6월 이하의 징역 또는 1천만 원 이하의 벌금

제18조의 규정을 위반하여 신고를 하지 아니하고 자회사 등을 편입한 자는 6개월 이하의 징역 또는 1천만 원 이하의 벌금에 처한다(제70조 제4항).

5. 양벌규정

법인의 대표자 또는 법인이나 개인의 대리인·사용인 기타 종업원이 그 법인 또는 개인의 업무에 관하여 제70조의 위반행위를 한 때에는 행위자를 벌하는 외에 그 법인 또는 개인에 대하여도 동조의 벌금형을 과한다(제71조).

6. 과태료

(1) 5천만 원 이하의 과태료

다음에 해당하는 자는 5천만 원 이하의 과태료에 처한다(제72조 제1항).
① 제5조의2제1항 또는 제8조제2항을 위반하여 보고를 하지 아니하거나 제6조의2제1항을 위반하여 신고를 하지 아니한 자
② 제5조의3을 위반하여 금융지주회사임을 표시하는 문자를 사용한 자
③ 제10조제2항에 의한 금융감독위원회의 명령을 위반한 자
④ 제10조의2제2항 또는 제45조의5제1항의 규정에 의한 자료제공 등의 요구에 응하지 아니한 자
⑤ 제45조의2제4항 또는 제45조의3제3항의 규정을 위반하여 이사회의 의결을 거치지 아니한 은행지주회사 등
⑥ 제45조의2제5항·제6항 또는 제45조의3제4항·제5항의 규정을 위반하여 금융감

독위원회에 대한 보고 또는 공시를 하지 아니한 은행지주회사 등

⑦ 제48조의2제4항 내지 제6항의 규정을 위반한 자

⑧ 제51조의2의 규정에 의한 검사를 거부·방해 또는 기피한 자

⑨ 그 밖에 이 법 또는 이 법에 의한 규정·명령 또는 지시를 위반한 금융지주회사

(2) 1천만 원 이하의 과태료

다음에 해당하는 자는 1천만 원 이하의 과태료에 처한다(제72조 제2항).

① 제39조의 규정에 위반한 자

② 제54조의 규정에 위반하여 업무보고서를 제출하지 아니하거나 허위로 작성한 자

③ 제55조의 규정에 위반하여 공고를 하지 아니하거나 허위로 공고한 자

④ 제56조의 규정에 위반하여 공시를 하지 아니하거나 허위로 공시한 자

⑤ 장부·서류의 은닉, 부실한 신고 기타의 방법에 의하여 이 법에 의한 검사를 기
   피 또는 방해한 자

⑥ 금융지주회사 등의 임직원이 이 법에 의한 서류의 비치·제출·보고·공고 또는
   공시를 게을리 한 자

⑦ 이 법 또는 이 법에 의한 규정·명령 또는 지시를 위반한 자

과태료는 대통령령이 정하는 바에 의하여 금융감독위원회가 부과·징수한다(제72조
제3항). 과태료처분에 불복이 있는 자는 그 처분의 고지를 받은 날부터 30일 이내에
금융감독위원회에 이의를 제기할 수 있다(제72조 제4항). 과태료처분을 받은 자가 이
의를 제기한 때에는 금융감독위원회는 지체 없이 관할법원에 그 사실을 통보하여야
하며, 그 통보를 받은 관할법원은 비송사건절차법에 의한 과태료의 재판을 한다(제72
조 제5항). 위 기간 내에 이의를 제기하지 아니하고 과태료를 납부하지 아니한 때에는
국세체납처분의 예에 의하여 이를 징수한다(제72조 제6항).

제4편 지주회사의 법적 쟁점

제1장 협의기구에 관한 법적 쟁점

제2장 지주회사의 기업지배구조

제1장 협의기구에 관한 법적 쟁점

제1 협의체의 법적 지위 및 권한과 책임

1. 협의체의 의의

협의체란 지주회사의 금융그룹 내 자회사 및 손자회사('그룹사')별로 법률적인 실체를 유지하면서, 그룹사의 사업부문을 고객별, 시장별, 상품별, 지역별 또는 기능별로 통합하여 운영 및 관리하기 위하여 구성한 조직체를 말한다. 이 협의체는 참가회사로 구성되고, 참가회사의 장으로부터 협의체에 속한 사업부문을 총괄하는 자로 위촉 받은 자인 협의체 참가회사의 부문장이 있다.

협의체는 독립적인 법인격을 갖고 있는 참가회사가 금융지주그룹 산하의 관계사와의 시너지를 극대화하기 위하여 참가회사의 대표가 협의체에 참가하는 부문장에게 그 특정 사업과 관련한 일체의 권한을 위임하고 그 결정에 따를 것을 서면 합의함으로써 성립하는 경영위임 계약의 일종이라 할 수 있다.

2. 협의체의 법적 성격

(1) 임시적 · 일시적 기구 여부

협의체가 지주회사를 정점으로 하는 금융그룹 내의 특정 사업을 목적으로 운영되다가 목적을 달성한 후에는 해산하는 임시적 기관인지에 대해 논란이 있을 수 있다. 협의체에서 운영하는 사업목적이 무엇이냐에 따라 일반 법인체의 조직과는 달리 일정기간 동안만 존재할 수도 있고, 오랫동안 조직처럼 운영될 수도 있다.

협의체는 독자적으로 협의체의 사업계획을 수립하고, 조직·인력·예산 등의 계획을 수립 및 운영이 가능하다는 점에서 일시적 기관으로 보기에는 한계가 있다. 따라서 일반적으로는 일반 법인체처럼 상시적 기관이라고 할 수 있을 것이다.

문제는 법인체를 갖지 않고 다른 법인체로부터 독립되어 독자적인 조직에 관한 운영과 사업을 영위하는 것이 가능한가에 대하여 문제가 되나 다른 참가회사를 통하여 그 의사를 집행하는 측면에서 불가능한 것은 아니라고 할 것이다.[66] 다만 참가회사의 입장에서는 각 지배기구, 즉 주주총회나 이사회 등에서 정해야 하는 사항을 임의로 위임할 수 있는지 여부와 위임할 수 있는 근거, 그 밖의 감독규정에 위반하는 사항이 없는지에 대해 검토가 이루어져야 할 것이다.

상법상 주주총회의 결의사항은 위임이 불가능하다고 할 것이나 완전지주회사의 경우에는 1인 주주만을 상정할 때 그 1인 주주의 의사가 주주총회의 의사결정이라고 할 수 있기 때문에 위임이 전혀 불가능한 것은 아니라고 할 것이다.

이사회의 결의사항에 대해서는 이사회가 위임을 하는 경우에는 가능하다고 해석할 것이다. 다만 그 이사회는 이사회 내 위원회의 결정을 번복할 수 있는 것처럼 협의체의 의견을 수용할 수도 있지만 번복할 수 있는 권한도 갖고 있다고 할 것이다.

---

[66] 지주회사가 하나의 사업부문으로 운영할 계획임에도 불구하고 자회사별 근로조건의 탄력성, 성과평가의 용이성을 고려하여 지주회사 형태를 택하는 경우도 있는 것을 상정하여 지주회사가 다양한 형태로 운영될 가능성이 있다는 점을 고려하여 지주회사의 모든 측면에 대해서 억지의 하나의 틀만을 요구하는 것은 바람직하지 않다는 의견이 있다(김건식·노혁준, 지주회사의 운영과 회사법 : 총론적 고찰, 지주회사와 법(김건식·노혁준 편저), 小花, 2005, 317면).

(2) 협의기구 여부

협의체에 참가하는 각 부문장이 권한이 제한적이고 각 참가회사들 간의 의견소통을 위한 기관으로 활용되고 금융그룹의 시너지 효과를 위한 협의기구에 불과하다고 본다면 협의체는 상법 및 금융관련 법상 독립적인 법적 기관이라고 보기에는 한계가 있다. 이렇게 본다면 협의체는 순수한 협의기구로서 법적 의미를 갖지 못한다.

일반적으로 협의체는 금융지주회사가 그룹차원에서 의사소통을 원활하게 하고 관련 참가회사의 적극적인 참여를 유도하기 위하여 조직한 일시적 협의기구에 불과하다고 할 것이고 대외적으로 대표권은 없다고 할 것이다. 즉 금융지주회사를 정점으로 하는 금융그룹사의 전체적인 시각에서 본다면 협의체는 하나의 업무를 위한 총괄조정 역할을 위한 기구 내지 부서에 불과하다고 할 것이다.

반면에 실질적으로 의사결정을 할 수 있고 그 의사결정에 참가회사가 그 결정에 따라야 한다면 경영권의 위임이 가능한가의 문제로 귀결된다. 그 경영의 전면적 위임은 불가하다고 해석하여야 하겠지만 일부의 위임은 가능하다고 해석하여야 할 것이다. 다만 수용여부에 대한 최종적인 선택은 그 참가회사의 이사회에서 결정하게 될 것이다.

결론적으로 협의체의 부문장은 각 회사의 장으로부터 일정부문의 위임을 받아 업무를 처리하면서 자기가 속한 회사의 장에게 수시로 보고하고 중요한 결정은 각 참가회사로부터 지시를 받는 것이 일반적일 것이므로 협의체가 완전히 참가회사의 의사결정을 구속시킬 수 있는 법적 효력은 인정하기 어려울 것이고, 일정부분 경영위임을 인정한다고 할지라도 그것의 최종적인 선택은 참가회사에서 자율적으로 결정하게 될 것이므로 참가회사는 그 결정에 따르지 않을 수도 있다고 할 것이고, 따르지 않음으로써 생기는 문제는 일반 법리로 해결하여야 할 것이다.

(3) 협의체가 지주회사 이사회의 특별위원회에 해당하는지 여부

운영할 사업부문의 영업과 관련하여서는 대표이사(대표이사의 하위전결권자로서 협의체 참가회사의 부문장을 초과하는 권한을 가진 자 포함)의 권한을 협의체 참가회사 부문장에게 위임하고 협의체 참가회사 부문장은 협의체장과 합의하여 그 권한을 행사할 수는 있으나(제5조 제1항), 협의체 참가회사 부문장은 위임 받은 사항에 대한 처리시 준법감시, 검사 및 리스크 관련 규정 등 협의체 참가회사의 제 내규를 준수하여야 하며 협의체 참가회사는 이의 준수여부를 감사할 수 있는 점(제5조 제2항)에 비추어 그룹지주회사의 이사회 내 특별위원회 방식으로 운영될 수도 있을 것이나 확정적으로 지주회사 이사회 내 특별위원회라고 단정 지을 수는 없고 협의체장과 지주사와의 관계를 고려하여 결정하여야 할 것이다.

(4) 부분적 포괄대리권을 가진 사용인에 관한 법리 적용여부

협의체에 참가하는 부문장은 상법 일반원리상 부분적 포괄대리권을 가진 사용인에 해당한다고 볼 수도 있으므로 이에 의한 법리가 유추 적용될 수 있을 것이다. 즉 부분적 포괄대리권을 가진 상업사용인이란 영업의 특정한 종류 또는 특정한 사항에 대한 위임을 받은 사용인을 말한다. 보통 회사의 과장·계장·대리 등의 명칭을 가진 상업사용인이 이에 해당한다.[67]

부분적 포괄대리권을 가진 상업사용인은 영업의 특정한 종류 또는 특정한 사항에 대한 재판 외의 모든 행위를 할 수 있다(상15). 부분적 포괄대리권을 가진 상업사용인은 ① 그 대리권이 특정사항에 관하여만 포괄성과 정형성을 갖는 점 ② 그 대리권은 재판상의 행위에는 미치지 않는 점에서 지배인과 구별된다.

부분적 포괄대리권을 가진 상업사용인은 특정한 영업이나 특정된 사항에 대하여 권

---

67) 도로공사를 도급 받은 회사에서 그 공사의 시공에 관련한 업무를 총괄하는 현장소장의 지휘 아래 노무, 자재, 안전 및 경리업무를 담당하는 관리부서장은 그 업무에 관하여 부분적 포괄대리권을 가지고 있다고 할 것이지만, 그 통상적인 업무가 공사의 시공에 관련된 노무, 자재, 안전 및 경리업무에 한정되어 있는 이상 일반적으로 회사의 부담으로 될 채무보증 또는 채무인수 등과 같은 행위를 할 권한이 있다고 볼 수는 없다(大判 1999.5.28, 98다34515).

한이 있기 때문에 특정된 영업이나 특정된 사항에 속하지 않는 행위를 한 경우 영업주가 책임을 지기 위하여서는 민법상의 표현대리의 법리에 의하여 그 상업사용인과 거래한 상대방이 그 상업사용인에게 그 권한이 있다고 믿을 만한 정당한 이유가 있어야 한다.[68]

협의체는 대내에서 의사결정 과정상의 문제이므로 부분적 포괄대리인에 관한 규정을 준용할 실익이 없을 것으로 판단되나 부문장이 참가한 협의체의 결정이 참가회사와 갖는 구속력에 대해서는 유추 적용될 수 있을 것이다.

3. 협의체 운영과 관련한 이슈

협의체 운영과 관련하여 본 합의서에서 정하지 아니한 사항에 대하여는 협의체 참가회사의 내규, 관련 법규 및 상관습에 따라 정한다고 되어 있다(협의체 제2조 제4항). 따라서 협의체는 협의체 조직 후에 협의체 운영과 관련한 운영규정을 제정할 수 있지만(제2조 제2항) 정하지 않는 경우에는 내규, 관련 법규 및 상관습에 따라 정할 수 있다. 다만 그 운영규정은 관련 법규 및 내규에 위반할 수는 없다고 할 것이다. 그 밖에 협의체는 인사 및 예산에 있어서 자율적인 결정을 할 수 있도록 하고 있다(제4조, 제6조 참조).

4. 협의체의 결정에 대한 구속력

제7조 제1항에 의하면 협의체에서 정한 사업계획 및 경영목표를 협의체장은 경영전략협의회에 상정하면 경영전략협의회에서 협의 및 결정을 하는 체계로 되어 있다. 따라서 경영전략협의회에서 협의체의 안건에 대해 거부할 수 있으며, 안건을 승인한 경우에는 금융지주회사와 합의하도록 하는 절차를 밟도록 하고 있다(제7조 제1항). 따라

---

68) 大判 1999.7.27, 99다12932

서 협의체에서 정한 안건은 경영전략협의회에 승인을 받은 후 금융지주회사와 합의하는 과정을 밟게 될 것이다.

경영전략협의회에 상정되는 안건은 협의체에서 정한 사업계획 및 경영목표이기 때문에 중요한 사항이라 할 수 있을 것이고 경영전략회의에서 1차로 그 여부에 대해 결정될 것이고 최종적으로 지주회사의 합의를 필요로 하기 때문에 협의체의 결정은 결국 상위 기관이라 할 수 있는 경영전략협의회 및 금융지주회사의 결정에 의한다고 할 수 있을 것이기 때문에 협의체의 결정이 추인을 받아야만 그 효력이 있다고 할 것이고 그 추인도 결국 대표자의 결정이라고 볼 수 있을 것이다.

이런 절차를 걸친 결정은 결국 참가회사의 대표이사의 자기결정의 의사로 볼 수 있을 것이고 부문장의 경영에 대한 의사결정에 법적 하자는 없을 것이며, 협의체에서 결정된 사항을 집행하는 과정에서 법규 위반의 경우에는 결국 참가회사의 내부문제에 불과하다고 할 것이고 협의체장의 불법 강요에 대해 면탈이 되는 것은 아니라고 할 것이다. 다만 협의체가 중요한 사항을 결정하고 있으므로 협의체장의 경영전략협의회에 안건으로 상정하는 것이 의무사항인지 명확하지 않으나 문리 해석상 협의체장의 자의적 판단인 것처럼 해석될 수도 있으므로 반드시 협의체의 결정에 대해 경영전략협의회 및 지주회사의 승인을 얻도록 하면 법적 관계가 명확할 것이다.

금융지주회사의 합의의 법적 성질이 무엇인지 명확하지 않으나 협의체가 금융지주회사 및 금융 그룹사를 총괄한 특별위원회의 성격을 갖는다면 금융지주회사의 합의는 승인의 의미를 갖는다고 할 것이다. 그러나 경영전략회의가 안건에 대한 실질적인 결정을 할 수 있는 권한이 있고, 그 안건의 성질이 경영에 관한 것이라면 금융지주회사의 합의는 승인이 아닌 법적 구속력이 없는 추인에 불과하다고 할 것이다.

결론적으로 문리해석상 합의는 승인을 의미한다고 할 것이다. 다만 협의체 → 경영전략협의회 → 금융지주회사로 이어지는 계통에서도 참가회사가 다른 결정을 할 경우에는 그 참가회사의 경영진에 대한 금융지주회사의 정당한 법적 절차를 통한 해임 등의 징계는 별론으로 하고 참가회사의 독자적인 결정에 기한 업무집행은 법적 효력을 잃지 않는다고 할 것이다. 즉 금융지주회사는 구체적인 경영에 대해서는 자회사를 지시할 법적 근거는 없다고 할 것이고 이 지시에 불복하는 경우에 금융지주회사는 모회사로서 자회사의 경영진에 대한 선임 및 해임을 통하여 경영을 지배할 수 있을 뿐이다.[69]

5. 협의체의 결의에 대한 각 참가회사에 대한 구속력

협의체장에 의하여 경영전략협의회에 상정, 협의되고 금융지주와 합의한 협의체의 사업계획 및 경영목표를 협의체 참가회사의 사업부문별 사업계획 및 경영목표로 함에 합의한다(제7조 제1항). 뿐만 아니라 각 참가회사 즉 ㈜○○은행, □□증권㈜ 및 △△증권㈜은 제1항의 사업계획 및 경영목표의 평가에 대하여 ㈜○○금융지주가 정한 프로세스를 수용한다고 되어 있다(제7조 제2항). 따라서 각 참가회사는 지주회사가 정한 프로세스를 수용하여야 하기 때문에 결국은 지주회사의 지시를 따라야 할 의무가 있다고 해석될 수 있다.

이를 뒷받침할 수 있는 근거는 협의체의 규약의 역할을 하는 합의서를 ㈜○○은행, □□증권㈜ 및 △△증권㈜이 ㈜○○금융지주의 자회사의 지위를 상실하는 경우 그 회사에 대하여 효력을 상실한다고 하고 있다. 따라서 결국은 지주회사의 자회사로서의 지주회사의 효율적 경영통제에 따라야 하지만 자회사의 지위를 떠난 경우에는 지주회사의 지시를 따라야 할 근거를 상실한다고 할 수 있다.

---

69) 同旨 : 자회사 등의 경영관리 업무를 영위할 수 있다고 해서 금융지주회사가 자회사 등의 경영에 직접 관여하는 것은 아니다. 자회사 등도 각각 주주총회 및 이사회 등 의사결정기구가 있으므로 금융지주회사가 자회사 등의 경영관리에 관하여 결정한 사항이라도 형식적으로는 각 자회사 등의 주주총회나 이사회에서 이를 수용하여 결정하는 절차를 거쳐야 한다. 그러나 금융지주회사가 자회사의 최대주주이기 때문에 자회사 등은 금융지주회사의 결정을 수용할 것이다(금감원, 금융지주회사법 해설, 2003, 109면, 각주 71)).

6. 소결론

(1) 협의체의 법적 지위

협의체의 법적 지위는 법적으로 독립하여 권한을 행사할 수 있는 것은 아니며, 금융지주회사 그룹 내의 특정 사업부문에 대하여 협의하는 기관으로서 일시적 또는 장기적으로 참가회사나 금융지주회사의 대표권을 갖지 않으면서 협의체의 결정이 참가회사나 지주회사를 사실상 구속할 수는 있지만 법률적으로 구속할 수 있는 것은 아니라고 할 것이다. 다만 경영위임계약 등의 계약서를 작성하여 경영위임의 형태로 운영되는 경우에는 법률적으로 구속될 수도 있을 것이다.

각 참가회사의 부문장은 각 회사의 내규 등에 따르며, 그 부문장으로 구성된 협의체는 그룹지주회사의 이사회 내 위원회의 역할을 한다고 할 것이다. 다만 구성원이 이사들이 아니기 때문에 이사회 내 위원회가 아니라 하나의 특별 작업반(T/F)의 역할을 한다고 할 것이다.

따라서 협의체의 결정은 경영전략협의회에서 번복될 수 있고, 지주회사의 합의를 얻지 못하는 경우에는 그 뜻이 관철될 수 없을 것이고 각 참가회사는 그 협의체의 결정에 따라 업무를 집행할 수 없을 것이다. 최종적으로 지주회사가 합의를 하는 경우에는 그 협의체의 결정은 각 참가회사의 의사결정에 영향을 미치며, 사실상 이에 구속된다고 할 것이다.

(2) 협의체에 파견된 부문장에게 참가회사의 대표권의 위임 가능여부

참가회사의 대표가 특정 부문에 대하여 협의체에서 결정하도록 권한을 위임하는 것은 법리상 별 문제가 없어 보인다. 그 참가회사의 대표 권한도 지주회사는 1인 법인이사의 지시에 순응할 수밖에 없는 관계에서는 더욱 그렇다. 참가회사의 대표가 권한을 위임하였고 그 위임에 근거한 의사결정은 대표의 의사로 보이는 것이기 때문에 법리적으로 문제는 없어 보인다.

(3) 협의체의 결정된 사항의 참가회사에의 구속력

협의체의 결과, 경영전략협의회의 승인, 지주회사의 합의에 대해 참가회사가 거부권을 행사할 수 있는지에 대해 독립된 법인의 실체상 참가회사의 대표이사는 거부권을 행사할 수는 있을 것이다. 그러나 지주회사라는 특수한 관계상 지주회사의 이사회의 결정이 자회사의 주주총회의 역할을 하는 것과 동일한 효력이 있는 환경하에서는 지주회사 이사회는 언제든지 자회사의 대표이사를 포함한 이사를 해임할 수 있다고 해석되므로 사실상 구속되는 효과가 있을 것이다.

(4) (부분포괄적) 경영위임의 가능성

금융지주회사라는 특수한 환경하에서는 부분적인 포괄적 경영을 위임할 수 있다고 할 것이다. 금융지주회사법 시행령 제11조에는 지주회사의 자회사에 대한 업무 지시권을 규정하고 있다. 따라서 지주회사의 명시적 또는 묵시적 승인하에서는 일반 독립된 법인과는 달리 경영의 위임도 가능하다고 보아야 할 것이며 그것이 법의 취지라고 해석하여야 할 것이다.

더욱이 금융지주회사 설립자체가 금융사 간 시너지 효과의 극대화를 유발하기 위한 제도라는 점에서 그렇다. 시행령 제11조에 대한 금감원의 해설자료에 의하면 평가방법에 대하여 사업부별로 이루어질 수 있다라고 한 것은 개별법인 자체에 대한 독립사업 활동을 염두에 둔 것이 아니라 그룹 전체 간 매트릭스 구조의 경영도 가능하도록 하고 있다는 것을 반증하는 것이다. 또한 그것에서 발생하는 책임을 지주회사가 부담하고 있는 것과 같은 맥락이다.

(5) 협의체 운영과 관련한 해결방안

1) 지주회사의 승인 또는 대표 선임을 통한 적극적 개입

협의체의 운영 및 의사결정을 현행대로 유지하면서 지주회사에서 승인하면 문제가 없다. 따라서 지주회사의 합의라고 하지 말고 명시적으로 승인으로 표현을 바꾸든지 아니면 협의체에 적극 개입할 대표를 선임하는 것도 하나의 방법이다. 합의라고 하여 지주회사의 이사회가 책임에서 자유로운 것도 아니며, 업무집행지시자의 책임 법리라든가, 지주회사 구조상 지주회사의 이사회가 자회사의 책임에 대해서도 부담한다고 해석되는 경우에는 보다 적극적이며 명시적으로 개입하는 것이 바람직스럽다.

2) 현행처럼 운영되어도 문제는 없어 보임

각 참가회사의 대표가 참가회사의 부문장에게 협의체에서의 일체의 권한을 위임하였고 그것이 금융지주회사의 그룹차원에서 결정되는 이상 그 협의체가 법적 실체를 인정할 수 없는 조직이어서 책임을 묻기에는 부적당하지만 그렇다고 그것이 법적으로 금지되는 조직은 아니라고 보인다.

참가회사의 대표이사의 권한 역시 지주회사의 이사회의 결정에 구속될 수밖에 없는 구조하에서는(구체적 업무집행에 대해서는 직접 지시를 받아야 할 의무는 없다 할지라도) 협의체에서 결정된 사항은 지주회사 이사회의 결정으로(경영전략협의에서 승인되고 지주회사의 합의를 얻은 경우) 의제할 수 있는 상황하에서는 현행처럼 운영하여도 별 문제는 없다고 생각된다.

독립된 법인의 경영위임도 부분적 포괄대리권을 수여하는 경우에는 그 의사표시에 의해 부문장의 결정은 대표이사의 결정으로 의제될 수 있는 것이고, 그에 대한 책임 역시 대표이사가 진다는 점에서 경영위임이 불가하다고 해석할 수는 없는 것이다. 그것이 지주회사라는 구조에서는 더욱 그렇다.

각 참가회사의 부문장으로 구성된 협의체의 결정이 참가회사의 대표의 뜻과 상반되더라도 협의체의 결정이 지주회사그룹의 계열사가 참여하는 경영전략협의회에 안건이 상정되어 승인을 받고 지주회사와 합의를 받게 되기 때문에 그룹사의 총괄적인 책임을 지는 지주회사의 합의에 의한 효력이 개별금융 계열사의 의사보다 우선하는 효력이 있다고 할 것이다. 개별회사가 협의체의 결정과 반대되는 결정 내지 집행을 하는 경우에는 지주회사는 언제든지 자회사의 경영진을 해임할 수 있기 때문에 강제적으로도 지주회사의 결정이 집행될 수밖에 없다고 할 것이다. 참가회사의 대표는 단지 스스로의 책임으로 협의체 참가를 거부할 수 있고 그에 대한 책임은 일반 상법 및 금융지주회사법제의 법리에 따라 지주회사의 경영진이 판단하게 될 것이다.

3) 상법 및 금융 관련법상 경영위임이 금지되는 사항

상법 및 금융 관련법상 경영위임이 금지되는 사항은 경영위임이 불가하다고 할 것인바 그러한 사항은 상법의 주주총회 권한 및 이사회의 권한은 원칙적으로 권한 위임이 불가하다고 할 것이다. 그러한 사항으로는 다음과 같은 것이 있다.

다만, 협의체에서 결정하는 사항은 주주총회나 이사회의 결의사항은 아니라고 판단되며, 주총특별결의에 의하면 영업전부의 임대 또는 경영위임도 가능하므로 일정한 경우에는 협의체에 주주총회의 결의사항이나 이사회 결의사항의 위임이 가능하다고 할 것이다.

☞ 주주총회의 특별결의사항
1. 신설합병의 경우 설립위원의 선임(175조 2항)
2. 영업의 전부 또는 중요한 일부의 양도(374 1.1)
3. 영업전부의 임대 또는 경영위임(374 1.2)
4. 타인과 영업의 손익전부를 같이하는 계약 기타 이에 준할 계약의 체결·변경 또는 해약(374 1.2)
5. 다른 회사의 영업전부의 양수(374 1.3)
6. 사후설립(375)

7. 이사·감사의 해임(385 1항, 415조)

8. 주식의 할인발행(417 1항)

9. 정관의 변경(434조)

10. 자본의 감소(438조)

11. 주주 이외의 자에 대한 전환사채·신주인수권부사채의 발행(513조 3항, 516조의
    2 제4항)

12. 회사의 해산(518조)

13. 회사의 계속(519조)

14. 회사의 합병(522조)

15. 보험회사가 관리위임계약을 체결하는 경우(보험업법 99조)

16. 청산 중의 회사나 파산선고 후의 회사가 정리절차의 개시신청을 할 때(회정 31조)

17. 주주 이외의 자에게 이익참가부사채를 발행함에 있어서 정관에 규정이 없을 때
    (자육령 7조 3항)

☞　주주총회 특수결의사항

1. 유한회사로의 조직변경 (100% 결의)

2. 이사·감사·발기인의 회사에 대한 책임의 면제(총주주의 동의; 100% 동의)

3. 모집설립·신설합병 시의 창립총회(출석의결권의 2/3 이상, 단 주식총수의 1/2
   이상)

☞　주주총회 보통결의 사항

　보통결의사항은 상법이나 정관에서 특별결의사항이나 특수결의사항으로 정한 이외
의 모든 사항이다(상 368①).

☞　이사회의 권한

　이사회는 첫째로 법령 또는 정관에 의하여 주주총회의 권한으로 되어 있는 사항을

제외하고는 회사의 모든 업무집행에 관하여 의사결정을 할 권한(상 제393조 제1항)과 둘째로 이사의 직무집행을 감독할 권한을 갖는다. 상법이 이사회의 결의사항으로 규정한 것으로는 다음과 같은 것이 있다.

1. 주주총회의 소집(상 제362조)

2. 대표이사의 선임과 공동대표의 결정(상 제389조)

3. 이사회소집권자의 특정(상 제390조 제1항),

4. 지배인의 선임·해임과 지점의 설치·이전·폐지(4 제393조 제1항)

5. 이사의 경업거래와 겸직의 승인 및 경업의 경우의 개입권의 행사(상 제397조)

6. 이사의 자기거래의 승인(상 제398조)

7. 신주발행사항의 결정(상 제416조)

8. 준비금의 자본전입(상 제461조)

9. 사채의 모집(상 제469조),

10. 전환사채 및 신주인수권부사채의 발행(상 제513조, 제516조의2) 등

특별법이 이사회의 결의사항으로 규정한 것으로는, 주권상장법인이 정관이 정하는 바에 따라 일반 공모증자에 관하여 결의를 하는 경우 등이 있다. 또 상법 또는 정관에 이사회의 권한사항으로 규정된 것이 아니라 하여도 상법 또는 정관의 규정에 의하여 주주총회의 권한사항으로 규정한 것이 아니면, 업무집행에 관한 의사결정권한은 전부 이사회의 권한사항이다.

7. 새로운 대안 모색

(1) 새로운 대안

지주회사가 실질적으로 자회사를 통제하는 방법으로 생각할 수 있는 것 중 전통적

인 방법인 자회사 주주총회에서의 의결권 행사 및 감사의 자회사 조사권 외에도 여러 가지를 생각할 수 있다. 이러한 방법으로는 ① 경영자원의 배분을 통한 영향력 행사 ② 임원겸임을 통한 영향력 행사 ③ 자회사와의 계약을 통한 지배가능성 ④ 정관 기타 내부규정으로 지주회사의 권한을 인정하는 방안 등이 있다.[70]

(2) 임원겸임을 통한 영향력 행사

금융지주회사법상 지주회사의 임원이 자회사 등의 임원이 될 수 있다(제39조). 따라서 임원겸임을 통한 영향력 행사는 지주회사의 임원이 자회사의 임원을 겸임하도록 하여 실질적으로 지주회사의 그룹 전체의 목표에 맞추어 자회사가 운영될 수 있도록 할 수 있을 것이다. 이러함 임원겸임 제도는 효율성에서는 성과를 기대할 수 있으나 이해가 충돌되는 등의 경우에는 소기의 성과를 기대하기가 힘들 것이다.

(3) 경영계약 등

상법은 회사가 ① 영업의 전부 또는 중요한 일부의 양도 ② 영업전부의 임대 또는 경영위임, 타인과 영업의 손익전부를 같이하는 계약 기타 이에 준할 계약의 체결, 변경 또는 해약 ③ 다른 회사의 영업전부의 양수 ④ 회사의 영업에 중대한 영향을 미치는 다른 회사의 영업 일부의 양수를 함에는 주주총회의 특별결의가 있어야 한다고 규정하고 있다(제374조).

이 중에서 영업전부의 임대 또는 경영위임, 타인과 영업의 손익전부를 같이하는 계약 기타 이에 준할 계약에는 주주총회의 특별결의를 얻으면 가능하므로 금융지주회사의 경우에도 지주회사가 자회사와 위와 같은 계약을 체결하여 할 수 있으므로 협의체에 대한 영업전부의 임대 또는 경영위임이 가능하다고 할 것이다.

---

70) 김현태·김학훈, 자회사에 대한 실효적 지배를 위한 법적 수단, 지주회사와 법(김건식·노혁준 편저), 小花, 2005, 321-343면 참조.

경영위임계약이라 함은 수임자인 제3의 경영자가 자기의 계산으로 그러나 위임회사의 수권하에 위임회사 명의로 그 영업을 수행하는 것을 내용으로 하는 채권계약이다. 이것은 임대차 이외의 방법으로 위임회사의 모든 영업을 제3의 경영자에게 이용토록 하는 계약으로서 개념상으로는 영업임대차 및 경영관리계약의 상위개념이다.[71]

영업의 임대라 함은 인적·물적 요소가 유기적으로 결합된 기능적 일체로서의 영업, 즉 전술한 영업양도에 있어서와 동일한 의미의 영업을 그 동일성을 유지하면서 타인에게 임대하는 계약을 말한다. 영업 일부의 임대차도 포함된다고 본다.[72]

타인과 영업의 손익 전부를 같이하는 계약이라 함은 어느 회사가 일정기간 다른 자와 영업상의 손익을 합산하여 합의된 기준에 따라 그 결과로서의 이익을 분배 또는 손실을 분담하는 계약을 말한다. 타인과 영업의 손익 전부를 같이하는 계약은 손해공동계약 혹은 이익공동계약으로서 민법상의 조합계약이다. 따라서 계약에서 합의되지 아니한 부분에 대하여는 민·상법의 계약에 관한 일반 규정, 특히 민법의 조합에 관한 규정이 적용된다.[73]

---

71) 경영위임계약은 단지 제3의 경영자가 위임회사의 수권을 받아 위임회사의 명의로 영업을 수행한다는 점에서만 영업의 임대차와 차이가 날 뿐 그 이외의 점에서는 영업임대차와 같아, 이를 내부 임대차라 하기도 한다(권기범, 「(제2판)기업구조조정법」, 서울 : 삼지원, 1999), 519면).

72) 이러한 영업의 임대차계약은 대부분 지배종속회사 사이에 체결되기 때문에, 임대회사가 받아야 하는 차임을 둘러싸고 임대회사의 소수파 주주나 채권자의 지위를 해할 우려가 크다. 따라서 상법은 주주총회의 특별결의를 거치도록 하고 있다(商 제374조). 다만 제374조에 적용되는 것은 영업의 전부 또는 중요한 일부의 양도이므로 중요하지 않은 영업의 양도는 주주총회의 승인을 얻지 않아도 된다고 반대해석이 가능하지만, 그 판단은 理事會가 할 수밖에 없다. 그러나 理事會의 자의적인 판단에 의해서만 해결할 문제는 아니고 해석상 대부분의 모든 영업임대계약은 주주총회의 승인을 얻도록 하여야 할 것이다.

73) 권기범, 「(제2판)기업구조조정법」, 서울 : 삼지원, 1999), 521-522면. 기타 이에 준하는 계약으로는 ① 경영관리계약 혹은 경영도입계약 ② 지배계약 ③ 이익이전계약 등에 대해서는 나승성, 회사지배구조론, 도서출판 자유, 2000.1, 252면 이하 참조.

(4) 협의체장의 법적 책임의 명확화

협의체에 관한 합의서에 의하게 될 때 협의체장의 법적 지위가 명확하지 않고 실제로 집행을 하게 되는 각 개별금융기관의 장은 그 집행으로 인하여 책임을 지게 되는 경우가 발생할 수 있다. 그러나 협의체장의 불법 내지 그릇된 판단으로 인하여 책임을 져야 하는 경우가 발생할 수도 있지만 가상조직처럼 운영되는 속성상 그 책임을 지우는 것이 쉽지 않다. 따라서 그 협의체장의 책임에 관한 명확한 근거를 마련하여야 할 것이다.

제2장 지주회사의 기업지배구조

제1 금융지주회사의 자회사 관리

1. 금융지주회사의 자회사에 대한 역할

금융지주회사는 자회사의 경영관리 업무와 그에 부수하는 업무 외에 영리를 목적으로 하는 다른 업무를 영위할 수 없다(제15조). 이 법에서는 금융지주회사의 업무를 금융그룹의 영업전략 수립 및 자회사 영업전략 간의 조정 등 자회사의 경영관리 업무와 이와 관련된 부수업무로 한정하여 순수지주회사만을 허용하고 있다. 따라서 금융지주회사의 구체적인 업무는 다음과 같이 요약될 수 있다(지주회사법 시행령 제11조 참조).[74]

2. 금융지주회사의 자회사 및 손자회사의 경영관리에 관한 업무

(1) 자회사 등에 대한 사업목표의 부여 및 사업계획의 승인

금융지주회사는 그룹전체의 관점에서 사업목표를 설정하고 이에 따라 각 자회사 등에게 개별적 사업목표를 부여할 수 있다. 각 자회사 등은 할당된 사업목표에 대하여 영업현장의 실정에 맞는 사업계획을 수립하며 금융지주회사는 이에 대하여 승인을 할 수 있다.

---

74) 금감원, 금융지주회사법, 2003, 109-112면.

(2) 자회사 등의 경영성과의 평가 및 보상의 결정

금융지주회사는 자회사 등의 경영실적을 평가할 수 있으며 그 평가결과에 따라 각 자회사 등의 사업목표를 수정하거나 자원을 배분할 수 있다. 경영실적의 평가는 단순히 자회사별로 이루어질 수도 있으며, 자회사 등을 기능 또는 지역을 기준으로 구분한 사업부별로 이루어질 수도 있다.

현재 우리나라의 금융지주회사는 대부분 자회사별 실적평가를 하고 있으나, 외국의 대형 금융지주회사들은 사업부별 실적평가를 하는 경우가 많다. 금융지주회사는 또한 자회사 등의 임원 및 직원의 보상수준도 결정할 수 있다.

(3) 자회사 등에 대한 경영지배구조의 결정

금융지주회사는 그룹전체의 관점에서 이익을 극대화할 수 있는 사업구조를 결정할 수 있다. 자회사 등의 사업구조는 개별 회사별로 운영할 수도 있고 자회사 등을 몇 개의 사업부로 구분하여 기능별 또는 지역별로 운영할 수도 있다. 또한 자회사의 최대주주로서 주주총회를 개최하여 자회사 경영실적 평가결과 등을 반영하여 임원진을 구성할 수 있다(상법 제382조, 제385조).

(4) 자회사 등의 업무와 재산상태에 대한 검사

금융지주회사는 자회사 등의 업무와 재산상태에 대한 검사를 통해 자회사 등의 법규준수 여부 및 경영상태 등에 대하여 자율적 감사업무를 수행하며 자회사 등의 평가자료를 확보할 수 있다. 또한 자회사 등이 리스크에 과도하게 노출되는 등 잘못 운영되고 있을 경우에는 적절한 시정조치를 할 수 있다. 이에 따라 이 업무는 금융지주회사의 자회사 등에 대한 지배력을 강화시키는 수단으로 활용될 수 있다.

(5) 경영관리 업무의 부수하는 업무

금융지주회사는 위의 경영관리 업무와 관련한 부수업무를 수행할 수 있다.

3. 경영관리에 부수하는 업무

금융지주회사는 경영관리에 부수하는 업무를 통해 자회사 등의 영업을 지원한다. 자회사 등의 경영관리 업무는 그룹전체의 이익극대화를 위해 수익창출이나 리스크관리체제 구축 등 그룹전체의 경영을 주도하는 업무인 반면, 부수업무는 주로 금융지주회사가 자회사 등의 후선업무를 담당함으로써 비용측면의 시너지 효과를 제고하는 역할을 한다.

(1) 자회사 등에 대한 자금지원

금융지주회사는 자회사 등에 대한 자금지원을 통해 자회사 등의 영업을 지원할 수 있다. 자회사 등은 외부에서 자금을 조달하는 것보다 유리한 조건으로 금융지주회사로부터 영업에 필요한 자금을 지원받을 수 있을 것이다. 그러나 금융지주회사가 자회사 등에 대하여 부당한 지원행위[75]는 할 수 없다(공정거래법 제23조 제1항 7호).[76]

---

75) 공정거래법시행령 제36조 제1항 별표1 10. 부당한 자금·자산·인력의 지원
    법 제23조(불공정거래행위의 금지)제1항제7호에서 "부당하게 특수관계인 또는 다른 회사"에 대하여 "가지급금·대여금·인력·부동산·유가증권·무체재산권 등을 제공하거나 현저히 유리한 조건으로 거래하여 특수관계인 또는 다른 회사를 지원하는 행위"라 함은 다음 각목의 1에 해당하는 행위를 말한다.
    가. 부당한 자금지원 : 부당하게 특수관계인 또는 다른 회사에 대하여 가지급금·대여금 등 자금을 현저히 낮거나 높은 대가로 제공 또는 거래하거나 현저한 규모로 제공 또는 거래하여 과다한 경제상 이익을 제공함으로써 특수관계인 또는 다른 회사를 지원하는 행위
    나. 부당한 자산지원 : 부당하게 특수관계인 또는 다른 회사에 대하여 부동산·유가증

(2) 자회사에 대한 출자 또는 자회사 등에 대한 자금지원을 위한 자금조달

금융지주회사가 자회사에 출자하거나 자회사 등에 대한 자금지원을 하기 위한 자금을 보유하지 못한 경우 외부로부터 자금을 조달하여 이를 자회사 등에게 제공할 수 있다. 일반적으로 금융지주회사의 신용등급은 자회사 등의 신용등급의 평균수준일 것이다. 금융지주회사보다 신용등급이 높은 자회사 등은 직접 자금을 조달하는 것이 유리하겠지만, 그렇지 못한 자회사 등은 금융지주회사가 조달한 자금으로 지원하는 것이 유리할 것이다.

(3) 자회사 등과의 공동상품의 개발·판매 및 설비·전산시스템 등의 사무지원

금융지주회사는 이 업무를 통하여 그룹의 시너지효과를 창출하는 데 기여할 수 있다. 자회사 등이 공동으로 상품을 개발하는 데 필요한 장소 제공 등 각종 사무지원을 할 수 있고, 판매수익의 배분과 관련하여 자회사 간 이해상충이 발생할 경우 금융지주회사가 중재·조정할 수 있을 것이다. 자회사 등이 설비 및 전산시스템을 공동으로 사용할 필요가 있는 경우에도 금융지주회사는 전산시스템의 표준화 작업 등을 통해 이를 지원할 수 있을 것이다.

권·무체재산권 등 자산을 현저히 낮거나 높은 대가로 제공 또는 거래하거나 현저한 규모로 제공 또는 거래하여 과다한 경제상 이익을 제공함으로써 특수관계인 또는 다른 회사를 지원하는 행위
  다. 부당한 인력지원 : 부당하게 특수관계인 또는 다른 회사에 대하여 인력을 현저히 낮거나 높은 대가로 제공하거나 현저한 규모로 제공하여 과다한 경제상 이익을 제공함으로써 특수관계인 또는 다른 회사를 지원하는 행위
76) 다만, 금융지주회사법에 의한 완전지주회사가 완전자회사에게 자신의 조달금리 이상으로 자금지원을 하는 경우는 부당한 지원행위로 보지 않는다(부당한지원행위의심사지침 IV.3.마).

(4) 기타 법령에 의하여 인가·허가 또는 승인 등을 요하지 아니하는 업무

금융지주회사의 부수업무를 모두 나열하지 못함에 따라 부수업무로 간주될 수 있는 업무를 포괄하여 규정하고 있다. 법령에 의하여 인가·허가 또는 승인 등을 요하지 않는다고 해서 모두 부수업무가 되는 것은 아니고 사회통념상 자회사의 경영관리 업무에 부수하는 업무로 인정될 수 있어야 할 것이다.

4. 금융지주회사와 자회사 간의 새로운 지배구조 모색

(1) 지주회사의 자회사에 대한 지배의 본질론

현행법상 지주회사가 자회사를 '지배'한다는 것은 단순히 자회사의 주주총회에서 의결권 행사나 지주회사와 자회사 임원 사이의 사실상의 관계 등을 통한 사실상 또는 간접적인 영향력을 행사하는 것에 그치는 것이 아니라, 지주회사가 자회사가 영위하는 사업 전반의 중요사항을 직접 결정하고 이를 관리한다는 것을 의미한다.

이를 위해서는 지주회사가 적어도 자회사의 중요한 의사결정을 지시하고 관여할 수 있게 하는 것이 필요하다고 보아야 할 것이다. 지주회사가 자신에게 속하는 자회사의 사업전반에 대한 중요한 결정에 관여하거나 지시할 수 없다고 한다면, 사실상 지주회사는 이미 그 존재의 이유가 없다고 할 것이다.[77]

(2) 지주회사에 의한 지배수단

지주회사의 자회사에 대한 지배수단으로는 ① 자회사 주주총회에서의 의결권 행사

---

77) 김문재, 순수지주회사의 허용과 관련법제의 대응방향, 연구논단, 1998, 417-418면; 황승화, "지주회사제도 해설", 상장협실무전집25(2004.2), 한국상장회사협의회, 121면.

② 경영자원의 배분을 통한 영향력 행사 ③ 임원겸임을 통한 영향력 행사 ④ 감사의 자회사 조사권 행사 ⑤ 자회사와의 계약을 통한 지배가능성 ⑥ 정관 기타 내부규정으로 지주회사의 권한을 인정하는 방안 등이 있다.[78]

제2 지주회사와 자회사의 지배구조

1. 지주회사와 자회사의 지배구조 개관

지주회사와 자회사의 관계는 기본적으로 모자회사 관계이다. 다만 모회사가 자회사의 주식 전부 또는 과반수이상의 주식을 가지고 자회사에 대해 영향력을 행사하는 점에서 주식에 대한 상호보유 및 의결권행사가 제한되는 상법상 모자회사 관계와 차이가 있다.

2. 상법상 모자회사 법제

(1) 모자회사 관계

모회사가 자회사의 발행주식 총수의 100분의 50을 초과하는 주식을 소유하는 경우에는, 자회사는 원칙적으로 모회사의 주식을 취득할 수 없다(상 제342조의2 제1항). 또한 제3회사의 발행주식 총수의 100분의 50을 초과하는 주식을 모회사 및 자회사가 소유하거나 또는 자회사가 소유하는 경우에도, 손회사를 조모회사의 자회사로 의제하여 제3회사에 의한 모회사의 주식취득도 원칙적으로 금지하고 있다(상 제342조의2 제3항).[79]

---

78) 이와 관련된 법적 문제점으로는 김현태·김학훈, 자회사에 대한 실효적 지배를 위한 법적 수단, 지주회사와 법(김건식·노혁준 편저), 小花, 2005, 321-343면 참조.

79) 상법에는 명문의 규정이 없지만 증손회사도 증조모회사의 자회사로 보아 증손회사는 증조

(2) 주식취득제한

자회사가 모회사의 주식을 취득할 수 없으므로 자회사는 자기주식과 마찬가지로 누구의 이름으로 취득하든 자회사의 계산으로 취득하는 한 금지된다고 보아야 하며 명의개서 여부는 묻지 않는다.[80]

예외적으로 자회사가 모회사의 주식을 취득할 수 있는 경우가 있는데 ① 자회사가 모회사의 주식을 갖고 있는 다른 회사와 흡수합병하거나 영업 전부를 양수하는 경우와 ② 회사의 권리를 실행함에 있어 그 목적을 달성하기 위하여 필요한 경우에는, 자회사는 모회사의 주식을 예외적으로 취득할 수 있다(상 제342조의2 제1항 제7호~제2호). 이러한 경우에 자회사는 모회사의 주식을 취득한 날로부터 6개월 이내에 처분해야 한다(상 제342조의2 제2항).

자회사가 예외적으로 모회사의 주식을 취득하는 경우에 자회사는 그 주식에 대하여 의결권뿐만 아니라(상 제369조 제3항 참조), 명문의 규정은 없지만 의결권 이외의 공익권 및 자익권에 대해서도 자기주식을 취득한 경우와 같이 일체의 주주권이 휴지된다고 본다(통설). 자회사의 이사 등이 모회사의 주식을 취득한 경우 및 예외적으로 취득한 경우에도 일정한 기간 내에 처분하도록 하는 규정을 위반한 경우에는 회사(상 제399조) 및 제3자에(상 제401조) 대하여 손해배상책임을 부담하는 외에, 2,000만 원 이하의 벌금형의 제재를 받는다(상 제625조의2).

(3) 비모자회사 관계

모자회사 관계에 있지는 않지만(즉 100분의 50 이상이 아닌 경우) 회사가 다른 회

모회사의 주식취득이 금지되는지 여부에 대해 학설은 긍정설(다수설)과 부정설(소수설)로 나뉘어 있다.

[80] 자회사가 모회사의 주식을 취득한 경우에, 그 취득행위의 사법상 효력에 대해 ① (절대적) 무효설 ② 상대적 무효설(자회사의 모회사 주식취득은 상대방의 선의·악의를 불문하고 무효이나 선의의 제3자 예컨대, 전득자나 압류채권자 등에 대해서는 대항하지 못한다) ③ 유효설이 있다.

사의 주식의 10분의 1을 초과하여 주식을 가지고 있는 경우에는 그 다른 회사가 가지고 있는 모회사 또는 회사의 주식은 의결권이 없다(상 제369조 제3항). 즉 모자회사 관계에서는 자회사가 모회사의 주식을 전혀 가지고 있을 수 없음에 반하여 비모자회사 관계에서의 회사의 주식을 취득할 수는 있지만 의결권이 없다. 따라서 이러한 경우에는 주식취득에 대해 통지하도록 하고 있다.

그 다른 회사는 회사의 주식은 10분의 1이하이어야 한다. 서로가 10분의 1을 초과하여 상대방 회사의 주식을 소유하게 되는 경우에는 서로 의결권을 행사하지 못한다.[81] 취득시기의 선후는 문제되지 않는다. 의결권이 제한되는 결과로 주주총회 소집통지 등처럼 의결권을 전제로 하는 권리는 행사하지 못하므로, 주주총회에서 의결권을 행사하였다면 주주총회결의 취소의 사유가 된다. 그러나 종류주주총회에서는 의결권이 있다고 본다. 의결권을 제외한 다른 주주권은 명문의 규정이 없는 한 자익권이든 공익권이든 제한되지 않는다.

(4) 다른 회사 주식취득 시의 통지의무

회사 간 주식의 상호 보유는 제한되고 있으므로(상 제342조의2, 제369조 제3항), 상법은 회사가 다른 회사의 발행주식 총수의 10분의 1을 초과하여 취득한 때에는 신의칙상 그 다른 회사에 대하여 지체 없이 이를 통지하도록 규정하고 있다(상 제342조의3).[82]

---

81) 레이디가구가 (주)중원의 경영권매수선언을 저지하기 위하여 (주)중원이 소유하는 주식의 의결권을 소멸시킬 목적으로 10%이상을 역취득한 경우가 있다.

82) 이 규정은 대량의 주식을 은밀하게 취득하여 상대방회사를 지배하는 것을 막고, 선의의 지배경쟁을 보장하여 주기 위한 것이다. 상법상 갑·을 두 회사가 주식을 상호 보유하고 있는 경우에, 갑 회사가 을 회사의 발행주식 총수 중 100분의 50을 초과하여 소유하고 있으면 을 회사는 갑 회사의 자회사가 되어 갑 회사의 지배를 받고 갑 회사의 주식을 취득할 수 없게 되고(상 제342의2), 갑 회사가 을 회사의 발행주식 총수 중 100분의 10을 초과하여 100분의 50 이하를 소유하고 있으면 을 회사는 갑 회사의 주식을 취득할 수는 있지만 그 의결권을 행사할 수 없게 되어 역시 갑 회사의 의결권행사의 영향을 받는다(상 제369조 3항). 이처럼 이 경우에 을 회사가 입는 불이익이 크므로, 을 회사에게 갑 회사가

통지방법에 관하여는 제한이 없으므로 어떠한 방법으로든 상대회사에게 주식취득사실을 알려주면 족하다. 통지사항은 취득한 주식의 종류와 수이다. 통지의무는 10분의 1을 초과하여 취득함과 동시에 생겨나므로, 통지 시기는 10분의 1을 초과하는 주식을 취득한 후 지체 없이 하여야 한다.[83]

의결권의 행사가 가능한 모든 경우에 통지를 요한다고 본다. 주식을 취득하는 경우 외에 타인의 주식을 신탁 받은 경우, 의결권행사의 대리권을 취득한 경우도 포함된다. 그러나 주식을 담보로 취득한 경우 외에는 적용하지 않는다.

통지를 하지 아니하여도 주식취득의 사법상의 효력에는 영향이 없다. 문제는 통지를 게을리한 자에게 의결권의 행사를 인정할 것인가에 대하여 상법에 아무런 규정은 없으나 제도의 취지에 비추어 이를 부정하는 것이 옳다고 본다.

(5) 특별법상의 주식취득 제한

1) 은행법에 의한 제한

은행법은 금융자본의 독점화를 방지할 목적으로 은행이 타 금융기관의 주식을 취득하거나 소유하지 못하게 하며(은행법 제9호 제38조), 또한 타 주식회사의 발행주식의 100분의 10이상의 주식을 소유하지 못하게 하고, 또한 주주 1인과 그와 특수 관계에 있는 자는 금융기관의 의결권이 있는 발행주식 총수의 100분의 4를 초과하는 주식을 소유하거나 사실상 지배하지 못하게 하고 있다(은행법 제15조).

을 회사의 주식을 취득하고 있다는 사실을 알려주어야만 을 회사로서는 자구책을 강구할 수 있게 된다. 즉 이 경우에 을 회사도 갑 회사의 발행주식 총수의 100분의 10 이상에 해당하는 주식을 취득함으로써 갑 회사가 가지는 을 회사에 대하여도 의결권을 행사할 수 없도록 하여 갑 회사의 지배를 막을 수 있는 것이다.

[83] 피취득회사가 취득회사의 주식을 역취득해 명의개서를 하여 방어대책을 취할 수 있도록 총회일 이전에 여유를 두고 통지하여야 할 것이다. 즉 피취득회사가 취득회사의 주식을 역취득하여 명의개서를 할 수 있는 시간을 주고 통지하라는 뜻으로 해석하여야 한다. 따라서 최소한 취득회사의 주주명부폐쇄의 공고일 이전에는 통지해야 하다고 할 것이다. 10분의 1을 계산함에 있어서는 자회사가 소유하는 주식도 포함시켜야 한다.

2) 독점규제 및 공정거래에 관한 법률에 의한 제한

독점규제 및 공정거래에 관한 법률에 의하여 일정 규모 이상의 자산총액 등 대통령령이 정하는 기준에 해당되어 제14조(상호출자제한기업집단 등의 지정) 제1항[84]의 규정에 따라 지정된 기업집단("상호출자제한기업집단")에 속하는 회사는 자기의 주식을 취득 또는 소유하고 있는 계열회사의 주식을 취득 또는 소유하여서는 아니 된다. 그러나 ① 회사의 합병 또는 영업전부의 양수, ② 담보권의 실행 또는 대물변제의 수령에 의해 상호 주를 소유하게 되는 때에는 제한받지 아니한다. 그러나 그 주식은 6개월 내에 처분하여야 한다(제9조).

위의 제한에 위반하여 주식을 취득한 경우 벌칙이 적용되고, 공정거래위원회가 시정조치를 명할 수 있다(독규 제16조 제1항). 시정조치를 명한 경우에는 해당주식은 의결권이 없어진다(독규 제18조).

또한 다른 회사의 의결권 없는 주식을 제외한 발행주식 총수의 100분의 20이상을 취득하는 경우에는 그 주식취득을 공정거래위원회에 신고하도록 하고 있는바 (동법 제12조 제1항 제7호 제4호) 이 한도 내에서는 제한되고 있다.

3. 모회사의 주주보호

(1) 모회사의 주주보호 제도 개관

지주회사의 실체는 사업회사의 주식을 보유하는 것이기 때문에 지주회사 주주는 지배의 실질을 상실하고 그 권리의 내용이 희석화·위약화되는 것을 피할 수 없다. 그러므로 지주회사의 주주가 자회사의 사업운영에 어느 정도까지 관여할 수 있는가, 즉 지

---

84) 공정거래위원회는 대통령령이 정하는 바에 의하여 상호출자제한기업집단, 출자총액제한기업집단 및 채무보증제한기업집단(이하 "상호출자제한기업집단 등"이라 한다)을 지정하고 동 기업집단에 속하는 회사에 이를 통지하여야 한다.

주회사의 주주에게 자회사의 관리·운영에 관한 직접적인 권리를 부여할 필요가 있는가가 문제된다.

구체적으로는 자회사의 재산·업무상황을 파악하기 위한 정보개시범위의 확대, 회계장부열람청구권 및 업무·재산상태 검사청구권의 부여, 자회사 이사에 대한 감독·시정권의 부여 내지는 지주회사 이사에 대한 감독·시정권의 강화, 지주회사의 영업의 일부양도와 실질적으로 동일한 효과를 갖는 중요한 자회사의 매매나 합병·영업양도에 대한 지주회사 주주총회의 동의 요구 등에 관한 문제가 제기될 것이다.

1) 현행 법규정

현행 상법상 모회사 주주가 얻을 수 있는 자회사에 관한 정보, 모회사 주주가 자회사와 관련하여 행사할 수 없는 권리 및 행사할 수 있는 권리는 다음과 같다.

ⓐ 모자회사 관계에 관한 정보의 게시

① 모회사의 대차대조표에는 자회사에 대한 금전채권, 자회사에 대한 장기금전채권, 자회사의 주식, 지배주주에 대한 금전채무, 지배주주에 대한 장기금전채무 등이 기재된다.

② 모회사의 손익계산서에는 자회사 및 지배주주와의 거래금액 등이 기재된다.

③ 모회사의 주주는 영업보고서를 통하여 자회사와의 관계, 중요한 자회사의 상황 등을 파악할 수 있다.

ⓑ 모회사 주주가 행사할 수 없는 권리

① 자회사의 이사·감사를 선임·해임할 수 없다.

② 자회사의 영업양도·합병·정관변경에 관하여 의결권을 행사할 수 없다.

③ 자회사의 주주총회의 소집을 요구하거나 주주제안권을 행사할 수 없다.

④ 자회사의 이사의 위법행위를 막거나 그 책임을 추궁하는 대표소송을 제기할 수 없다.

⑤ 자회사의 회계장부에 대한 열람권이 없다.

⑥ 모회사가 자회사의 주식을 매매하는 것은 실질적으로는 모회사에 있어서의 영업

양도·양수에 다름없는 것이지만, 모회사 주주총회의 결의는 요구되지 아니한다.

ⓒ 모회사 주주가 행사할 수 있는 권리

① 모회사의 주주총회에서 이사나 감사에게 자회사에 관한 설명을 요구할 수 있다.

② 자회사의 관리를 기본적인 직무의 내용으로 하는 지주회사 이사에 대하여 이사 해임청구권(제385조), 이사의 위법행위유지청구권(제402조), 이사책임추궁 대표소송(제403조) 등에 의하여 책임을 추궁할 수 있다.

2) 검 토

모회사의 주주를 보호하는 방안 중 가장 강력한 것은 모회사의 주주에게 자회사의 경영에 일정부분 관여할 수 있도록 하는 것이다. 따라서 현행 상법상 주주총회 특별결의사항, 자회사의 경영진에 대한 선임과 해임, 소수주주권 예컨대, 이사·감사 해임청구권(상법 제385조 제2항, 제415조), 위법행위 유지청구권(상법 제402조), 대표소송 제기권(상법 제403조), 주주제안권(상법 제363조의2), 주주총회 소집 청구권(상법 제366조), 회계장부 열람 청구권(상법 제466조), 업무·재산상태의 검사 청구권(상법 제467조), 청산인의 해임 청구권(상법 제539조 제2항), 집중투표 청구권(상법 제382조의2) 등이 인정되어야 할 것이다.[85]

그 밖에도 미국에서 인정되고 있는 모회사의 주주에게 자회사 이사에 대한 이중대표소송도 부여할 것인가에 대한 검토가 있어야 할 것이다. 이중대표소송은 2006년 상법개정안에 반영되어 있다.

이중대표소송에 대해서는 미국에서와 같은 2단계 주주대표소송을 인정하여 모회사

---

85) 이와 같은 제도는 아직까지 입법례가 없을 뿐만 아니라, 법인격을 별개로 하여 사업을 전개하는 취지를 훼손시키고 기업의 조직변경 선택의 폭을 좁게 할 우려가 있으므로 현행상법에 명문으로 도입하는 것은 바람직하지 아니하다고 본다. 다만, 실질적으로 모회사 영업의 일부양도와 동일한 성격을 갖는 자회사의 합병·영업양도 등은 물론, 자회사 이사의 선임·해임, 정관 주요사항의 변경 등에 관한 모회사의 의결권행사의 내용은 이사회의 의결을 거쳐야 하는 것으로 해석하여야 할 것이라는 견해도 있다(제393조 참조)(최성근, 지주회사의 해금과 상법관련제도에 관한 연구, 한국법제연구원, 1999.6, 56면).

의 주주가 직접 자회사의 이사의 책임을 물을 수 있도록 하는 것은 회사의 독립성과 이사의 업무집행의 안정성을 심히 훼손할 우려가 있다. 이중대표소송 제도가 없는 현행 상법하에서 모회사의 이사는 자회사의 사업이 적정하게 행하여지지 아니하는 경우 모회사에 대한 선관주의의무·충실의무에 기초하여 모회사에 최선의 이익이 되도록 자회사에 대하여 주주권을 행사할 의무가 있다고 할 것이다. 따라서 자회사 이사의 책임을 추궁하지 아니한 모회사 이사의 책임을 추궁하는 것으로 족하다고 할 것이다.

아울러 사전적으로 자회사의 이사의 법령 또는 정관에 위반한 행위로 인하여 자회사에 회복할 수 없는 손해가 발생할 염려가 있고 이로 인하여 모회사에 손해가 발생할 수 있는 상황임에도 불구하고, 모회사의 이사가 자회사 이사의 행위에 대하여 유지청구권 등을 행사하지 아니하여 모회사가 손해를 입은 경우에는 모회사 이사의 책임을 물을 수 있다고 할 것이다.[86]

4. 자회사의 주주보호

(1) 현행법규정

1) 자회사 이사의 책임

모회사의 사실상의 영향력 행사로 인하여 자회사 이사가 모회사의 지휘에 따르지 아니할 수 없는 경우라도, 자회사의 이사는 이로 인하여 법령 또는 정관에 위반한 행위를 하거나 그 임무를 해태한 때에는 자회사에 대하여 손해를 배상할 책임이 있다(제399조). 다만, 이러한 책임은 총주주의 동의로 면제될 수 있다(제400조). 따라서 완전자회사에서는 자회사 이사의 책임이 면제된다고 할 것이다.

자회사의 발행주식 총수의 100분의 1이상에 해당하는 주식을 보유하는 주주는 자회

---

86) 同旨 : 최성근, 지주회사의 해금과 상법관련제도에 관한 연구, 한국법제연구원, 1999.6, 55-56면.

사에 대하여 이사의 책임을 추궁하는 소를 제기할 것을 청구할 수 있고, 자회사가 청구를 받은 날로부터 30일 내에 소를 제기하지 아니하는 때에는 즉시 자회사를 위하여 소를 제기할 수 있다(제403조 참조).

2) 모회사의 책임

현행 상법상으로는 모회사가 그 영향력을 자회사에 대하여 행사할 것을 예정하고 있는 명문의 규정도, 그 표리의 관계에 있는 자회사의 소수주주 보호규정도 존재하지 아니하지만 상법의 해석론을 통하여 자회사의 주주가 모회사의 책임을 물을 수 있는 방법으로는 다음과 같은 것이 있을 수 있다.

① 업무집행지시자의 책임

회사에 대한 자신의 영향력을 이용하여 이사에게 업무집행을 지시하거나 이사의 이름으로 직접 회사의 업무를 집행한 자는 그 지시하거나 집행한 업무에 관하여 회사 또는 제3자에 대해 손해배상책임을 지고 대표소송의 상대방이 된다. 업무집행지시자의 범주에는 ① 회사에 대한 자신의 영향력을 이용하여 이사에게 업무집행을 지시한 자 ② 이사의 이름으로 직접 업무를 집행한 자 ③ 이사가 아니면서 명예회장·회장·사장·부사장·전무·상무·이사 기타 회사의 업무를 집행할 권한이 있는 것으로 인정될 만한 명칭을 사용하여 회사의 업무를 집행한 자 등이다.

이들의 회사에 대한 책임은 총주주의 동의로도 면제할 수 없다($^{상}_{의2}{}^{401}_{①}$). 영향력이란 타인이 어떠한 의사결정을 함에 있어 그 타인으로 하여금 자신이 의도하는 바대로 의사결정을 하게 할 수 있는 사실상의 힘을 의미한다.

② 주주의 권리행사에 관한 이익공여

모회사가 자회사 이사 등의 선임권·해임권을 배경으로 자회사로부터 이익을 공여받는 경우 모회사는 그 이익을 반환하여야 한다(제467조의2 제1항 내지 제3항). 그리고 자회사가 이익반환의 청구를 게을리 할 때에는 자회사의 주주는 대표소송을 통하여 이익의 반환을 청구할 수 있다(제467조의2 제4항).

③ 채권침해에 의한 불법행위

민법의 채권이론에 의하면 제3자가 타인의 채권을 위법하게 침해함으로써 채권자에게 손해를 입힌 경우 그 제3자는 불법행위에 대한 손해배상책임을 진다는 것이 통설이다(민법 제750조 참조).[87] 그러므로 모회사가 영향력을 행사하여 자회사 이사로 하여금 자회사에 대한 선관주의 의무 또는 충실의무를 위반하도록 한 때에는, 자회사에 대한 채무불이행을 교사한 것으로 채권침해에 의한 불법행위에 해당하여 자회사에 대한 손해배상책임을 부담한다고 할 것이다. 다만, 채권침해에 기초한 불법행위에 있어서는 일반적인 불법행위의 요건인 '고의 또는 과실'로서는 족하지 아니하고 고의를 요한다고 한다.[88]

(2) 검토

모회사에 업무집행지시자로서의 책임을 묻기 위해서는 영향력의 행사여부를 입증하여야 하는데 이 점이 실제적으로 용이하지는 아니할 것이며, 주주의 권리행사에 관한 이익공여로 책임을 묻는 것은 본래 총회꾼 대책을 염두에 둔 제도로서 지배주주인 모회사의 책임을 묻는 데는 거의 실효성이 없을 수도 있으며 모회사에 대하여 채권침해에 의한 불법행위책임을 묻는 것은 자회사만이 가능하고 자회사 주주의 대표소송이 허용되지 아니하는데, 자회사가 자발적으로 모회사에 대하여 이러한 책임을 묻는다는 것은 기대하기 어려울 것이다.

자회사의 주주를 보호하기 위하여 자회사의 주주에게 모회사에 대한 정보청구권, 자회사의 감사에게 모회사 조사권을 인정하며, 모자회사 간에 이익의 충돌이 있는 거래에 대해서는 자회사의 주주총회의 승인을 받도록 하고, 자회사의 주주에게도 모회사

---

87) 곽윤직, 채권총론, 박영사, 1990, 106 –118면 ; 이은영, 채권총론, 박영사, 1992, 41 –51면 참조.
88) 왜냐하면 물권과는 달리 채권의 목적은 채권자의 급부이고 채권에는 일반적으로 공시방법도 없으므로, 채권의 침해가 있어도 가해자가 채권의 존재를 알지 못한 때에는 보통은 과실이 있었다고 할 수 없기 때문이다. 곽윤직, 채권총론, 박영사, 1990, 115면 ; 이은영, 채권총론, 박영사, 1992, 45 –46면.

의 이사에 대한 주주대표소송 제기권(이중대표소송 제도)을 인정하는 방안 등이 있을 것이다.

아울러 이와 같은 맥락에서 모회사의 부당한 지시로 인해서 자회사에게 손해가 발생하는 경우에는 모회사의 책임을 물을 수 있는 제도도 검토되어야 할 것이다. 다만 이는 순수지주회사에서는 적용될 수 없을 것이다. 왜냐하면 모회사가 자회사의 주식을 100% 가지고 있다면 자회사의 손해는 모회사 자신의 손해로 귀결되기 때문이다. 다만 모회사의 소수주주에게는 모회사의 지배주주의 경영실책에 대해 상법상의 소수주주권이 인정되어야 할 것이다.

제3 이사·감사의 권한과 책임

1. 상법상 이사의 의무와 책임 일반

(1) 현행 상법상 이사의 의무

이사와 회사의 관계는 위임관계로서($\substack{상 제382조 \\ 제2항}$) 이사는 일반적인 의무로서 회사에 대하여 선량한 관리자의 주의의무(선관의무)를 부담하고($\substack{민 \\ 제681조}$), 법령과 정관의 규정에 따라 회사를 위하여 그 직무를 충실하게 수행하여야 하는 충실의무를 부담한다($\substack{상 제382조 \\ 의3}$).

상법은 이사와 회사 간의 이익충돌을 막기 위하여 이사에게 경업피지의무($\substack{상 \\ 제397조}$)와 자기거래금지의무($\substack{상 \\ 제398조}$)를 규정하고 있다. 또한 이사는 회사에 현저하게 손해를 미칠 염려가 있는 사실을 발견한 때에는 즉시 감사에게 이를 보고하여야 할 의무를 부담한다($\substack{상412조 \\ 의2}$).

대표이사는 다른 이사의 직무집행을 감시할 의무가 있고, 이사는 이사회를 통하여 다른 이사의 직무집행을 감시(감독)하며($\substack{상 제393조 \\ 제2항}$), 이사회를 통하지 않더라도 회사 업무전반에 관하여 다른 이사에 대하여 감시의무를 부담한다.

(2) 현행법상 이사의 책임

이사의 책임은 회사에 대한 책임과 제3자에 대한 책임으로 구별되는데, 이사는 회사에 대하여 수임인으로서 선관의무와(상 제382조 제2항. 민 제681조) 충실의무를 부담하며(상 제382조의 3), 채무불이행으로 인한 손해배상책임(민 제390조)과 불법행위로 인한 손해배상책임(민 제750조)을 진다.

이사가 악의 또는 중대한 과실로 인하여 그 임무를 해태한 때에는 그 이사는 제3자에 대하여 연대하여 손해를 배상할 책임이 있다(상 ① 401).89) 이사의 임무해태행위가 이사회의 결의에 의한 경우는 결의에 찬성한 이사도 연대책임을 지며(상 401 ②, 399 ②), 그 결의에 참가한 이사로서 의사록에 이의를 제기한 기재가 없는 경우에는 그 의결에 찬성한 것으로 추정한다(상 401, 399 ③).

2. 지주회사 이사의 자회사에 대한 책임

(1) 지주회사 이사의 자회사에 대한 경영관여

현행 회사법상 자회사는 독립된 법인이므로, 즉 법률적으로는 지주회사는 자회사의 주주총회에서 자회사의 이사의 선임 등을 통하여 사실상의 영향력을 행사할 뿐 자회사에 대하여 직접적으로 경영간섭을 할 수 없기 때문에 지주회사의 자회사에 대한 사실상의 영향력에 종속될 법적 의무는 없다.90) 그럼에도 불구하고 지주회사 존재목적이 주식보유를 통하여 다른 회사를 지배하는 것을 목적으로 하기 때문에 기존의 독립된 법인격을 인정하던 상법상의 제도만을 가지고 설명할 수 없는 부분도 있다.

지주회사의 이사회의 결정사항은 자회사의 주주총회의 결의의 형식을 거쳐 자회사 자신의 결정으로 된다. 지주회사의 이사(회)는 자회사의 주주총회의 결의의 형식을 거

---

89) 이사의 제3자에 대한 책임의 법적 성질에 대하여 법정책임설(다수설)과 불법행위책임설(소수설), 특수불법행위책임설로 나뉘어 있다.
90) 최성근, 지주회사의 해금과 상법관련제도에 관한 연구, 한국법제연구원, 1999.6, 50면.

쳐 자회사의 이사를 사실상 자유롭게 선임, 해임할 수 있기 때문에 자회사의 이사의 업무집행은 실질적으로 지주회사의 이사회의 지휘, 감독하에서 행해진다고 할 수 있다. 그 결과 지주회사의 이사는 자신의 회사경영을 넘어 자회사 집단에 대한 전반적인 경영에도 지배를 행할 수 있는 것이다. 이러한 현실은 자회사의 주주총회 및 이사회 권한이 지주회사 이사(회)에게 사실상 이전되었다고 볼 수 있다.[91]

지주회사의 관점에서 보면 자회사의 중요한 업무집행사항의 결정에 대한 지주회사의 이사에 의한 실질적인 지시의 실효성 확보가 요구되지만 상법상 모회사 내지 모회사 이사의 자회사 이사에 대한 지시권은 100% 자회사에 대해서조차 인정되지 않고 있다. 자회사의 중요한 업무집행에 관한 지주회사의 이사회의 결정에 구속력을 부여하기 위하여 자회사의 정관에 중요한 업무집행에 대하여는 주주총회에서 결의한다는 취지의 규정을 두는 방안도 고려되고 있지만, 이러한 경우에는 자회사의 업무에 상당한 지장을 초래할 것이다.[92]

이와 같이 자회사의 이사·감사의 선임은 자회사의 주주총회에서 결정되지만, 그 총회에서의 지배주주는 지주회사 자신이므로 지주회사가 실질적 지시권 내지는 결정권을 갖게 된다. 그러나 현행법상으로는 그 지시에 근거한 자회사 이사·감사의 임무해태 등에 대하여 지주회사 또는 지주회사 이사의 자회사에 대한 책임관계가 차단된다. 다만, 자회사가 100% 자회사인 경우에는 지주회사의 지시를 자회사에 있어서의 1인주주의 의사결정으로 보아 그 총회결의 또는 이사회의 결의에 대체시키는 '1인회사 법리'를 가지고 1인주주인 지주회사의 책임을 묻는 것이 가능할 것이다.[93]

---

91) 김문재, 지주회사의 도입에 따른 회사법의 방향, 상사법연구, 제18권 제1호(통권 제23호), 한국상사법학회, 1999, 90-91면.
92) 최성근, "지주회사의 도입과 대책", 상장협 36호 (97.11.추), 63면.
93) 서윤수, "지주회사의 허용과 관련법제의 정비에 관한 입법론적 고찰", 「법학석사학위논문」 (한양대, 1998.8), 74면.

(2) 지주회사 이사의 자회사에 대한 책임(완전자회사가 아닌 경우)

지주회사의 이사가 사실상의 영향력을 부당하게 행사하여 자회사에 손해가 발생한 경우의 책임문제는 자회사의 소수주주가 어떠한 법적 근거에 의하여 지주회사의 이사에 대한 책임을 추궁할 수 있는가 하는 점이 중심이 되고 있으며, 이는 지주회사 조직에서의 자회사의 소수주주의 보호와 같은 문제이다.[94] 그러나 100% 자회사인 경우에는 지주회사의 이사의 자회사에 대한 책임을 논할 실익은 없다. 또한 자회사의 소수주주가 없기 때문에 소수주주권을 논할 수도 없다.

상법상 지주회사와 자회사는 독립된 별개의 법인체이기 때문에 자회사의 경영에 대한 책임은 원칙적으로 자회사의 이사가 부담하고, 지주회사의 이사가 자회사에 대하여 당연히 법적 책임을 부담한다고 할 수는 없다.

(3) 상법상의 적용

상법상 지주회사의 이사의 책임을 묻는 방법으로는 모회사 이사의 권한 및 책임과 관련하여 권한문제는 사실상의 영향력 행사에, 책임문제는 업무집행지시자 등의 책임에 관한 규정을 해석·적용하는 것이 바람직하다고 본다.[95]

따라서 모회사 또는 모회사 이사의 책임과 관련해서는 먼저 '업무집행지시자 등의 책임'으로 모회사 또는 모회사 이사의 책임을 물을 수 있을 것이고, 자회사가 100% 자회사인 경우에는 지주회사의 지시를 자회사에 있어서의 1인주주의 의사결정으로 보

---

94) 김문재, 지주회사의 도입에 따른 회사법의 방향, 상사법연구, 제18권 제1호(통권 제23호), 한국상사법학회, 1999, 91면.

95) 동지 : 최성근, 지주회사의 해금과 상법관련제도에 관한 연구, 한국법제연구원, 1999.6, 51면(별도의 입법조치는 필요하지 않다고 하는데 이는 의문이다. 현행 상법 규정을 적용하는 경우에는 별도의 입법적 조치는 불필요하겠지만 향후 지주회사법제에 있어서 모자회사 관계의 패러다임이 바뀔 경우에는 법률관계의 명확화를 기하기 위하여 입법적으로 해결하는 것이 바람직하다고 할 것이다.

아 그 총회결의 또는 이사회의 결의에 대체시키는 '1인회사법리'[96]를 가지고 1인주주인 지주회사의 책임을 묻는 것이 가능할 것이다.[97]

(4) 지주회사 이사의 자회사 주주에 대한 책임

지주회사 이사의 자회사의 주주에 대한 책임은 일반 회사법상의 책임과 같이 다루면 될 것이다. 완전자회사의 경우 지주회사 이사의 책임을 논할 실익이 없으나 완전자회사가 아닌 경우에는 자회사에 영향력을 행사한 지주회사의 이사의 책임이 문제가 될 수 있다.

지주회사 이사의 자회사 소수주주에 대한 책임에 대해 여러 가지 해결방법이 있을 수 있다. 지주회사 이사의 자회사에 대한 책임을 우선 인정하고 그 책임이 이행된 때에는 지주회사에 대한 책임을 소멸한다고 보는 입장과 자회사에 대한 책임은 지주회사만이 부담하고 지주회사의 이사에게는 지주회사에 대한 책임만을 부담시키고자 하는 입장이 있다.

후자의 입장에 대해 책임귀속은 명확하나 지주회사가 자회사의 손해에 대해 책임을 지는 것은 결과적으로 자회사의 지휘, 감독에 거의 영향력을 가지지 못하는 지주회사의 소수주주와 채권자의 피해를 강요할 수도 있다는 문제점을 지적하는 견해도 있으

---

96) 1인회사란 회사설립 후 발행주식이 1인의 주주에게 집중되는 경우를 말한다. 우리의 학설(통설)·판례는 1인회사를 인정하고 있고, 거의 모든 외국의 입법례가 1인회사를 인정하고 있다. 1인회사의 존재를 인정하는 경우 다수의 주주를 전제로 한 회사법 규정 등은 다소의 수정이 불가피한데, 주주총회의 운영과 관련하여 상법상 규정된 주주총회의 소집절차·결의요건이 완화되고 이사회의 승인을 요하는 이사의 자기거래도 1인주주의 동의만으로 유효하다. 한편 1인회사의 경우 1인주주의 업무상 배임·횡령죄의 성립여부가 문제되는데, 과거의 판례에서는 회사의 손해가 곧 1인주주의 손해인 점에 비추어 범의가 없다는 이유로 업무상의 배임·횡령죄를 인정하지 아니하였으나, 최근의 판례는 1인회사의 악용으로부터 회사채권자 등을 보호하기 위하여 그 성립을 인정하고 있다(배임죄 — 대법원 1983.12.13 판결 82도2330 : 횡령죄 — 대법원 1989.5.23 판결 89도570 등). 또한 1인회사의 경우에는 법인격부인의 법리가 적용될 소지가 크다.
97) 최성근, 지주회사의 해금과 상법관련제도에 관한 연구, 한국법제연구원, 1999.6, 51면.

나,[98] 원칙적으로 지주회사 이사는 지주회사에 대해 책임을 지고 자회사에 대해서는 지주회사가 책임을 지는 것이 책임관계를 명확히 할 수 있으며, 지주회사 이사의 행위에는 지주회사의 관여가 있는 것이 일반적인 점에 비추어 후자의 견해가 타당하다고 생각한다.

3. 자회사 이사의 책임

(1) 자회사 이사의 지주회사 주주에 대한 책임

자회사의 이사도 자회사와 관련하여서는 이사의 충실의무 및 선관주의무를 부담한다고 할 것이므로 자회사의 이사는 지주회사의 이사의 부당한 지시에 응해서는 안 된다고 할 것이다. 다만 지주회사의 특성으로 인해 다음과 같은 검토할 문제가 있다.

첫째, 자회사 이사의 책임을 물을 주체에 대해 지주회사 측에서 지시와 책임을 묻는다는 것은 상호 모순되므로 자회사가 이사의 책임을 묻거나 자회사의 소수주주가 대표소송으로서 책임을 묻는 것이 가능할 것이다. 다만 회사가 이사에 대해 소송을 제기하는 것은 기대하기 어렵고, 설사 제기되었다고 하더라도 감사가 회사를 대표하므로 현행의 관행상 공정을 기하기 어렵다고 할 것이다.[99]

둘째, 지주회사의 주주가 자회사 이사의 책임을 추궁할 수 있는가와 관련하여 미국의 이중대표소송[100]을 검토해 볼 필요가 있다. 이에 대해서 현행법상 어렵지만 입법론으로 도입가능성을 검토하자는 견해가 있고,[101] 이미 2006년 상법개정안에 포함되

---

98) 김문재, 지주회사의 도입에 따른 회사법의 방향, 상사법연구, 제18권 제1호(통권 제23호), 한국상사법학회, 1999, 99-100면.
99) 동지 : 김문재, 지주회사의 도입에 따른 회사법의 방향, 상사법연구, 제18권 제1호(통권 제23호), 한국상사법학회, 1999, 103면.
100) 자회사는 지주회사에 의해 대표되고, 지주회사는 지주회사의 주주에 의해 대표되므로 지주회사의 주주에게 자회사의 이사에 대한 대표소송을 인정하는 제도이다.
101) 김문재, 지주회사의 도입에 따른 회사법의 방향, 상사법연구, 제18권 제1호(통권 제23호),

어 있는 제도이다. 이중대표소송은 현행 상법상 회사 내에서 제기할 수 있는 주주대표소송[102]을 실질적인 지배관계에 있는 자회사로 확대하여 모회사 주식의 1%이상을 보유한 주주에게 주주대표소송을 인정하는 제도이다.

이중대표소송은 기존의 주주대표소송을 모자회사(직접 소유 지분율 50% 초과한 회사가 모회사) 관계로 확장하는 것으로 비상장 자회사에서 위법행위가 발생한 경우는 주주인 모회사가 주주대표소송을 제기할 가능성이 거의 없으므로 모회사의 주주로 하여금 소송을 제기할 수 있도록 길을 열어주기 위한 것이다.

회사가 이사의 책임을 추궁하지 않을 경우에 주주가 대신 추궁하는 것에 불과하고, 주주가 소송에서 승소하더라도 그 이익은 자회사에 귀속되므로 전체 주주와 해당 기업에 유익한 제도이다. 미국 판례법상 지배·종속관계에 있는 회사들 간에 인정되고 있는 제도를 새로이 도입하므로 과도하게 적용범위를 확장할 수 없고, 상법상 지배·종속관계의 판단기준인 모자회사관계로 한정하여 기업의 부담을 경감해 주고 있다. 미국 판례법은 지배·종속관계의 판단기준으로 주식소유비율을 가장 중요한 요소로 보며 나아가 임원의 겸임여부, 자금조달 관계 등을 종합적으로 고려하여 실질적인 영향력 행사여부를 판단하여 결정한다.

(2) 자회사 이사의 자회사 주주에 대한 책임

자회사 이사의 자회사 주주에 대한 책임문제는 현행 상법상의 이사의 회사와 주주에 대한 책임의 법리가 그대로 적용될 것이다.

한국상사법학회, 1999, 103면.

102) 현행 상법상 대표소송이란 주주가 사후에 이사의 책임을 물을 수 있는 제도로서 발행주식 총수의 100분의 1이상에 해당하는 주식을 가진 (소수)주주가 회사에 대하여 이사의 잘못을 추궁하여 책임을 추궁하여 이를 시정할 수 있는 제도로서 건전한 기업경영을 보장하고 소수주주의 권익을 보호하기 위한 제도이다(상법 제403조).

4. 모자회사 또는 자회사 간의 이사 겸직 허용여부

모자회사 간에 또는 자회사 간에 이사를 겸직할 수 있는가의 문제는 회사 간의 이익충돌이 발생할 때 문제가 될 수 있다. 즉 회사 간에 이익이 충돌되는 경우 특히 완전 모자회사 간 관계가 아니어서 자회사에 소수주주가 있는 경우나 자회사 간의 거래인 경우 회사 간의 이익충돌이 발생하는 경우에 겸직이사의 충실의무와 상치될 수 있다. 따라서 이러한 이사의 겸직 허용 문제를 해결하기 위해서는 기존의 상법의 논리만 가지고 해결될 수 없으므로 입법적인 보완책이 필요하다고 할 수 있다.[103]

5. 지주회사의 감사 또는 감사위원회

(1) 감사의 권한

감사는 이사의 직무의 집행을 감사한다(상412①). 감사의 업무감사권의 범위는 원칙적으로 위법성감사에 한하고 상법에 명문의 규정(상의4② 413, 447 v8호)이 있는 경우에 한하여 타당성감사에도 미친다고 보는 다수설과 감사의 감사권한은 이사의 업무집행의 적법성뿐만 아니라 타당성에도 미친다고 보는 소수설로 나뉘어 있다.

감사의 직무는 이사의 직무집행을 감사하는 것이므로 지주회사 이사의 직무가 자회사의 통괄적인 관리에 있는 이상 그 감사를 위해서는 자회사에 대한 전면적인 조사가 필요하다. 따라서 모회사의 감사는 그 직무를 수행하기 위하여 필요한 때에는 자회사에 대하여 영업의 보고를 요구할 수 있다(상412의④). 자회사가 지체 없이 보고를 하지 아니할 때 또는 그 보고의 내용을 확인할 필요가 있는 때에는 자회사의 업무와 재산상태를 조사할 수 있다(상412의4②). 자회사는 정당한 이유가 없는 한 위의 조사를 거부하지

---

103) 同旨 : 노혁준, 지주회사 관계에서 이사의 의무와 겸임이사, 지주회사와 법(김건식 · 노혁준 편저), 小花, 2005, 380면.

못한다($^{상}_{4}$$^{412의}_{③}$).

(2) 지주회사 법제에 있어서 감사의 역할

모회사 감사의 자회사 조사권은 종래부터 모회사가 자회사를 이용하여 위법행위를 행하는 경우가 많았기 때문에 1995년 상법개정에서 신설된 규정이다. 그러므로 보고청구·조사의 범위는 반드시 자회사업무 일반에까지 확대될 필요는 없었다. 그러나 지주회사에 있어서는 모든 사업부문이 자회사에 있기 때문에 모회사의 감사가 그 직무를 수행함에 있어서는 자회사를 조사하는 것이 불가결할 것이다.

나아가 모회사 이사의 책임추궁의 실효성 확보뿐만 아니라 지배구조의 건전성 제고 차원에서도 감사의 보고청구 및 조사의 범위를 확대하는 해석론을 전개할 필요가 있다고 본다.[104] 따라서 지주회사에 있어서는 일반적인 모·자회사 관계를 전제로 한 감사의 권한관계나 자회사 감사와의 권한관계를 확대하여 해석하거나 새로운 입법적 대안을 검토하여야 할 것이다.

제4 해외진출입 관련 법적 쟁점

1. 해외진출입 관련 법적 쟁점 개요

국내 금융지주회사가 해외로 진출하는 경우는 해외의 금융기관을 자회사로 두거나 자회사를 통하여 손자회사를 두는 경우, 자회사와 공동으로 지분을 소유하여 손자회사를 두는 경우를 생각할 수 있다. 이러한 각각의 경우에 발생할 수 있는 법적 문제점을 검토하고자 한다. 물론 자회사나 손자회사로 두려고 하는 금융기관의 준거법에 의하여 국내 금융(산업)자본이 해외 금융기관을 인수하는 데 장애가 없어야 가능하다. 따라서

---

104) 최성근, 지주회사의 해금과 상법관련제도에 관한 연구, 한국법제연구원, 1999.6, 52-53면.

해외 금융기관의 준거법에 의한 국내 자본의 인수가 가능하다는 전제에서 국내 관련 법령상의 문제점이나 규제 등에 대해 살펴보고자 한다.

2. 금융지주회사에 대한 지배 가능 여부

(1) 금융회사의 금융지주회사의 지배 불가

금융기관은 원칙적으로 금융지주회사와 지배관계에 있어서는 안 된다. 이는 금융지주회사가 산하 자회사 및 손자회사에 대한 궁극적 지배권을 가지도록 함으로써 지배구조를 단순화시키고 효율적인 그룹관리를 도모하기 위한 것이다. 금융지주회사법은 외국법령에 의하여 설립된 금융기관도 (국내) 금융지주회사를 지배관계에 있을 수 없다고 명시하고 있다(제7조).

금융지주회사법 개정안은 외국 금융기관으로서 대통령령이 정하는 바에 따라 금감위가 인정한 자는 국내 금융지주회사 지배(설립)를 허용할 수 있도록 하는 내용을 담고 있는데, 이는 현행법에 의해 외국 선진 금융기관들이 지주회사 형태의 아시아 지역본부 또는 국내 지역본부의 설립이 불가능하여 우리나라의 동북아 금융허브로의 성장 발전에 애로사항이 되고 있는 것을 해소하려는 것이다.

외국계 금융지주회사의 설립이 허용될 경우 이러한 점과 더불어 선진금융자본의 유치를 제고하여 국내 금융산업의 경쟁을 촉진하고 금융산업의 발전을 통해 동북아 금융허브 조성에 기여할 수 있는 측면도 있는 것으로 보이며 외국계 자본에 대해 차별적으로 금융지주회사 설립을 억제한다는 부정적 시각도 해소할 수 있을 것으로 기대된다고 한다.[105]

한편, 이와는 반대로 국내 금융지주회사의 해외진출과 관련하여, 현행 금융지주회사법상 외국 금융기관을 자회사로 편입할 수 있는지, 아울러 공정거래법상의 자회사주식

---

105) 현성수, 금융지주회사법 일부개정법률안(정부제출:5280) 검토보고, 2007.2, 6면 이하 참조.

소유의무(상장·등록법인 30%이상, 비상장법인 50%이상)가 외국 금융기관을 자회사로 편입하는 경우에도 동일하게 적용되는지 여부가 불명확할 뿐만 아니라 외국제도의 특성을 감안하지 못하고 있는 실정이므로, 현행 제2조 제2호의 자회사 정의규정을 보완하여 자회사에는 외국법인을 포함하는 것으로 규정하고, 외국금융기관을 국내 금융지주회사가 자회사로 편입 시 주식소유 의무비율 완화 등과 같은 규정을 별도로 신설하는 방안에 대해 검토할 필요가 있다.[106]

또한 개정안 제7조 제1항 본문에서는 "금융기관은 금융지주회사를 대통령령이 정하는 방법으로 지배하여서는 아니 된다"고 규정하고 있으나, 지배와 지배관계는 구별되는 개념인바, 일정한 경우에는 그 회사를 지배하지는 않지만 지배관계에 있음에도 불구하고 동조가 배제되는 문제가 발생하고, 이는 개정안이 의도하는 바가 아니므로, 안 제7조 제1항 본문 및 각 호를 현행법의 규정례에 따라 수정하는 것이 타당하다는 의견이 있으나,[107] 지배와 지배관계는 법률적 개념이라기보다는 각각 용례에 따라 정의된 것이므로 구별해서 쓴다는 의미 외에는 별 의미가 없는 것이라 생각된다.

☞ **지배와 지배관계의 차이**[108]

구 분	지 배	지배관계
지배주체	금융지주회사	계열주
지배대상회사	계열회사	임의회사
주식보유주체	금융지주회사+특수관계자 ※ 특수관계자 : 동일인관련자+금융지주회사와 지배관계에 있는 자	동일인+동일인관련자
주식보유비율	최다출자자	30% 이상, 최다출자자
제한요건	금융지주회사 등의 보유주식 ≥개별 특수관계자의 보유주식	-

---

106) 현성수, 금융지주회사법 일부개정법률안(정부제출:5280) 검토보고, 2007.2, 6면 이하 참조.
107) 현성수, 금융지주회사법 일부개정법률안(정부제출:5280) 검토보고, 2007.2, 6면 이하 참조.
108) 금감원, 금융지주회사법 해설, 2003, 70면.

(2) 금융지주회사의 다른 금융지주회사의 지배 가능

금융회사의 금융지주회사의 지배가 금지되나 예외적으로 금융지주회사가 중간지주회사의 발행주식 총수를 소유하며,[109] 중간지주회사의 자회사들이 동일한 업종이거나 업무상 관련이 있는 경우에는 예외적으로 금융지주회사가 다른 금융지주회사(중간지주회사)를 둘 수 있다(시행령 제6조 제2항).

"업무상 관련이 있는" 회사의 범위는 금융지주회사법 제19조 제1항에서 규정하고 있는 자회사별 손자회사의 범위를 준용하는 것이 타당할 것이다. 예를 들면 은행, 종금사, 신용정보업자 및 신용카드업자 등은 동일한 중간지주회사의 자회사가 될 수 있다.[110]

중간지주회사도 금융지주회사이기 때문에 자회사의 경영관리 업무 및 이에 부수하는 업무 이외에는 영리목적의 다른 업무를 영위할 수 없으며, 설립 시 금감위의 인가를 받아야 한다. 또한 중간지주회사는 금융지주회사의 자회사이기 때문에 중간지주회사의 설립인가 시 자회사 편입승인 또는 편입신고도 그와 동시에 이루어져야 할 것이다.

(3) 증권투자회사의 은행지주회사 지배 가능

투자회사는 은행지주회사의 의결권 있는 주식을 30% 이상 보유하는 최다출자자로서 은행지주회사와 지배관계를 형성할 경우 보유주식에 대한 의결권 행사 시 중립적 투표(shadow voting)만을 할 수 있으므로 그 사업내용을 지배하지 못한다. 따라서 투자회사가 은행지주회사와 지배관계에 있다고 하더라도 금융지주회사에게 그 자회사 등에 대한 궁극적 지배권을 부여하고자 하는 본 조의 취지와 배치되지 않는다.

---

109) 발행주식 총수를 금융지주회사가 보유해야 하므로 무의결권 우선주와 같이 상법상 의결권이 없는 주식(상법 제369조, 제370조)도 모두 보유해야 한다고 한다(금감원, 금융지주회사법 해설, 2003, 71면).

110) 금감원, 금융지주회사법 해설, 2003, 71면.

뿐만 아니라 은행지주회사의 규모가 크기 때문에 이를 인수하여야 하는 경우를 예상하여 정책적으로 대규모 자금을 조달할 수 있는 투자회사에 대하여 예외로 인정하고 있는 것이다.

3. 금융지주회사의 자회사 지배가능 여부

(1) 자회사가 국내 금융기관인 경우 가능

금융지주회사는 자회사의 경영관리 업무와 그에 부수하는 업무에 한정하여 관리업무를 할 수 있다. 또한 금융지주회사법은 순수지주회사만 허용하고 사업지주회사는 금지하고 있다(제15조).

일반적으로 금융지주회사는 산하 자회사 등의 사업내용을 지배하는 그룹통할업무를 수행함과 동시에 자회사 등의 영업을 지원하기 위한 후선업무를 수행하는데, 본 조의 자회사의 경영관리 업무는 전자로 볼 수 있고 경영관리에 부수하는 업무는 후자로 볼 수 있다. 본 조는 금융지주회사가 영위할 수 있는 업무를 자회사의 경영관리 업무와 그에 부수하는 업무로서 대통령령이 정하는 다음의 업무로 한정하고 영리를 목적으로 하는 다른 업무를 영위할 수 없도록 명시하고 있다(시행령 제11조).[111]

(2) 외국 금융기관을 자회사로 지배 불가

외국은행은 시행령 제2조 금융업의 「통계법」상에 포함되지 않으므로 금융지주회사가 외국 금융기관을 자회사로 둘 수 없다고 금융감독 당국은 해석하나 이는 다음과 같은 이유로 타당하지 않다. 금융지주회사법 시행령 제2조에서 인용하고 있는 국내산업 분류표는 국내 산업에 대한 분류를 목적으로 하는 것이고 외국의 산업도 국내와

---

111) 금감원, 금융지주회사법 해설, 2003, 109면.

관련이 있을 때에는 국내산업 분류표에 유추하여 해석하여야 할 것이다.112)

　산업분류표는 산업에 대한 분류를 목적으로 하는 것이지 그것이 국내산업과 외국의 산업 분류를 목적으로 하는 것이 아니다.113) 따라서 이 통계법이 국내산업과 외국산업의 구분에 관한 근거법 내지 유추할 수 있는 법적 근거는 될 수 있을지언정 산업의 국내외를 구별하고자 하는 것은 아니다.

(3) 자회사 등의 편입

1) 법령의 규정

　금융지주회사가 새로이 자회사 등을 편입하는 경우 금감위의 사전승인을 얻어야 한다(제16조). 금융지주회사는 새로이 자회사를 편입하는 경우 시행령 제12조의 규정에 의한 승인신청서를 제출함으로써 금감위에 승인의 신청을 하여야 한다. 자회사가 새로이 손자회사를 편입하는 경우에도 금융지주회사가 승인신청을 하여야 한다.114)

　승인은 일반적으로 허가와 비슷한 의미를 지니는 것으로 법령에서 명백히 금지 또는 제한되어 있는 사항 중 예외적·일회적으로 허용할 필요가 있는 규제를 의미한다. 특히 감독관계에서 동의나 승낙을 얻기 위한 목적의 규제는 승인이란 용어를 사용한다. 승인의 법률적 효력은 허가와 동일하다. 즉 승인사항을 승인 없이 행한 경우 제재의 대상이 되지만 행위자체의 법률적 효력에는 영향이 없다. 이에 따라 금융지주회사

---

112) 그 밖에도 외국법인을 포함시키고자 하는 경우에는 명시적으로 규정하고 있는(제7조, 시행령 제15조) 규정의 반대해석에 의하여 규정이 없으면 포함시키지 않는 것으로 해석하는 견해가 있다.

113) 통계법 제1조(목적) 이 법은 통계에 관한 사항을 종합적으로 조정하고 통계의 체계를 정비함으로써 통계의 신뢰성과 통계제도운용의 효율성을 확보함을 목적으로 한다.

114) 자회사 등의 편입승인의 종류, 절차 및 조건부과 등은 금융지주회사의 설립인가와 동일하게 운용하고 있다. 다만, 승인신청자의 업무 부담을 덜어주기 위하여 이전에 이미 자회사 등의 편입승인을 받은 경험이 있는 금융지주회사의 승인신청서 및 첨부서류가 이미 제출된 서류와 동일할 경우에는 그 첨부서류를 참조하라는 뜻을 기재한 서면으로 이에 갈음할 수 있도록 허용하고 있다(금융지주회사감독규정 제9조 제2항).

법 제70조 제3항에서는 금감위의 승인 없이 자회사 등을 편입한 자에 대하여 1년 이하의 징역 또는 3천만 원 이하의 벌금에 처한다고 규정하고 있다.

그러나 금융지주회사법상 자회사 등 편입승인은 인가적 성격이 내포된 승인으로 해석하는 것이 타당한 것으로 보인다. 예를 들면, 금융지주회사가 다른 회사를 지배함으로써 자회사로 편입하고자 하는 경우 금감위의 예비승인은 얻었으나 아직 본승인은 받지 못한 기간 중에 그 다른 회사를 자회사로 인정할 것인지의 문제가 발생할 수 있다. 지배요건만으로 판단한다면 그 다른 회사는 자회사가 될 것이지만, 금감위의 본승인을 받지 못한 회사에 대하여 금융지주회사와 그 자회사 등에게 특별히 허용되는 개인신용정보 등의 공유(제48조의2) 및 임원의 겸직(제39조) 등을 허용하는 것은 무리가 있다.[115]

2) 자회사 등의 편입 승인요건

승인을 얻고자 하는 금융지주회사는 ① 자회사 등으로 편입되는 회사의 사업계획이 타당하고 건전할 것 ② 금융지주회사 및 자회사 등의 재무상태와 경영관리상태가 건전할 것 ③ 주식교환에 의하여 자회사 등으로 편입하는 경우에는 주식의 교환비율이 적정할 것 등의 요건을 갖추어야 한다. 금감위는 승인을 함에 있어서는 당해 자회사 등의 편입이 관련시장에서의 경쟁을 실질적으로 제한하는지의 여부에 관하여 미리 공정거래위원회와 협의하여야 한다(제17조).[116]

승인을 받기 위한 기준을 설정함으로써 승인신청자로 하여금 규제의 예측을 가능하게 하고 사전에 승인요건에 맞도록 준비할 수 있게 한다. 아울러 승인권자도 객관적

---

115) 금감원, 금융지주회사법 해설, 2003, 114면.
116) 금감원, 금융지주회사법 해설, 2003, 117면-119면. 주식교환비율의 적정성 요건은 향후 삭제되어야 할 것으로 보인다. 금융지주회사의 설립방법의 하나로 주식교환에 관한 규정을 두고 있었으나 주식교환에 관한 내용이 상법에 도입되면서 삭제되었으므로 이를 삭제하는 것이 법체계상 타당하고 주식교환 비율의 적정성 여부는 관계 주주들의 이의를 제기하는 등의 방법으로 해결할 길이 상법에 있기 때문에 금융지주회사법에서 규정할 성질의 것이 안 된다고 본다.

기준에 따르기 때문에 승인결정에 대한 공정성을 확보할 수 있다.117)

3) 자회사 등의 편입신고 등

금융지주회사법은 자회사 등의 편입 시 금감위의 승인을 받아야 하는 것이 원칙이지만 영위업무의 종류 및 특성 등을 감안하여 자회사 등의 편입이 금융지주회사 등의 건전경영을 저해하지 않는 경우에는 편입절차를 간소화하기 위하여 일정한 경우에는 금감위 신고만으로도 자회사 등으로 편입할 수 있는 길을 열어두고 있다(제18조).

신고대상회사는 금융기관의 설립 시 금감위의 인가·허가를 요하지 않는 금융기관, 최근 사업연도 말 현재 자산총액이 1천억 원 미만인 금융기관이다. 다만 손자회사로 편입되는 회사가 상기 신고대상회사에 해당될지라도 자회사가 당해 회사의 발행주식 총수의 50%(주권상장법인 또는 협회등록법인인 경우 30%) 미만을 소유하는 경우에는 신고대상에서 제외한다(시행령 제14조 제1항).

4. 금융지주회사의 자회사를 통한 손자회사 지배 가능

(1) 금융지주회사는 자회사를 통한 손자회사에 대한 간접지배 가능

금융지주회사의 자회사는 ① 당해 자회사의 업무와 연관성이 있는 금융기관으로서 대통령령이 정하는 금융기관(시행령 제15조), 금융업의 영위와 밀접한 관련이 있는 회사를 지배할 수 있다(제19조 제1항).

금융지주회사의 자회사는 업무상 연관이 있는 경우에만 다른 회사를 지배할 수 있고 업무와 관련이 없는 경우에는 지배하지 못하도록 하고 있다. 이는 자회사들을 금융지주회사의 산하에 병렬적으로 배치하여 자회사 간 수평적 협조체계를 형성할 수 있게 하고, 손자회사는 자회사의 영업을 보완할 수 있는 경우에 한해서 허용함으로써 금

---

117) 금감원, 금융지주회사법 해설, 2003, 117면.

융지주회사의 시너지 효과를 창출할 수 있도록 하며, 또한 소유구조의 다단계화를 통한 무분별한 계열확장을 방지하기 위하여 손자회사의 다른 회사 지배를 금지하고자 하는 것이다.[118]

(2) 손자회사의 범위

금융지주회사의 자회사가 지배할 수 있는 손자회사는 자회사의 업무와 연관이 있는 금융기관과 금융업의 영위와 밀접한 관련이 있는 회사이다. 다만, 상기 손자회사의 범위에 포함되지 않더라도 자회사가 될 당시에 이미 다른 회사를 지배하고 있는 경우에는 자회사가 된 날부터 2년간 유예된다. 이와 같이 유예기간을 부여하고 있는 것은 자회사 편입을 용이하게 함으로써 구조조정을 촉진하기 위한 것이다.

(3) 자회사의 업무와 연관이 있는 금융기관

자회사의 업무와 연관이 있는 금융기관은 3종류로 구분된다(시행령 제15조 제1항).
① 자회사와 동일한 업종의 외국법인
금융지주회사는 외국법인을 자회사로 지배할 수는 없지만[119] 손자회사로 편입함으로써 간접적으로 지배할 수는 있다. 현재 금융지주회사의 자회사가 지배하고 있는 동일한 업종의 외국법인은 대부분 해외 현지법인이다.
② 자회사가 영위할 수 있는 업무 중 법령에 의한 인가·허가 등을 요하지 아니하는 업무를 영위하는 금융기관
이는 자회사의 업무 중 법령에 의한 인가·허가 등을 요하지 아니하는 부수적인 업무를 손자회사에 위임함으로써 자회사의 영업을 보완할 수 있게 한 것이다. 인가·허

---

118) 금감원, 금융지주회사법 해설, 2003, 125면.
119) 금융지주회사법시행령 제2조 제1항에 의거 금융지주회사가 자회사로 지배할 수 있는 금융기관을 규정하고 있는 한국표준산업분류에는 외국법인을 포함하지 않고 있다.

가 등을 요하는 업무의 경우 자회사가 직접 영위하는 것이 바람직하며 동 업무를 손자회사에 위임함으로써 계열회사를 확장하는 것은 본 조의 제정취지에 부합하지 않는다 할 것이다.

③ 손자회사의 범위 확대

자회사가 은행, 종합금융회사, 증권회사 또는 보험사업자인 경우에는 지배할 수 있는 손자회사의 범위가 확대된다. 즉 자회사가 은행 또는 종합금융회사인 경우에는 신용정보업자, 신용카드업자, 투자자문회사, 신탁회사, 위탁회사, 선물업자, 자산운용회사를 지배할 수 있다.

자회사가 증권회사인 경우에는 위탁회사, 투자자문회사, 자산운용회사 및 선물업자를 지배할 수 있고, 자회사가 보험사업자인 경우에는 위탁회사, 보험사업에 부수하여 행하는 업무를 영위하는 금융기관을 각각 손자회사로 지배할 수 있다.[120]

④ 기타 회사

그 밖에도 자회사의 업무와 밀접한 관련이 있는 금융기관으로서 재정경제부령이 정하는 회사도 손자회사로 지배할 수 있도록 규정하고 있으나, 아직 재정경제부령이 제정되지 않아 이에 해당하는 회사는 없다.

(4) 금융업의 영위와 밀접한 관련이 있는 회사

금융업의 영위와 밀접한 관련이 있는 회사는 그 특성상 자회사의 영업을 보완하는 회사이므로 손자회사의 범위에 포함된다(시행령 제2조 제2항).[121]

---

120) 금감원, 금융지주회사법 해설, 2003, 53면.
121) 금융업의 영위와 밀접한 관련이 있는 회사에는 ① 금융업을 영위하는 회사("금융기관")에 대한 전산·정보처리 등의 용역의 제공 ② 금융기관이 보유한 부동산 기타 자산의 관리 ③ 금융업과 관련된 조사·연구 ④ 기타 금융기관의 고유 업무와 직접 관련되는 사업 등이다.

(5) 자회사의 예외적 비금융회사를 손자회사를 소유하는 경우

채권금융기관인 자회사가 채무자인 비금융회사의 구조조정을 위하여 채권을 출자로 전환하는 경우 비금융회사를 손자회사로 지배하게 되어 본 조를 위반하는 결과를 초래할 수 있다.

이와 관련하여 기업구조조정촉진법은 채권금융기관이 출자전환 하는 목적이 지배관계 형성이 아닌 대출금 회수에 있는 경우에는 출자제한 등에 대한 예외규정을 두고 있으나 금융지주회사는 누락되어 있다(기업구조조정촉진법 제34조 제1항). 이는 입법 불비라고 보이며 향후 관련법령 개정 시 이를 보완할 필요가 있다.

5. 손자회사의 다른 회사(증손자회사) 지배 금지

금융지주회사의 손자회사는 다른 회사를 지배하여서는 아니 된다. 다만, 손자회사가 될 당시에 지배하고 있던 회사의 경우에는 당해 손자회사가 된 날부터 2년간의 유예기간을 두고 있다(제19조 제2항). 이는 무분별한 계열확장을 방지하기 위하여 금융지주회사의 손자회사는 다른 회사를 지배할 수 없도록 규정하고 있는 것이다.

6. 지주회사가 자회사와 함께 손자회사를 지배할 수 있는지 여부

(1) 금융지주회사의 손자회사 주식소유의 문제

자회사에 대한 출자는 금융지주회사의 부수업무로 명시되어 있으나, 손자회사에 대한 출자에 대해서는 명시적인 규정이 없다. 금융지주회사법 제2조에서 손자회사를 '자회사에 의해 지배받는 회사(외국법인 포함)'로 정의하고 있는바, 이를 지배의 기준(자회사가 특수관계자와 합하여 계열회사의 최다출자자가 되는 것)에 따라 다시 정의하면 '자회사가 그의 특수관계자인 금융지주회사와 합하여 계열회사의 최다출자자인 경우 그 계열회사'임에 따라 금융지주회사도 손자회사의 주식을 소유할 수 있는 것으로 해석할 수 있는 여지가 있다.

이에 대해 감독당국은 손자회사는 자회사의 출자를 통해 자회사의 지배를 받는 회사라는 의미로 정의된 것이지 금융지주회사가 손자회사의 주식을 소유할 수 있다는 취지로 정의된 것은 아니라고 해석하고 있다. 또한 본 조에 의한 금융지주회사의 부수업무로서 자회사에 대한 출자만을 명시하고 있고 금융지주회사법 제46조에 의한 출자한도 규제도 자회사에 대한 출자만을 대상으로 하고 있는데, 이는 자회사에 대한 출자만을 허용하고 이에 대해서만 규제하겠다는 의미로 이해할 수 있을 것이라고 한다.

금융지주회사법시행령 제24조 제4항에서 '금융지주회사 등의 자기자본 순 합계액 산정 시 금융지주회사가 보유한 자회사 등의 주식을 차감한다'고 규정하고 있는 것은 금융지주회사 설립 시 또는 자회사 편입 시 금융지주회사가 이미 손자회사 주식을 보유하고 있는 예외적인 경우를 고려한 것이라고 한다.[122]

(2) 반대해석론

1) 감독당국의 해석론

감독당국은 지주회사의 손자회사 소유를 금지하고 있는 이유를 제46조의 출자규제 한도의 취지를 이용하여 해석하고 있다. 즉 금융지주회사가 부채를 조달하여 자회사에 출자할 경우 무리한 자회사 확장으로 경제력 집중이 심화될 수 있으며, 자회사는 증가된 자기자본을 바탕으로 부채를 증가시키는 이중레버리지 효과가 발생하여 자산규모가 과대계상될 수 있는 것을 경계하기 위한 것이며, 또한 자회사의 경영 악화 시 이를 개선하기 위한 자구노력을 수반하지 않고 손쉽게 금융지주회사의 차입금을 이용한 증자를 통해 해결하려고 하는 경우 금융지주회사도 동반 부실해져 그룹전체로 부실이 파급될 우려가 있다고 지적한다.

---

122) 금감원, 금융지주회사법 해설, 2003, 113면.

따라서 이러한 이유로 금융지주회사의 자회사에 대한 출자를 금융지주회사의 자기자본 범위 내로 한정함으로써 무리한 자회사 확장을 방지하고 금융지주회사 및 자회사 등의 건전한 경영을 도모하도록 하자는 것이다.[123]

2) 반대해석론(사견)

금융지주회사의 입장에서는 자회사를 통하여 손자회사를 지배하든 자회사와 함께 손자회사를 지배하든 지배에 관한 실체에는 차이가 없다. 물론 논리적으로 자회사와 함께 지배하는 경우에도 자회사보다 지분이 많을 수는 없다.

결론적으로 제46조가 금융지주회사의 손자회사의 소유를 금지하는 근거규정은 될 수 없다고 생각된다. 그 근거로 제46조가 금융지주회사의 손자회사를 금지하여야 할 입법적 타당성도 없을뿐더러 근거가 명확하지 않다.

제46조는 금융지주회사의 재무건전성을 담보하기 위한 규정으로서 금융지주회사의 자회사의 자본보다는 더 많아야 된다는 취지이기 때문에 아울러 금융지주회사의 재무건전성은 자회사뿐만 아니라 손자회사의 경우까지 재무건전성에 관한 규정이 적용되어야 더 타당한 것이지 재무건전성을 담보하기 위한 제도의 선결적 문제인 금융지주회사의 자회사 소유에 관한 논리를 이끌어 내는 것은 타당하지 않다.

뿐만 아니라 금융지주회사법에서는 자회사 등에는 자회사와 손자회사를 통칭하는 개념으로 쓴다고 명시하고 있으며(제4조 제1항 제2호), 단서에서 자회사 등의 재무개선을 위한 증자 등의 경우에는 금융지주회사의 자기자본을 초과한 출자를 인정하고 있다. 따라서 이러한 금융지주회사의 자회사와 함께 손자회사를 금지하여야 할 이유는 없고 그 금지의 타당성을 찾을 수 없다.

제46조의 취지가 건전 경영을 유도하는 데 목적이 있는 것이고, 그 대상이 자회사인지 손자회사인지는 중요하지가 않다. 따라서 당연히 법조문의 타이틀이 자회사라고 규정되어 있다고 해서 문리적으로 자회사로 국한하여 해석할 법 논리적 타당성은 없

---

123) 금감원, 금융지주회사법 해설, 2003, 192면.

는 것이다. 법 제정 시 손자회사를 배제하고자 하였다면 명문으로 배제하여야 하는 것이 옳다. 따라서 금융지주회사의 손자회사에 대해 주식을 소유할 수 있다고 해석하여야 할 것이다. 명문으로 금지되어 있지 않는 한 그것이 강행법규에 어긋나지 않고 지주회사 제도 도입의 취지상 명확한 근거가 없는 경우에는 상법상 자회사 및 손자회사가 적용될 수 있을 것이다.

감독당국은 금융지주회사에 관한 일반법이라 할 수 있는 공정거래법 제8조의2 제2항 제3호에 의하여 손자회사가 금지된다고 해석하고 있다. 이는 금융지주회사법상 특별한 규정이 있는 것을 제외하고는 상법과 공정거래법이 적용된다는 규정에 의한 것이라 한다(제62조). 그러나 제4조에 규정되어 있는 "자회사 등"을 자회사 및 손자회사로 한다고 명시되어 있고 지주회사의 증손회사 소유를 금지하는 경우에는 손자회사가 지배하는 자회사, 즉 증손회사도 자회사로 의제한다고 규정하고 있는 점에 비추어 금융지주회사의 손자회사에 대한 주식소유를 공정거래법에 의하여 원용하는 것은 법적 명확성이 결여되어 있다는 점에서 문제가 있다.

☞ 국내 지주회사의 해외진출 가능 여부

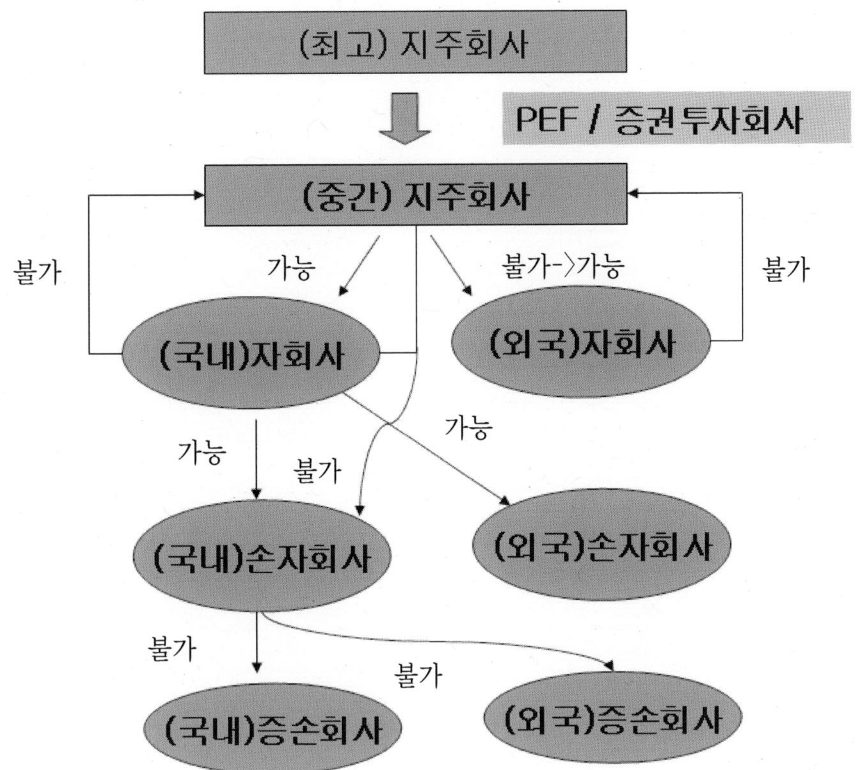

제5편 지주회사 · 개별법의 관계

제1장 총　설

　지주회사와 관련하여 공정거래법, 상법, 증권거래법, 노동법 및 세법 등 다양한 법률분야에 걸쳐 복잡한 문제들이 야기될 수 있다. 예컨대, 공정거래법에 있어서는 지주회사와 금융지주회사 간의 적용범위, 상법(회사법)에 있어서는 지주회사의 설립방법, 지주회사·자회사의 이사 및 감사의 권한과 책임, 지주회사 주주의 지위, 지주회사의 채권자보호, 자회사인 사업회사의 소주주·채권자의 보호, 회사분할제도 등이 문제가 된다.

　증권거래법에 있어서는 투자자 보호의 관점에서 기업정보 공시 등에 관한 규제가 검토되고 세법에 있어서는 자회사 배당의 모회사 익금산입으로 인한 법인세 이중과세, 지주회사 설립과정에서의 양도차익에 대한 과세, 흑자자회사와 적자자회사의 손익을 상쇄하는 연결납세제도의 도입문제, 노동법에 있어서는 자회사의 근로자에 대한 지주회사의 사용자성 등이 문제될 것이다.

　금융지주회사법도 다른 법률과의 관계성에 대해 금융지주회사에 관하여 이 법에 특별한 규정이 있는 것을 제외하고는 상법과 독점규제및공정거래에관한법률에 의한다고 규정하고 있다(제62조). 이하에서는 중요한 영역별로 지주회사와 관련된 법적 문제를 제기하는 수준에서 그치기로 한다.

제2장 상법상의 문제

제1 금융지주회사와 상법상의 법적 문제

상법은 경제적으로 독립한 개별회사를 규율할 뿐이고 지주회사와 자회사, 즉 모자회사 간의 법률관계를 예정하고 있지 않다. 즉 종래의 단순한 모자회사 관계에 그치는 경우에는 각각의 회사가 목적인 사업활동을 행하므로 소극적으로 모회사가 부당한 지배력 내지 영향력을 행사하는 경우를 제외하고는 별문제가 발생하지 아니하였다.[124]

그러나 지주회사관계에 있어서는 모회사의 이익은 자회사의 이익을 원천으로 하므로 모자회사관계가 종래의 경우처럼 소극적인 관계에 머물지 않고 적극적인 양상을 띠게 된다.

모회사가 자회사에 어떠한 형식으로든 영향력을 행사하는 것은 예정되어 있지 아니하고, 그 영향력의 행사에 의하여 초래되는 결과에 대한 책임에 대해서도 명문으로 규정하고 있지도 않다. 따라서 지주회사가 설립된다고 하더라도 상법상 자회사는 독립된 법인이기 때문에 자회사의 이사회(대표이사)가 회사의 경영에 관한 일체의 재판상 또는 재판 외의 행위를 할 권한을 갖는다. 따라서 자회사의 인사권 및 자본조달에 관한 모든 권한을 지주회사로부터 독립하여 운영하고 그에 대한 법적 책임도 자신들이 지는 독립된 법인이다.

그러나 현실적으로 이러한 자회사의 이사들에 대한 선임 및 해임에 관한 권한을 지주회사가 갖고 있기 때문에 사실상 영향을 받을 수밖에 없다. 특히 순수지주회사의 경우에는 자회사의 영업의 이익이 지주회사의 영업에 절대적으로 영향을 미치게 되므로 많은 관여를 하지 않을 수 없다.

---

124) 최성근, 지주회사의 해금과 상법관련제도에 관한 연구, 한국법제연구원, 1999.6, 49면.

이러한 관계로부터 지주회사의 주주의 이익이 자회사의 경영으로부터 직결되기 때문에 지주회사의 주주 특히 소수주주의 자회사 운영과 관련한 법적 보호방안, 자회사의 운영에 관여를 하게 되는 지주회사의 이사의 자회사 경영지배에 대한 책임, 모자회사에 관한 상법 규정상의 조화 등이 문제가 될 수 있다.

☞ 금융지주회사와 상법상의 법적 문제

	구분	순수지주회사		혼합지주회사	
		완전자회사인 경우	완전자회사 아닌 경우	완전자회사인 경우	완전자회사 아닌 경우
(금융)지주회사 -모회사-	주주총회				
	소수주주 보호 문제	○	○	○	○
	이사(회)				
	채권자 보호				
금융기관 -자회사-	주주총회				
	소수주주 보호 문제	X	○	X	○
	이사(회)				
	채권자 보호	○	○	○	○

제2 주식교환 및 주식이전에 관한 특례

주식교환 또는 주식이전에 의하여 자회사가 금융지주회사의 주식을 취득하거나 손자회사가 자회사의 주식을 취득한 때에는 당해 주식 중 다음 각 호의 어느 하나에 해당하는 자기주식의 교환대가로 배정받은 금융지주회사 또는 자회사의 주식에 대하여 「상법」 제342조의2의 규정을 적용함에 있어서 동조제2항 중 "6월"은 "3년"으로 본다 (제62조의2 제1항).

① 주식교환 또는 주식이전에 반대하는 주주의 주식매수청구권 행사로 인하여 취득한 자기주식

② 「증권거래법」 제189조의2제1항 및 제2항의 규정에 의하여 취득한 자기주식으로서 주식교환계약서의 승인에 관한 이사회 결의일 또는 주식이전승인에 관한 이사회 결의일부터 주식매수청구권 행사만료일까지 매입한 자기주식

금융지주회사를 설립(금융지주회사 등이 자회사 또는 손자회사를 새로 편입하는 경우 포함)하거나 기존 자회사 또는 손자회사의 주식을 모두 소유하기 위한 주식교환 또는 주식이전에 관하여 「상법」의 규정을 적용함에 있어서 동법 제354조제4항 본문, 제360조의4제1항, 제360조의5제2항, 제360조의9제2항, 제360조의10제4항, 제360조의17제1항 및 제363조제1항 중 "2주"는 각각 "7일"로, 동법 제360조의5제1항 및 제360조의5제2항 중 "20일"은 각각 "10일"로, 동법 제360조의8제1항 중 "1개월 전에"는 "5일 전에"로, 동법 제360조의10제5항 중 "주식교환에 반대하는 의사를 통지한 때에는"은 "주식교환에 반대하는 의사를 제4항의 통지 또는 공고의 날부터 7일 이내에 통지한 때에는"으로, 동법 제360조의19제1항제2호 중 "1개월을 초과하여 정한 기간 내에"는 "5일 이상의 기간을 정하여 그 기간 내에"로, 동법 제374조의2제2항 중 "2개월 이내에"는 "1개월 이내에"로 본다(제62조의2 제2항).

금융지주회사를 설립하거나 기존 자회사 또는 손자회사의 주식을 모두 소유하기 위한 주식교환 또는 주식이전에 반대하는 주주와 회사 간에 주식 매수가격에 관한 협의가 이루어지지 아니하는 경우의 주식 매수가격은 「상법」 제360조의5제3항에서 준용하는 동법 제374조의2제4항 및 제5항의 규정에 불구하고 다음 각 호의 구분에 의하여 산정된 금액으로 한다(제62조의2 제3항).

① 당해 회사가 「증권거래법」에 의한 주권상장법인 또는 코스닥상장법인인 경우 : 주식교환계약서의 승인 또는 주식이전승인에 관한 이사회의 결의일 이전에 유가증권시장에서 거래된 당해 주식의 거래가격을 기준으로 대통령령이 정하는 방법에 따라 산정된 금액

② 당해 회사가 제1호외의 회사인 경우 : 회계전문가에 의하여 산정된 금액. 이 경

우 회계전문가의 범위와 선임절차는 대통령령으로 정한다.

금융지주회사를 설립하거나 기존 자회사 또는 손자회사의 주식을 모두 소유하기 위하여 주식교환 또는 주식이전을 하는 회사 또는 「상법」 제360조의5에 따라 주식매수를 청구한 주식 수의 100분의 30 이상을 소유하는 주주가 제3항의 규정에 의하여 산정된 주식의 매수가격에 반대하는 경우 당해 회사 또는 주주는 「상법」 제374조의2제2항에 따라 매수를 종료하여야 하는 날의 10일 전까지 금융감독위원회에 그 매수가격의 조정을 신청할 수 있다(제62조의2 제4항).

제3장 증권거래법상의 문제

지주회사의 증권거래법상의 문제란 순수지주회사집단이 공개시장을 이용하게 되는 경우에 증권거래법상 발생하는 문제점에 관한 것이다. 주로 투자자 보호가 문제될 것이다.

타 회사에 대한 투자를 주된 업무로 하는 금융지주회사가 발행하는 증권을 매매하는 데에는 그 투자판단자료로서 투자자회사의 기업 내용에 관한 정보, 예컨대 지배회사와 종속회사의 재무상태를 포함한 연결재무제표의 작성 등을 통해 투자자가 쉽게 접근할 수 있도록 하여야 할 것이다.

그 밖에도 상장과정에서 발생할 수 있는 우회상장과 같은 문제, 발행 및 유통시장에서의 공시 사항 등이 문제가 될 수 있다.

|참고문헌|

강병호·조성종, 「주요국의 금융제도론」, 서울 : 박영사, 1996.

곽윤직, 채권총론, 박영사, 1990.

권기범, 「(제2판)企業構造調整法」, 서울 : 三知院, 1999).

권오승, 「경제법(제2판)」(서울 : 법문사, 1999).

금감원, 금융지주회사법 해설, 2003.

金建植, 持株會社規制의 再檢討(日本에서의 改正論을 中心으로), 서울大 法學, 1996.3.

김건식/장지상/최도성, 우리나라 持株會社禁止制度의 評價 및 改善方案, 공정거래위원회, 1997.9.

김건식·노혁준, 지주회사의 운영과 회사법 : 총론적 고찰, 지주회사와 법(김건식·노혁준 편저), 小花, 2005.

김문재, 순수지주회사의 허용과 관련법제의 대응방향, 연구논단, 1998.

김문재, 지주회사의 도입에 따른 회사법의 방향, 상사법연구, 제18권 제1호(통권 제23호), 한국상사법학회, 1999.

金相圭·李炯珪, 持株會社의 規制에 대한 法理的 檢討, 全國經濟人聯合會.

김학현, 공정거래법상의 지주회사 규제, 지주회사와 법(김건식·노혁준 편저), 小花, 2005.

김현태·김학훈, 자회사에 대한 실효적 지배를 위한 법적 수단, 지주회사와 법(김건식·노혁준 편저), 小花, 2005.

나석진, 지주회사설립과 세제에 관한 연구, 상장협 제40호(1999년 추계호), 한국상장회사협의회.

나승성, 「商法 改正內容 解說」, 서울 : 韓國上場會社協議會, 1999.3.

______, 「商法改正案逐條解說(1999년 商法改正案)」, 서울 : 自由, 1999.

______, 개정상법상 감사위원회 제도, 고시연구, 고시연구사, 제313호, 2000.5.

______, 商法槪說, 自由, 2002.6.

______, 商法改正案上의 株式交換制度 檢討, 考試研究, 2001.1(第322號).

______, 商法改正案上의 株式移轉制度 檢討, 安岩法學, 2001.3.

______, 이사회내 위원회제도, 인권과 정의, 대한변호사협회, 제285호, 2000.5.

______, 株式交換·株式移轉에 관한 硏究, 判例月報, 判例月報社, 第362號, 2000.11.

______, 株式交換制度에 관한 硏究, 上場協, 上場會社協議會, 2000年 秋季號(第42號).

______, 株式移轉制度에 관한 硏究, 司法行政, 韓國司法行政學會, 2000.10(通卷 第478號).

______, 會社支配構造論, 圖書出版 自由, 2000.1.

노혁준, 교환공개매수를 통한 지주회사의 설립, 지주회사와 법(김건식·노혁준 편저), 小花, 2005.

______, 주식교환·주식이전을 통한 지주회사의 설립, 지주회사와 법(김건식·노혁준 편저), 小花, 2005.

______, 지주회사 관계에서 이사의 의무와 겸임이사, 지주회사와 법(김건식·노혁준 편저), 小花, 2005.

도건철, 공정거래법상 지주회사 규제의 쟁점과 개선방안, 지주회사와 법(김건식·노혁준 편저), 小花, 2005.

류동하, 금융지주회사법 개정과과제와 주요쟁점, 국회사무처, 2006.4.

박경서/김선호, 금융지주회사제도에 관한 연구, 한국금융연구원, 1997.10.

서윤수, "지주회사의 허용과 관련법제의 정비에 관한 입법론적 고찰", 「법학석사학위논문」(한양대, 1998.8).

성대규, "미국 금융서비스현대화법의 주요내용과 그 시사점", 「생명보험」, 2000.3.

송승훈, 금융지주회사제도에 관한 연구, 고려대 석사학위논문, 2000.

양재호, 금융지주회사 규제에 관한 연구 ―입법론적 고찰을 중심으로―, 숭실대 박사학위논문, 2005.6.

윤현석, 회사법상 주식교환·주식이전제도의 도입에 관한 연구, 인천법학논총 제3집(2000).

이기수, 「경제법(전정판)」(서울 : 세창출판사, 1999).

이남기, 「경제법(제2개정판)」(서울 : 박영사, 2000).

이동규, 지주회사제도의 효율적 운용방안, 공정경쟁, 2000.9.

이동원, "지주회사에 관한 연구 ―법적 문제점을 중심으로 ―" 「법학박사학위논문」(고려대, 1998.8).

______, 「지주회사」(서울 : 세창출판사, 2000).

______, 금융지주회사에 있어서의 법적 문제, 경영법률 제11집(2000).

______, 지주회사에 관한 법적 문제점 ―증권거래법을 중심으로―, 경영법률 제9집(1999),

250면.

______, 지주회사에 관한 비교법적 고찰, 지주회사와 법(김건식·노혁준 편저), 小花, 2005.

이백규, "금융지주회사제도 현황과 발전방향", 신한리뷰, 제13권제3호(2000년 가을호).

이영대, 금융지주회사 규제에 관한 연구, 상사법연구 제20권 제1호, 한국상사법학회, 2001.

이용찬, 금융지주회사의 감독제도에 관한 연구(중앙대학교 박사학위논문, 2003).

이은영, 채권총론, 박영사, 1992.

全經聯 規制緩和室, 國際競爭力과 持株會社, 全國經濟人聯合會, 1995.

최성근, "지주회사의 도입과 대책", 上場協 36號 (97.11.秋), 63면.

______, "지주회사의 도입과 법적 과제", 기업구조조정촉진 관련제도의 도입방안, 대한상
공회의소, 1997.12.

______, 지주회사의 설립방식, 상사법연구, 제18권 제1호(통권 제23호), 한국상사법학회,
1999.

______, 지주회사의 해금과 상법관련제도에 관한 연구, 한국법제연구원, 1999.6.

韓國開發硏究院(KDI), 持株會社 制限制度의 改善方案, 1998.5.

한국금융연구원, 금융지주회사의 제도에 관한 연구, 1997.10.

______________, 금융지주회사제도 개선방안, 2000.7.

한유경, "금융지주회사-미국, 유럽 사례", 「신한리뷰」, 제13권 제3호(2000년 가을호).

현성수, 금융지주회사법 일부개정법률안(정부제출:5280) 검토보고, 2007.2.

황승화, "지주회사제도 해설", 상장협실무전집25(2004.2), 한국상장회사협의회.

藤田友敬, 持株會社の設立, 商事法務, No. 1431, 1996.8.5.

林　勇, 親子會社法制の改正と實務對應(上) ― 株式交換・株式移轉手續の槪要とスケジュー
ル ―, 商事法務 No.1549(2000.1.25).

石井博之, 　株式交換・株式移轉制度の整備に係る商法等の一部を改正する法律等の施行に伴
う商業・法人登記事務の取扱い, 商事法務 No.1546(1999.12.15).

前田雅弘, "純粹持株會社と証券取引法," 商事法務, 1996.8.5.-15.(第1431號).

中東正文, 株式交換による持株會社の設立, 商事法務, No. 1482, 1998.2.15.

Robert w. Hamilton, *The law of corporation*, West Publishing co., 1996.

|부록|

금융지주회사법

제1장 총 칙

제1조(목적) 이 법은 금융지주회사의 설립을 촉진하고 금융지주회사와 그 자회사의 건전한 경영을 도모함으로써 금융산업의 경쟁력을 높이고 국민경제의 건전한 발전에 이바지함을 목적으로 한다.

제2조(정의) ①이 법에서 사용하는 용어의 정의는 다음과 같다.〈개정 2002.4.27, 2007.8.3〉

1. "금융지주회사"라 함은 주식(지분을 포함한다. 이하 같다)의 소유를 통하여 금융업을 영위하는 회사(이하 "금융기관"이라 한다) 또는 금융업의 영위와 밀접한 관련이 있는 회사를 대통령령이 정하는 기준에 의하여 지배(이하 "지배"라 한다)하는 것을 주된 사업으로 하며 1이상의 금융기관을 지배하는 회사로서 제3조의 규정에 의한 인가를 받은 회사를 말한다.

2. "자회사"라 함은 금융지주회사에 의하여 지배받는 회사(외국 법인을 포함한다)를 말한다.

3. "손자회사"라 함은 자회사에 의하여 지배받는 회사(외국 법인을 포함한다)를 말한다.

4. "완전지주회사" 및 "완전자회사"라 함은 각각 금융지주회사가 자회사의 발행주식 총수를 소유하는 경우의 당해 금융지주회사 및 당해 자회사를 말한다.

5. "은행지주회사"라 함은 다음 각 목의 어느 하나에 해당하는 회사를 포함하여 1 이상의 금융기관을 지배하는 금융지주회사를 말한다.
가. 「은행법」에 따른 인가를 받아 설립된 금융기관(이하 "은행"이라 한다)
나. 「장기신용은행법」에 따른 장기신용은행
다. 「은행법」 제2조제1항제1호의 은행업을 영위하는 금융기관으로서 대통령령이 정하는 금융기관
라. 가목 내지 다목의 금융기관을 지배하는 금융지주회사

6. "지방은행지주회사"라 함은 다음 각목의 은행 또는 은행지주회사를 지배하지 아니하는 은행지주회사를 말한다.
가. 전국을 영업구역으로 하는 은행
나. 가목의 은행을 지배하는 은행지주회사

7. "동일인"이라 함은 본인 및 그와 대통령령이 정하는 특수관계에 있는 자(이하 "특수관계인"이라 한다)를 말한다.

8. "비금융주력자"라 함은 다음 각 목의 어느 하나에 해당하는 자를 말한다.
가. 동일인 중 비금융회사(대통령령이 정하는 금융업이 아닌 업종을 영위하는 회사를 말한다. 이하 같다)인 자의 자본총액(대차대조표상 자산총액에서 부채총액을 차감한 금액을 말한다. 이하 같다)의 합계액이 당해 동일인 중 회사인 자의 자본총액의 합계액의 100분의 25 이상인 경우의 당해 동일인
나. 동일인 중 비금융회사인 자의 자산총액의 합계액이 2조 원 이상으로서 대통령령이 정하는 금액 이상인 경우의 당해 동일인
다. 「간접투자자산 운용업법」에 따른 투자회사(이하 "투자회사"라 한다)로서 가목 또는 나목의 자가 그 발행주식 총수의 100분의 4를 초과하여 주식을 보유(동일인이 자기 또는 타인의 명의로 주식을 소유하거나 계약 등에 의하여 의결권을 가지는 것을 말한다. 이하 같다)하는 경우의 해당 투자회사

9. "대주주"라 함은 다음 각 목의 어느 하나에

해당하는 자를 말한다.
가. 최대주주 : 금융지주회사의 의결권 있는 발행주식 총수를 기준으로 본인과 그의 특수관계인이 누구의 명의로 하든지 자기의 계산으로 소유하는 주식을 합하여 그 수가 가장 많은 경우의 그 본인
나. 주요주주 : 누구의 명의로 하든지 자기의 계산으로 금융지주회사의 의결권 있는 발행주식 총수의 100분의 10 이상의 주식을 소유하는 자 또는 임원의 임면 등의 방법으로 해당 금융지주회사 및 그 자회사와 손자회사의 주요 경영사항에 대하여 사실상의 영향력을 행사하는 주주로서 대통령령으로 정하는 자
10. "주요출자자"란 다음 각 목의 어느 하나에 해당하는 자를 말한다.
가. 은행지주회사의 주주 1인을 포함한 동일인이 은행지주회사의 의결권 있는 발행주식 총수의 100분의 10(지방은행지주회사의 경우에는 100분의 15)을 초과하여 주식을 보유하는 경우의 해당 주주 1인
나. 은행지주회사의 주주 1인을 포함한 동일인이 은행지주회사(지방은행지주회사를 제외한다)의 의결권 있는 발행주식 총수(제8조의2제2항에 따라 의결권을 행사하지 못하는 주식을 제외한다)의 100분의 4를 초과하여 주식을 보유하는 경우로서 해당 동일인이 최대주주이거나 대통령령으로 정하는 바에 따라 임원의 임면 등의 방법으로 해당 은행지주회사 및 그 자회사와 손자회사(이하 "은행지주회사 등"이라 한다)의 주요 경영사항에 대하여 사실상의 영향력을 행사하고 있는 자인 경우의 해당 주주 1인
②제1항제1호의 금융업의 범위, 금융업의 영위와 밀접한 관련이 있는 회사의 범위 및 주된 사업의 기준은 대통령령으로 정한다.

제2장 금융지주회사의 설립 등

제3조(인가) ①자산총액이 대통령령으로 정하는 금액 이상인 자로서 금융지주회사가 되려는 자는 금융감독위원회의 인가를 받아야 한다.〈개정 2007.8.3〉
②제1항의 규정에 의한 인가를 받고자 하는 자는 대통령령이 정하는 바에 의하여 신청서를 금융감독위원회에 제출하여야 한다.
③금융감독위원회는 제1항의 규정에 의한 인가에 조건을 붙일 수 있다.
④제1항의 규정에 의한 인가를 받은 경우 당해 금융지주회사는 독점규제및공정거래에관한법률 제8조의 규정에 의한 신고를 한 것으로 본다.
제4조(인가의 기준〈개정 2007.8.3〉) ①제3조에 따른 인가를 받고자 하는 자는 다음 각 호의 기준을 모두 갖추어야 한다.〈개정 2002.4.27, 2007.8.3〉
1. 주식회사로서 사업계획이 타당하고 건전할 것
2. 자회사 및 손자회사(제19조제2항 단서에 해당하는 경우에는 손자회사가 지배하는 회사를 포함하며, 이하 "자회사 등"이라 한다)가 되는 회사의 사업계획이 타당하고 건전할 것
3. 대주주(최대주주의 특수관계인인 주주를 포함하며, 최대주주가 법인인 경우에는 그 법인의 주요 경영사항에 대하여 사실상의 영향력을 행사하고 있는 주주로서 대통령령으로 정하는 자를 포함한다. 이하 제7조의2에서 같다)가 충분한 출자능력, 건전한 재무상태 및 사회적 신용을 갖추고 있을 것
4. 금융지주회사와 자회사 등이 되는 회사의 재무상태 및 경영관리상태가 건전할 것
5. 「상법」 제360조의2에 따른 주식의 포괄적 교환(이하 "주식교환"이라 한다) 또는 동법 제360조의15에 따른 주식의 포괄적 이전(이하 "주식이전"이라 한다)에 의하여 완전지주회사가 되는 경우에는 주식의 교환비율이 적정할 것
②제1항에 따른 인가기준에 관한 세부기준은 대통령령으로 정한다.〈개정 2007.8.3〉
제5조(공정거래위원회와의 협의) 금융감독위원회는 제3조에 따른 인가를 함에 있어서는 다음 각 호의 사항에 관하여 미리 공정거래위원회와 협의하여야 한다.〈개정 2007.8.3〉

1. 「독점규제 및 공정거래에 관한 법률」 제8조의2제2항에 따른 지주회사의 행위제한에 관한 사항 및 동법 제8조의3에 따른 지주회사의 설립 제한에 관한 사항
2. 관련시장에서의 경쟁을 실질적으로 제한하는지의 여부에 관한 사항
제5조의2(인가받을 의무 등) ①자회사 주식의 가액증가 등 대통령령으로 정하는 부득이한 사유로 제2조제1항제1호의 금융지주회사 요건(제3조에 따른 인가요건을 제외하며, 이하 "금융지주회사요건"이라 한다)에 해당하게 된 자(자산총액이 제3조제1항의 금액 미만인 자를 제외하며, 이하 이 조에서 "인가대상금융지주회사"라 한다)는 사업연도 결산일부터 대통령령으로 정하는 기간 이내에 그 사실을 금융감독위원회에 보고하여야 한다.
②인가대상금융지주회사는 사업연도 결산일부터 대통령령으로 정하는 기간 이내에 제3조에 따른 인가를 받거나 금융지주회사요건에 해당되지 아니하도록 하여야 한다. 다만 불가피한 사유가 있는 경우에는 금융감독위원회의 승인을 받아 1년의 범위 안에서 그 기간을 연장할 수 있다.
③제1항에 따른 보고 절차 및 방법 등에 관하여 필요한 사항은 금융감독위원회가 정하여 고시한다.
[본조신설 2007.8.3]
제5조의3(상호사용 금지) 금융지주회사가 아닌 자는 그 상호나 명칭에 금융지주회사임을 표시하는 문자를 사용하여서는 아니 된다.
[본조신설 2007.8.3]
제6조(인가 등의 공고) 금융감독위원회는 제3조의 규정에 의하여 인가를 하거나 제57조제2항의 규정에 의하여 인가를 취소한 때에는 지체 없이 그 내용을 관보에 공고하고 컴퓨터통신 등을 이용하여 일반인에게 알려야 한다.
제6조의2(자본금 및 정관 변경의 신고) ①금융지주회사는 자본금을 감소시키거나 정관을 변경하려는 때에는 금융감독위원회에 미리 신고하여야 한다. 다만 정관의 변경사항 중 금융감독위원회가 정하는 경미한 사항을 변경하는 때에는 변경한 날부터 7일 이내에 그 사실을 금융감독위원회에 보고하여야 한다.
②금융감독위원회는 제1항 본문에 따라 신고받은 내용이 관계 법령에 위반되거나 금융지주회사의 경영의 건전성을 훼손할 우려가 있는 경우에는 해당 금융지주회사에 시정하거나 보완할 것을 권고할 수 있다.
[본조신설 2007.8.3]

제3장 금융지주회사의 소유제한 등

제7조(금융기관과 금융지주회사의 지배관계 제한) ①금융지주회사는 금융기관(외국의 법령에 의하여 설립된 금융기관을 포함한다)과 대통령령이 정하는 지배관계(이하 이 조에서 "지배관계"라 한다)에 있어서는 아니 된다. 다만 다음 각 호의 어느 하나에 해당하는 경우로서 대통령령으로 정하는 요건에 해당하는 때에는 그러하지 아니하다.〈개정 2007.8.3〉
1. 금융지주회사가 다른 금융지주회사와 지배관계에 있는 경우
2. 「간접투자자산 운용업법」에 따른 투자회사·사모투자전문회사 또는 투자목적회사가 금융지주회사와 지배관계에 있는 경우
3. 경영 능력, 규모 및 건전성 등을 감안하여 대통령령으로 정하는 외국 금융기관(외국의 법령에 따라 설립되어 외국에서 금융업을 영위하는 자를 말한다)으로서 금융감독위원회가 인정한 자가 금융지주회사와 지배관계에 있는 경우
②제1항 본문에도 불구하고 담보권의 실행 등 대통령령으로 정하는 부득이한 사유로 금융기관이 금융지주회사와 지배관계에 있게 된 경우에는 사업연도 결산일부터 대통령령으로 정하는 기간 이내에 그 금융지주회사와 지배관계를 해소하여야 한다. 다만, 불가피한 사유가 있는 경우에는 금융감독위원회의 승인을 받아 1년의 범위 안에서 그 기간을 연장할 수 있다.〈신설 2007.8.3〉

[전문개정 2002.4.27]
제7조의2(대주주의 변경승인 등) ①금융지주회사(은행지주회사를 제외한다)의 주식 취득으로 대주주가 되려는 자는 제4조제1항제3호에 따른 대주주 기준 중 건전한 경영을 위하여 대통령령으로 정하는 기준을 갖추어 미리 금융감독위원회의 승인을 받아야 한다.
②금융감독위원회는 제1항에 따른 승인을 받지 아니하고 취득한 주식에 대하여 6개월 이내의 기간을 정하여 처분을 명할 수 있다.
③제1항에 따른 승인을 받지 아니하고 주식을 취득한 자는 승인 없이 취득한 주식의 취득분에 대하여 의결권을 행사할 수 없다.
④제1항 및 제2항에 따른 승인 및 처분명령의 요건에 관하여 필요한 사항은 대통령령으로 정한다.
[본조신설 2007.8.3]
제8조(은행지주회사주식의 보유제한 등) ①동일인은 은행지주회사의 의결권 있는 발행주식 총수의 100분의 10을 초과하여 은행지주회사의 주식을 보유할 수 없다. 다만 다음 각 호의 1에 해당하는 경우와 제3항 및 제8조의2제3항의 경우에는 그러하지 아니하다.
1. 정부 또는 예금자보호법에 의한 예금보험공사가 은행지주회사의 주식을 보유하는 경우
2. 금융지주회사가 지배하는 당해 은행지주회사의 주식을 보유하는 경우
3. 지방은행지주회사의 의결권 있는 발행주식 총수의 100분의 15 이내에서 보유하는 경우
②동일인(대통령령이 정하는 자를 제외한다)은 다음 각 호의 1에 해당하게 된 때에는 대통령령이 정하는 바에 따라 금융감독위원회에 보고하여야 한다.
1. 은행지주회사(지방은행지주회사를 제외한다. 이하 이 항에서 같다)의 의결권 있는 발행주식 총수의 100분의 4를 초과하여 주식을 보유하게 된 때
2. 제1호에 해당하는 동일인이 당해 은행지주회사의 최대주주가 된 때
3. 제1호에 해당하는 동일인의 주식보유비율이 당해 은행지주회사의 의결권 있는 발행주식 총수의 100분의 1 이상 변동된 때
③제1항 각 호외의 부분 본문의 규정에 불구하고 동일인은 다음 각 호의 구분에 의한 한도를 각각 초과할 때마다 금융감독위원회의 승인을 얻어 은행지주회사의 주식을 보유할 수 있다. 다만 금융감독위원회는 은행업의 효율성과 건전성에의 기여가능성, 당해 은행지주회사 주주의 보유지분 분포 등을 감안하여 필요하다고 인정되는 때에 한하여 각 호에서 정한 한도 외에 별도의 구체적인 보유한도를 정하여 승인할 수 있으며, 동일인이 그 승인받은 한도를 초과하여 주식을 보유하고자 하는 경우에는 다시 금융감독위원회의 승인을 얻어야 한다.
1. 제1항 각 호외의 부분 본문에서 정한 한도(지방은행지주회사의 경우에는 제1항제3호에서 정한 한도)
2. 당해 은행지주회사의 의결권 있는 발행주식 총수의 100분의 25
3. 당해 은행지주회사의 의결권 있는 발행주식 총수의 100분의 33
④금융감독위원회는 제3항의 규정에 의한 승인을 하지 아니하는 경우에는 대통령령이 정하는 기간 이내에 신청인에게 그 사유를 명시하여 통지하여야 한다.
⑤제3항의 규정을 적용함에 있어 은행지주회사의 주식을 보유할 수 있는 자의 자격, 주식보유와 관련한 승인의 요건·절차 그 밖에 필요한 사항은 당해 은행지주회사 등의 건전성을 저해할 위험성, 자산규모·재무상태의 적정성, 당해 은행지주회사 등으로부터의 신용공여규모, 금융산업의 효율성과 건전성에의 기여가능성 등을 감안하여 대통령령으로 정한다.
⑥투자회사가 제3항에 따라 승인을 얻어 은행지주회사의 주식을 보유하는 경우 해당 투자회사 및 그 투자회사의 법인이사인 자산운용회사에 대하여는 「간접투자자산 운용업법」 제88조제1항제2호를 적용하지 아니한다.〈개정 2007.8.3〉

[전문개정 2002.4.27]
제8조의2(비금융주력자의 주식보유제한 등) ①비금융주력자(독점규제및공정거래에관한법률 제14조의2의 규정에 의하여 상호출자제한기업집단 등에서 제외되어 비금융주력자에 해당하지 아니하게 된 자로서 그 제외된 날부터 대통령령이 정하는 기간이 경과하지 아니한 자를 포함한다. 이하 제2항에서 같다)는 제8조제1항의 규정에 불구하고 은행지주회사의 의결권 있는 발행주식총수의 100분의 4(지방은행지주회사의 경우에는 100분의 15)를 초과하여 은행지주회사의 주식을 보유할 수 없다.
②제1항의 규정에 불구하고 비금융주력자가 제1항의 한도(지방은행지주회사의 경우를 제외한다)를 초과하여 보유하고자 하는 은행지주회사의 주식에 대한 의결권을 행사하지 아니하는 조건으로 재무건전성 등 대통령령이 정하는 요건을 충족하여 금융감독위원회의 승인을 얻은 경우에는 제8조제1항 각 호외의 부분 본문에서 정한 한도까지 주식을 보유할 수 있다.
③2년 이내에 비금융주력자가 아닌 자로 전환하기 위한 계획(이하 "전환계획"이라 한다)을 금융감독위원회에 제출하여 승인을 얻은 비금융주력자에 대하여는 제1항 및 제2항의 규정에 불구하고 제8조제1항 및 동조제3항의 규정을 적용한다.
④제3항의 규정에 의한 전환계획의 승인요건 그 밖에 승인심사에 관하여 필요한 사항은 대통령령으로 정한다.
[본조신설 2002.4.27]
제8조의3(전환계획에 대한 평가 및 점검 등) ①제8조의2제3항의 규정에 의한 승인을 신청하고자 하는 비금융주력자는 전환계획을 금융감독위원회에 제출하여야 하며, 금융감독위원회는 전환계획에 대한 전문기관의 평가가 필요하다고 인정하는 경우 금융감독위원회가 정하는 바에 따라 그 평가를 실시할 수 있다.
②금융감독위원회는 제8조의2제3항의 규정에 의하여 전환계획에 대한 승인을 얻어 동조제1항에서 정한 한도를 초과하여 은행지주회사의 주식

을 보유하는 비금융주력자(이하 "전환대상자"라 한다)의 전환계획 이행상황을 대통령령이 정하는 바에 따라 정기적으로 점검하고 그 결과를 컴퓨터통신 등을 이용하여 공시하여야 한다.
③금융감독위원회는 제2항의 규정에 의한 점검결과 전환대상자가 전환계획을 이행하지 아니하고 있다고 인정되는 경우에는 6월 이내의 기간을 정하여 그 이행을 명할 수 있다.
④다음 각 호의 1에 해당하는 전환대상자는 제8조의2제1항에서 정한 한도를 초과하여 보유하는 은행지주회사의 주식에 대하여는 의결권을 행사할 수 없다.
1. 금융감독위원회로부터 제3항의 규정에 의한 이행명령을 받은 전환대상자
2. 제51조의2제1항제2호의 사유에 의한 금융감독원장의 검사결과 은행지주회사 등과의 불법거래 사실이 확인된 전환대상자
⑤금융감독위원회는 전환대상자가 다음 각 호의 1에 해당하는 경우에는 6월 이내의 기간을 정하여 제8조의2제1항에서 정한 한도를 초과하여 보유하는 은행지주회사의 주식을 처분할 것을 명할 수 있다.
1. 제3항의 규정에 의한 이행명령을 이행하지 아니하는 경우
2. 제4항제2호에 해당하는 경우
[본조신설 2002.4.27]
제9조 삭제〈2002.4.27〉
제10조(한도초과 주식의 의결권 제한 등) ①제8조제1항·제3항 또는 제8조의2제1항·제2항의 규정에 의한 주식의 보유한도를 초과하여 은행지주회사의 주식을 보유하는 자는 당해 한도를 초과하는 주식에 대하여는 그 의결권을 행사할 수 없으며, 지체 없이 그 한도에 적합하도록 하여야 한다.〈개정 2002.4.27〉
②금융감독위원회는 제1항의 규정을 준수하지 아니하는 자에 대하여는 6개월 이내의 기간을 정하여 그 한도를 초과하는 주식을 처분할 것을 명할 수 있다.
제10조의2(한도초과보유주주에 대한 적격성심사

등) ①금융감독위원회는 제8조제3항 및 제8조의2제3항의 규정에 의하여 은행지주회사의 주식을 보유하는 자(이하 이 조에서 "한도초과보유주주"라 한다)가 당해 주식을 보유한 후에도 제8조제5항의 규정에 의한 자격 및 승인의 요건(이하 이 조에서 "초과보유요건"이라 한다)을 충족하는지 여부를 대통령령이 정하는 바에 따라 심사하여야 한다.

②금융감독위원회는 제1항의 규정에 의한 심사를 위하여 필요한 때에는 은행지주회사 또는 한도초과보유주주에 대하여 필요한 자료 또는 정보의 제공을 요구할 수 있다.

③금융감독위원회는 제1항의 규정에 의한 심사결과 한도초과보유주주가 초과보유요건을 충족하지 못하고 있다고 인정되는 때에는 6개월 이내의 기간을 정하여 초과보유요건을 충족하도록 명할 수 있다.

④제3항의 규정에 의한 명령을 받은 한도초과보유주주는 당해 명령을 이행할 때까지 제8조제3항제1호에서 정한 한도(한도초과보유주주가 비금융주력자인 경우에는 제8조의2제1항에서 정한 한도를 말한다. 이하 제5항에서 같다)를 초과하여 보유하는 은행지주회사의 주식에 대하여는 의결권을 행사할 수 없다.

⑤금융감독위원회는 제3항의 규정에 의한 명령을 받은 한도초과보유주주가 당해 명령을 이행하지 아니하는 때에는 6개월 이내의 기간을 정하여 당해 한도초과보유주주가 제8조제3항제1호에서 정한 한도를 초과하여 보유하는 은행지주회사의 주식을 처분할 것을 명할 수 있다.

[본조신설 2002.4.27]

제11조 삭제〈2002.4.27〉

제12조 삭제〈2002.4.27〉

제13조(은행지주회사에 대한 특례) 은행지주회사는 은행법 제15조제1항 본문의 규정에 불구하고 의결권 있는 발행주식 총수의 100분의 10을 초과하여 은행의 주식을 보유할 수 있다.〈개정 2002.4.27〉

제14조 삭제〈2002.4.27〉

제4장 금융지주회사의 업무 및 자회사의 편입 등

제15조(업무) 금융지주회사는 자회사의 경영관리업무와 그에 부수하는 업무로서 대통령령이 정하는 업무를 제외하고는 영리를 목적으로 하는 다른 업무를 영위할 수 없다.

제16조(자회사 등의 편입승인) ①금융지주회사(다른 금융지주회사에 의하여 지배받는 금융지주회사를 제외한다. 이하 이 장에서 같다)는 새로이 자회사를 편입하거나 자회사가 새로이 손자회사를 편입하는 경우에는 금융감독위원회의 승인을 얻어야 한다.

②제1항의 규정에 의한 승인을 얻고자 하는 자는 대통령령이 정하는 바에 의하여 신청서를 금융감독위원회에 제출하여야 한다.

③금융감독위원회는 제1항의 규정에 의한 승인에 조건을 붙일 수 있다.

제17조(자회사 등의 편입 승인요건) ①제16조의 규정에 의한 승인을 얻고자 하는 금융지주회사는 다음 각 호의 요건을 갖추어야 한다.〈개정 2002.4.27〉

1. 자회사 등으로 편입되는 회사의 사업계획이 타당하고 건전할 것

2. 금융지주회사 및 자회사 등의 재무상태와 경영관리상태가 건전할 것

3. 주식교환에 의하여 자회사 등으로 편입하는 경우에는 주식의 교환비율이 적정할 것

②금융감독위원회는 제1항의 승인을 함에 있어서는 당해 자회사 등의 편입이 관련시장에서의 경쟁을 실질적으로 제한하는지의 여부에 관하여 미리 공정거래위원회와 협의하여야 한다.

③제1항의 규정에 의한 승인의 세부요건은 대통령령으로 정한다.

제18조(자회사 등의 편입신고 등) ①제16조제1항의 규정에 불구하고 업무의 종류·특성 등을 감안하여 대통령령이 정하는 회사(이하 "신고대상회사"라 한다)를 자회사 등으로 편입한 금융지주회사는 대통령령이 정하는 바에 의하여 금융감독위원회에 신고하여야 한다.

②금융감독위원회는 제1항의 규정에 의한 신고
를 받은 때에는 당해 자회사 등의 편입이 관련시
장에서의 경쟁을 실질적으로 제한하는지의 여부
에 관하여 공정거래위원회와 협의하여야 한다.
③금융감독위원회는 제1항의 규정에 의하여 편
입한 자회사 등이 신고대상회사에 해당하지 아
니하거나 당해 자회사 등의 편입이 관련시장에
서의 경쟁을 실질적으로 제한한다고 인정되는
때에는 6개월 이내의 기간을 정하여 금융지주회
사 또는 자회사에 대하여 새로이 편입한 자회사
등의 주식을 처분할 것을 명할 수 있다.〈개정
2002.4.27〉
④금융지주회사 또는 그 자회사가 제3항의 규정
에 의하여 주식처분명령을 받은 때에는 당해 명
령을 받은 날부터 그 처분명령을 받은 주식에
대하여는 의결권을 행사할 수 없다.〈신설
2002.4.27〉
⑤금융지주회사 또는 그 자회사가 제1항의 규정
에 의하여 신고대상회사를 자회사 등으로 편입
하는 경우에는 금융산업의구조개선에관한법률
제24조의 규정을 적용하지 아니한다.〈신설
2002.4.27〉
제19조(손자회사)　①금융지주회사의 자회사는
다음 각 호의 회사를 제외한 다른 회사를 지배
하여서는 아니 된다. 다만 자회사가 될 당시에
지배하고 있던 회사의 경우에는 당해 자회사가
된 날부터 2년간은 그러하지 아니하다.
1. 당해 자회사의 업무와 연관성이 있는 금융기
관으로서 대통령령이 정하는 금융기관
2. 금융업의 영위와 밀접한 관련이 있는 회사로
서 대통령령이 정하는 회사
②금융지주회사의 손자회사는 다른 회사를 지배
하여서는 아니 된다. 다만 손자회사가 될 당시
에 지배하고 있던 회사의 경우에는 당해 손자회
사가 된 날부터 2년간은 그러하지 아니하다.

제5장 삭제〈2002.4.27〉

제1절 삭제〈2002.4.27〉

제20조 삭제〈2002.4.27〉
제21조 삭제〈2002.4.27〉
제22조 삭제〈2002.4.27〉
제23조 삭제〈2002.4.27〉
제24조 삭제〈2002.4.27〉
제25조 삭제〈2002.4.27〉
제26조 삭제〈2002.4.27〉
제27조 삭제〈2002.4.27〉
제28조 삭제〈2002.4.27〉
제29조 삭제〈2002.4.27〉
제30조 삭제〈2002.4.27〉

제2절 삭제〈2002.4.27〉

제31조 삭제〈2002.4.27〉
제32조 삭제〈2002.4.27〉
제33조 삭제〈2002.4.27〉
제34조 삭제〈2002.4.27〉
제35조 삭제〈2002.4.27〉
제36조 삭제〈2002.4.27〉
제37조 삭제〈2002.4.27〉

제6장 금융지주회사의 운영

제38조(임원의 자격요건 등)　①다음 각 호의 어
느 하나에 해당하는 자는 금융지주회사의 임원
이 될 수 없으며, 임원이 된 후에 이에 해당하
게 된 때에는 그 직을 상실한다.〈개정 2005.3.31,
2007.8.3〉
1. 미성년자·금치산자·한정치산자
2. 파산선고를 받은 자로서 복권되지 아니한 자
3. 금고 이상의 실형의 선고를 받고 그 집행이
종료(집행이 종료된 것으로 보는 경우를 포함한
다)되거나 집행이 면제된 날부터 5년이 경과하
지 아니한 자

4. 이 법 또는 대통령령이 정하는 금융관련법령에 의하여 벌금 이상의 형의 선고를 받고 그 집행이 종료(집행이 종료된 것으로 보는 경우를 포함한다)되거나 집행이 면제된 날부터 5년이 경과하지 아니한 자

5. 금고 이상의 형의 집행유예의 선고를 받고 그 유예기간 중에 있는 자

6. 이 법 또는 대통령령이 정하는 금융관련법령에 의하여 해임되거나 징계면직된 자로서 해임 또는 징계면직된 날부터 5년이 경과하지 아니한 자

7. 이 법 또는 대통령령이 정하는 금융관련법령에 의하여 영업의 허가·인가 등이 취소된 법인 또는 회사의 임원 또는 직원이었던 자(당해 취소사유의 발생에 관하여 직접 또는 이에 상응하는 책임이 있는 자로서 대통령령이 정하는 자에 한한다)로서 당해 법인 또는 회사에 대한 취소가 있은 날부터 5년이 경과하지 아니한 자

8. 「금융산업의 구조개선에 관한 법률」제10조제1항에 따른 적기시정조치 또는 같은 법 제14조제2항에 따른 계약이전의 결정 등의 행정처분(이하 "적기시정조치 등"이라 한다)을 받은 금융기관의 임원 또는 직원으로 재직 중이거나 재직하였던 자(그 적기시정조치 등을 받게 된 원인에 대하여 직접 또는 이에 상응하는 책임이 있는 자로서 대통령령으로 정하는 자에 한한다)로서 그 적기시정조치 등을 받은 날부터 2년이 경과되지 아니한 자

②금융지주회사의 임원은 금융에 대한 경험과 지식을 갖춘 자로서 금융지주회사의 공익성 및 경영의 건전성과 거래질서를 해칠 우려가 없는 자이어야 한다.〈신설 2007.8.3〉

③제2항에 따른 금융지주회사 임원의 자격요건에 관한 구체적인 사항은 대통령령으로 정한다.〈신설 2007.8.3〉

제39조(임원의 겸직제한 등) ①금융지주회사의 상무에 종사하는 임원은 금융지주회사의 자회사 등의 고객과 이해가 상충되거나 당해 자회사 등의 건전한 경영을 저해할 우려가 있는 경우로서 대통령령이 정하는 경우에는 다른 회사의 상무에 종사하거나 영리를 목적으로 하는 다른 사업을 영위할 수 없다.

②제1항 및 기타 금융관련법령에 불구하고 금융지주회사의 임직원은 당해 금융지주회사의 자회사 등의 임원이 될 수 있다.

③다른 법령에 불구하고 금융지주회사의 자회사 등의 임원은 당해 금융지주회사에 속하는 자회사 등으로서 동일한 업종을 영위하는 다른 자회사 등의 임원이 될 수 있다.〈신설 2002.4.27〉

제40조(사외이사의 선임) ①금융지주회사(금융지주회사 및 그 자회사의 자산 등을 감안하여 대통령령이 정하는 금융지주회사에 한한다. 이하 이 조, 제41조 및 제42조에서 같다)는 이사회에 사외이사(그 회사의 상시적인 업무에 종사하지 아니하는 이사로서 제4항 각 호의 어느 하나에 해당하는 자가 아닌 자를 말한다. 이하 같다)를 3인 이상 두어야 하며, 사외이사는 이사 총수의 2분의 1 이상이 되어야 한다.〈개정 2007.8.3〉

②금융지주회사는 사외이사후보를 추천하기 위하여 상법 제393조의2의 규정에 의한 위원회(이하 "사외이사후보추천위원회"라 한다)를 설치하여야 한다. 이 경우 사외이사후보추천위원회는 사외이사가 총 위원의 2분의 1 이상이 되도록 구성하여야 한다.

③사외이사는 제2항의 규정에 의한 사외이사후보추천위원회의 추천을 받은 자 중에서 주주총회에서 선임한다.

④다음 각 호의 어느 하나에 해당하는 자는 금융지주회사의 사외이사가 될 수 없으며, 사외이사가 된 후 이에 해당하게 된 때에는 그 직을 상실한다.〈개정 2007.8.3〉

1. 미성년자·금치산자 또는 한정치산자

2. 파산선고를 받은 자로서 복권되지 아니한 자

3. 금고 이상의 실형을 선고받고 그 집행이 종료되거나 집행을 받지 아니하기로 확정된 후 2년을 경과하지 아니한 자

4. 이 법에 따라 해임되거나 면직된 후 2년을 경과하지 아니한 자

5. 최대주주

6. 최대주주와 대통령령으로 정하는 특수관계에 있는 자

7. 주요주주 및 그의 배우자와 직계존비속

8. 해당 금융지주회사 또는 그 계열회사(「독점규제 및 공정거래에 관한 법률」에 따른 계열회사를 말한다. 이하 같다)의 상근 임직원이거나 최근 2년 이내에 상근 임직원이었던 자

9. 해당 금융지주회사의 상근 임원의 배우자 및 직계존비속

10. 해당 금융지주회사와 대통령령으로 정하는 중요한 거래관계가 있거나 사업상 경쟁관계 또는 협력관계에 있는 법인의 상근 임직원이거나 최근 2년 이내에 상근 임직원이었던 자

11. 해당 금융지주회사의 상근 임직원이 비상임이사로 있는 회사의 상근 임직원

12. 그 밖에 사외이사로서 직무를 충실하게 이행하기 곤란하거나 그 금융지주회사의 경영에 영향을 미칠 수 있는 자로서 대통령령으로 정하는 자

⑤금융지주회사는 사외이사의 사임 또는 사망 등의 사유로 이사회의 구성이 제1항에 규정된 요건에 합치하지 아니하게 된 경우에는 당해 사유가 발생한 날 이후에 최초로 소집되는 주주총회에서 이사회의 구성이 제1항에 규정된 요건에 합치하도록 하여야 한다.〈개정 2002.4.27〉

⑥제2항 후단의 규정은 최초로 제1항의 요건에 해당하게 되어 사외이사를 두어야 하는 회사에 대하여는 이를 적용하지 아니한다.

제41조(감사위원회) ①금융지주회사는 감사위원회(상법 제415조의2의 규정에 의한 감사위원회를 말한다. 이하 같다)를 설치하여야 한다.

②감사위원회는 다음 각 호의 요건 모두에 적합하여야 한다.〈개정 2007.8.3〉

1. 재적위원의 3분의 2 이상이 사외이사일 것

2. 위원 중 1인 이상은 대통령령으로 정하는 회계 또는 재무 전문가일 것

③제40조제4항제1호부터 제4호까지 및 제7호부터 제9호까지의 어느 하나에 해당하는 자는 감사위원회의 사외이사가 아닌 위원이 될 수 없으며, 위원이 된 후 이에 해당하게 된 때에는 그 직을 상실한다. 다만 감사위원회의 사외이사가 아닌 위원으로 재임(在任) 중인 자는 제40조제4항제8호에 해당함에도 불구하고 감사위원회의 사외이사가 아닌 위원이 될 수 있다.〈개정 2007.8.3〉

④감사위원회의 위원의 사임 또는 사망 등의 사유로 감사위원회의 구성이 제2항에 규정된 요건에 합치하지 아니하게 된 경우에는 당해 사유가 발생한 날 이후에 최초로 소집되는 주주총회에서 감사위원회의 구성이 제2항에 규정된 요건에 합치하도록 하여야 한다.〈개정 2007.8.3〉

⑤상법 제415조의2제2항 단서의 규정은 제1항의 규정에 의한 감사위원회의 구성에 관하여는 이를 적용하지 아니한다.

제41조의2(감사위원회 위원후보의 추천) 감사위원회의 위원후보는 사외이사 전원으로 구성된 감사위원후보추천위원회에서 추천한다. 이 경우 감사위원후보추천위원회는 재적 사외이사 3분의 2 이상의 찬성으로 의결한다.

[본조신설 2007.8.3]

제41조의3(이해관계자의 의결권 제한) 이사회의 의결의 경우 해당 의안과 특별한 이해관계가 있는 이사는 의결권을 행사하여서는 아니 된다.

[본조신설 2007.8.3]

제41조의4(완전자회사 등의 지배구조 특례) ①완전자회사 및 완전자회사가 발행주식 총수를 소유하는 손자회사(이하 이 조에서 "완전자회사 등"이라 한다)는 경영의 투명성 등 대통령령으로 정하는 바에 따라 금융감독위원회가 정하는 요건에 해당하는 경우에는 해당 금융기관의 설립근거가 되는 법률에 따른 이사회 및 감사위원회에 관한 규정에도 불구하고 사외이사를 두지 아니하거나 감사위원회를 설치하지 아니할 수 있다.

②제1항에 따라 완전자회사 등이 감사위원회를 설치하지 아니하는 때에는 상근감사를 선임하여야 한다. 이 경우 「증권거래법」 제191조의12를

준용한다.

[본조신설 2007.8.3]

제42조(소수주주권의 행사) ①6개월 이상 계속하여 금융지주회사의 발행주식 총수의 10만분의 5 이상에 해당하는 주식을 대통령령이 정하는 바에 의하여 보유한 자는 상법 제403조(상법 제324조, 제415조, 제424조의2, 제467조의2 및 제542조에서 준용하는 경우를 포함한다)에서 규정하는 주주의 권리를 행사할 수 있다.

②6개월 이상 계속하여 금융지주회사의 발행주식 총수의 10만분의 250 이상(대통령령이 정하는 금융지주회사의 경우에는 10만분의 125 이상)에 해당하는 주식을 대통령령이 정하는 바에 의하여 보유한 자는 상법 제385조(상법 제415조에서 준용하는 경우를 포함한다), 제402조 및 제539조에서 규정하는 주주의 권리를 행사할 수 있다.

③제2항의 규정에 불구하고 6개월 이상 계속하여 은행지주회사의 발행주식 총수의 10만분의 25 이상(대통령령이 정하는 은행지주회사의 경우에는 100만분의 125 이상)에 해당하는 주식을 대통령령이 정하는 바에 의하여 보유한 자는 상법 제402조에서 규정하는 주주의 권리를 행사할 수 있다.〈신설 2002.4.27〉

④6개월 이상 계속하여 금융지주회사의 발행주식 총수의 1만분의 50 이상(대통령령이 정하는 금융지주회사의 경우에는 1만분의 25 이상)에 해당하는 주식을 대통령령이 정하는 바에 의하여 보유한 자는 「상법」제363조의2 및 제466조에 따른 주주의 권리를 행사할 수 있다. 이 경우 「상법」 제363조의2에 따른 주주의 권리를 행사할 때에는 의결권 있는 주식을 기준으로 한다.〈개정 2002.4.27, 2007.8.3〉

⑤제4항의 규정에 불구하고 6개월 이상 계속하여 은행지주회사의 발행주식총수의 1만분의 5 이상(대통령령이 정하는 은행지주회사의 경우에는 10만분의 25 이상)에 해당하는 주식을 대통령령이 정하는 바에 의하여 보유한 자는 상법 제466조에서 규정하는 주주의 권리를 행사할 수 있다.〈신설 2002.4.27〉

⑥6개월 이상 계속하여 금융지주회사의 발행주식 총수의 1만분의 150 이상(대통령령이 정하는 금융지주회사의 경우에는 1만분의 75 이상)에 해당하는 주식을 대통령령이 정하는 바에 의하여 보유한 자는 상법 제366조 및 제467조에서 규정하는 주주의 권리를 행사할 수 있다. 이 경우 상법 제366조에서 규정하는 주주의 권리를 행사할 때에는 의결권 있는 주식을 기준으로 한다.

⑦제1항의 규정에 의한 주주가 상법 제403조(상법 제324조, 제415조, 제424조의2, 제467조의2 및 제542조에서 준용하는 경우를 포함한다)의 규정에 의한 소송을 제기하여 승소한 때에는 금융지주회사에 대하여 소송비용 기타 소송으로 인한 모든 비용의 지급을 청구할 수 있다.

제43조(유가증권의 투자한도) ①금융지주회사는 자기자본에서 자회사에 대한 출자총액을 차감한 금액(이하 "투자한도"라 한다)을 초과하여 「증권거래법」에 따른 유가증권(해당 금융지주회사에 속하는 자회사 등이 발행한 것을 제외하며, 이하 이 조에서 "유가증권"이라 한다)에 투자할 수 없다. 이 경우 자기자본의 산정방법은 대통령령으로 정한다.

②금융지주회사가 투자한도를 초과하여 유가증권에 투자하지 아니한 경우로서 다음 각 호의 어느 하나에 해당하는 사유로 투자한도를 초과하게 된 때에는 제1항 전단의 규정을 적용하지 아니한다.

1. 자기자본의 감소
2. 유가증권의 가격 변동
3. 금융지주회사의 합병 또는 영업전부의 양수
4. 담보권의 실행 또는 대물변제의 수령
5. 그 밖에 대통령령이 정하는 부득이한 경우

③금융지주회사는 제2항 각 호에 해당하는 사유로 투자한도를 초과하는 경우 그 한도를 초과한 날부터 1년 이내에 해당 한도에 적합하도록 조치하여야 한다. 다만, 대통령령이 정하는 부득이한 사유에 해당하는 경우에는 금융감독위원회가 그 기간을 정하여 연장할 수 있다.

[전문개정 2005.5.31]
제43조의2(자회사주식의 소유의무) ①금융지주
회사는 자회사의 주식을 해당 자회사의 발행주
식 총수의 100분의 50(자회사가 「증권거래법」에
따른 주권상장법인 또는 코스닥상장법인인 경우
에는 100분의 30으로 하며, 이하 이 조에서 "주
식소유기준"이라 한다) 이상 소유하여야 한다.
다만, 다음 각 호의 어느 하나에 해당하는 사유
로 인하여 주식소유기준에 미달하게 된 경우에
는 그러하지 아니하다.
1. 금융지주회사요건에 해당하게 된 당시에 자
회사의 주식을 주식소유기준 미만으로 소유하고
있는 경우로서 금융지주회사요건에 해당하게 된
날부터 2년 이내인 경우
2. 「증권거래법」에 따른 주권상장법인 또는 코
스닥상장법인이었던 자회사가 그에 해당하지 아
니하게 되어 주식소유기준에 미달하게 된 경우
로서 그 해당하지 아니하게 된 날부터 1년 이내
인 경우
3. 자회사가 주식을 모집하거나 매출하면서 「증
권거래법」 제191조의7에 따라 우리사주조합에 우
선 배정하거나 해당 자회사가 「상법」 제513조 또
는 제516조의2에 따라 발행한 전환사채 또는 신
주인수권부사채의 전환이 청구되거나 신주인수
권이 행사되어 주식소유기준에 미달하게 된 경우
로서 그 미달하게 된 날부터 1년 이내인 경우
4. 자회사가 아닌 회사가 자회사에 해당하게 되
고 주식소유기준에는 미달하는 경우로서 해당
회사가 자회사에 해당하게 된 날부터 1년 이내
인 경우
　5. 자회사를 자회사에 해당하지 아니하게 하는
과정에서 주식소유기준에 미달하게 된 경우로서
그 미달하게 된 날부터 1년 이내인 경우(주식소
유기준에 미달하게 된 날부터 1년 이내에 자회사
에 해당하지 아니하게 된 경우에 한한다)
②자회사가 주식을 해외에서 발행하여 해외시장
에서 상장·등록한 경우에도 그 해외시장의 안
정성·유동성·투명성, 외국의 거래소의 공시수
준·자율규제체계 등을 고려하여 금융감독위원

회가 인정하는 때에는 주식소유기준의 적용에
있어 주권상장법인으로 본다.
③금융감독위원회는 금융지주회사가 외국법인인
자회사(이하 이 항에서 "외국 자회사"라 한다)
에 대하여 대통령령으로 정하는 사실상의 지배
력을 확보할 수 있음을 충분히 소명한 경우에는
해당 외국 자회사의 주식에 대한 소유기준을 제
1항의 주식소유기준과 달리 완화하여 정할 수
있다. 이 경우 금융지주회사는 제1항에도 불구
하고 금융감독위원회가 인정하는 소유기준 이상
으로 외국 자회사의 주식을 소유하여야 한다.
④제2항의 외국의 유가증권시장 및 제3항의 주
식소유기준의 완화에 관하여 필요한 사항은 대
통령령으로 정한다.
[본조신설 2007.8.3]
제44조(다른 회사의 주식소유제한) ①금융지주
회사는 자회사 등이 아닌 회사의 발행주식 총수
의 100분의5 이내에서 다른 회사의 주식을 소유
할 수 있다. 다만 당해 주식의 소유가 「독점규제
및 공정거래에 관한 법률」 제8조의2제2항제3호
본문 또는 제4호에 해당하는 경우(은행지주회사
가 동항제4호에 해당하는 경우를 제외한다)에는
그러하지 아니하다.〈개정 2002.4.27, 2007.8.3〉
②제1항 본문의 규정에 의하여 금융지주회사가
다른 회사(금융기관 및 금융업과 밀접한 관련이
있는 회사를 제외한다)의 주식을 소유하는 경우
당해 금융지주회사는 그 다른 회사의 주주총회
의 참석 주식 수에서 금융지주회사가 소유한 주
식 수를 차감한 주식 수의 의결내용에 영향을
미치지 아니하도록 의결권을 행사하여야 한다.
제45조(신용공여한도) ①동일차주(은행법 제35
조제1항의 규정에 의한 동일차주를 말한다)에
대한 금융지주회사(다른 금융지주회사에 의하여
지배받는 금융지주회사를 제외한다. 이하 이 조
에서 같다) 및 자회사 등(이하 이 조에서 "금융
지주회사 등"이라 한다)의 신용공여의 합계액은
금융지주회사 등의 자기자본의 순 합계액의 100
분의 25를 초과할 수 없다. 다만, 다음 각 호의
1에 해당하는 경우로서 대통령령이 정하는 경우

에는 그러하지 아니하다.
1. 국민경제를 위하여 또는 금융지주회사 등의
채권확보의 실효성 확보를 위하여 필요한 경우
2. 금융지주회사 등이 추가로 신용공여를 하지
아니하였음에도 불구하고 자기자본의 변동, 동
일차주의 변동 등으로 인하여 본문의 규정에 의
한 한도를 초과하게 되는 경우
②동일한 개인이나 법인 각각에 대한 금융지주
회사 등의 신용공여의 합계액은 금융지주회사
등의 자기자본의 순 합계액의 100분의 20을 초과
할 수 없다. 다만, 제1항 단서의 사유에 해당하는
경우에는 그러하지 아니하다.〈개정 2002.4.27〉
③금융지주회사의 의결권 있는 발행주식 총수의
100분의 10을 초과하는 주식을 보유하는 동일인
에 대한 금융지주회사 등의 신용공여의 합계액
은 금융지주회사 등의 자기자본의 순 합계액의
100분의 25의 범위 안에서 대통령령이 정하는
방법에 의하여 산정한 금액을 초과할 수 없다.
다만, 제1항 단서의 사유에 해당하는 경우에는
그러하지 아니하다.〈개정 2002.4.27〉
④금융지주회사 등은 제1항제2호의 사유로 제1
항·제2항 또는 제3항 본문에 규정한 한도를 초
과하게 되는 경우에는 당해 한도가 초과하게 된
날부터 1년 이내에 대통령령이 정하는 바에 따
라 당해 한도에 적합하도록 하여야 한다. 다만,
대통령령이 정하는 부득이한 사유에 해당하는
경우에는 금융감독위원회가 그 기간을 정하여
연장할 수 있다.
⑤제1항 내지 제4항의 자회사 등의 범위, 신용
공여의 기준, 자기자본 및 자기자본의 순 합계
액의 산정방법은 대통령령으로 정한다.
제45조의2(은행지주회사의 주요출자자에 대한
신용공여한도 등〈개정 2007.8.3〉) ①은행지주회
사 등(다른 은행지주회사에 의하여 지배받는 금
융지주회사를 제외한다. 이하 이 조 및 제45조
의3 내지 제45조의5에서 같다)이 그 은행지주회
사의 주요출자자(그 특수관계인을 포함한다. 이
하 같다)에게 할 수 있는 신용공여의 합계액은
당해 은행지주회사 등의 자기자본의 순 합계액

의 100분의 25의 범위 안에서 대통령령이 정하
는 비율에 해당하는 금액과 그 주요출자자의 당
해 은행지주회사에 대한 출자비율에 해당하는
금액 중 적은 금액을 초과할 수 없다. 다만, 은
행지주회사 등이 제45조제1항 단서의 사유에 해
당하는 경우에는 그러하지 아니하다.〈개정
2007.8.3〉
②은행지주회사 등이 그 은행지주회사의 주요출
자자 모두에게 할 수 있는 신용공여의 합계액은
당해 은행지주회사 등의 자기자본의 순 합계액
의 100분의 25의 범위 안에서 대통령령이 정하
는 비율에 해당하는 금액을 초과할 수 없다.〈개
정 2007.8.3〉
③은행지주회사 등은 제1항 및 제2항의 규정에
의한 신용공여한도를 회피하기 위한 목적으로
다른 은행지주회사 등 또는 은행과 교차하여 신
용공여를 하여서는 아니 된다.
④은행지주회사 등은 그 은행지주회사의 주요출
자자에 대하여 대통령령이 정하는 금액 이상의
신용공여(대통령령이 정하는 거래를 포함한다.
이하 이 조에서 같다)를 하고자 하는 때에는 미
리 이사회의 의결을 거쳐야 한다. 이 경우 이사
회는 재적이사 전원의 찬성으로 의결한다.〈개정
2007.8.3〉
⑤은행지주회사 등이 그 은행지주회사의 주요출
자자에 대하여 대통령령이 정하는 금액 이상의
신용공여를 한 때에는 지체 없이 그 사실을 금
융감독위원회에 보고하고 컴퓨터통신 등을 이용
하여 공시하여야 한다.〈개정 2007.8.3〉
⑥은행지주회사 등은 그 은행지주회사의 주요출
자자에 대한 신용공여에 관한 사항을 대통령령
이 정하는 바에 따라 분기별로 컴퓨터통신 등을
이용하여 공시하여야 한다.〈개정 2007.8.3〉
⑦제1항 내지 제6항의 규정에 의한 자회사 등의
범위, 신용공여의 기준, 자기자본 및 자기자본의
순 합계액의 산정방법은 대통령령으로 정한다.
[본조신설 2002.4.27]
제45조의3(주요출자자가 발행한 주식의 취득한
도 등〈개정 2007.8.3〉) ①은행지주회사 등은 자기자본의 순 합계액의 100분의 1의 범위 안에서 대통령령이 정하는 비율에 해당하는 금액을 초과하여 그 은행지주회사의 주요출자자가 발행한 주식(출자지분을 포함한다. 이하 이 조에서 같다)을 취득(신탁업무에 의하여 취득하는 것을 포함한다. 이하 이 조에서 같다)하여서는 아니 된다. 이 경우 금융감독위원회는 전단의 규정에 의한 취득한도 이내에서 주식의 종류별로 취득한도를 따로 정할 수 있다.〈개정 2007.8.3〉
②은행지주회사의 주요출자자가 아닌 자가 새로 주요출자자가 됨에 따라 은행지주회사 등이 제1항의 규정에 의한 한도를 초과하게 되는 경우 당해 은행지주회사 등은 대통령령이 정하는 기간 이내에 그 한도를 초과한 주식을 처분하여야 한다.〈개정 2007.8.3〉
③은행지주회사 등이 그 은행지주회사의 주요출자자가 발행한 주식을 대통령령이 정하는 금액 이상으로 취득하고자 하는 때에는 미리 이사회의 의결을 거쳐야 한다. 이 경우 이사회는 재적이사 전원의 찬성으로 의결한다.〈개정 2007.8.3〉
④은행지주회사 등이 그 은행지주회사의 주요출자자가 발행한 주식을 대통령령이 정하는 금액 이상으로 취득한 때에는 지체 없이 그 사실을 금융감독위원회에 보고하고 컴퓨터통신 등을 이용하여 공시하여야 한다.〈개정 2007.8.3〉
⑤은행지주회사 등은 그 은행지주회사의 주요출자자가 발행한 주식의 취득에 관한 사항을 대통령령이 정하는 바에 따라 분기별로 컴퓨터통신 등을 이용하여 공시하여야 한다.〈개정 2007.8.3〉
⑥은행지주회사 등은 그 은행지주회사의 주요출자자가 발행한 주식의 의결권을 행사함에 있어 그 주요출자자 주주총회의 참석주식 수에서 당해 은행지주회사 등이 소유한 주식 수를 차감한 주식 수의 의결내용에 영향을 미치지 아니하도록 의결권을 행사하여야 한다. 다만, 주요출자자의 합병, 영업의 양도·양수, 임원의 선임, 그 밖에 이에 준하는 사항으로서 당해 은행지주회사 등에 손실을 초래할 것이 명백하게 예상되는 경우에는 그러하지 아니하다.〈개정 2007.8.3〉

[본조신설 2002.4.27]
제45조의4(주요출자자의 부당한 영향력 행사 금지〈개정 2007.8.3〉) 은행지주회사의 주요출자자는 당해 은행지주회사의 이익에 반하여 주요출자자 개인의 이익을 취할 목적으로 다음 각 호의 어느 하나에 해당하는 행위를 하여서는 아니 된다.〈개정 2007.8.3〉
1. 부당한 영향력을 행사하기 위하여 당해 은행지주회사 등에 대하여 외부에 공개되지 아니한 자료 또는 정보의 제공을 요구하는 행위. 다만, 제42조제5항의 규정에 해당되는 경우를 제외한다.
2. 경제적 이익 등 반대급부 제공을 조건으로 다른 주주와 담합하여 당해 은행지주회사 등의 인사 또는 경영에 부당한 영향력을 행사하는 행위
3. 경쟁사업자의 사업활동을 방해할 목적으로 신용공여를 조기회수하도록 요구하는 등 은행지주회사 등의 경영에 영향력을 행사하는 행위
4. 그 밖에 제1호 내지 제3호에 준하는 행위로서 대통령령이 정하는 행위
[본조신설 2002.4.27]
제45조의5(주요출자자에 대한 자료제출요구 등〈개정 2007.8.3〉) ①금융감독위원회는 은행지주회사 등 또는 그 은행지주회사의 주요출자자가 제45조의2 내지 제45조의4의 규정을 위반한 혐의가 있다고 인정할 때에는 은행지주회사 등 또는 그 은행지주회사의 주요출자자에 대하여 필요한 자료의 제출을 요구할 수 있다.〈개정 2007.8.3〉
②금융감독위원회는 은행지주회사의 주요출자자(회사에 한한다)의 부채가 자산을 초과하는 등 재무구조의 부실화로 인하여 당해 은행지주회사 등의 경영건전성을 현저히 저해할 우려가 있는 경우로서 대통령령이 정하는 경우에는 은행지주회사 등에 대하여 그 은행지주회사의 주요출자자에 대한 신용공여의 제한을 명하는 등 대통령령이 정하는 조치를 할 수 있다.〈개정 2007.8.3〉
[본조신설 2002.4.27]
제46조(금융지주회사의 출자) 금융지주회사는 당해 금융지주회사의 자기자본을 초과하여 자회

사의 주식을 소유할 수 없다. 다만, 자회사 등의 재무개선을 위한 증자 등 대통령령이 정하는 경우에는 그러하지 아니하다. 이 경우 자기자본의 산정방법은 대통령령으로 정한다.

제47조 삭제〈2002.4.27〉

제48조(자회사 등의 행위제한) ①금융지주회사의 자회사 등은 다음 각 호의 행위를 하여서는 아니 된다. 다만, 당해 자회사 등이 새로이 금융지주회사에 편입되는 등 대통령령이 정하는 경우에는 그러하지 아니하다.

1. 당해 자회사 등이 속하는 금융지주회사에 대한 신용공여

2. 당해 자회사 등이 속하는 금융지주회사의 다른 자회사 등(당해 자회사 등에 의하여 직접 지배받는 회사를 제외한다)의 주식을 소유하는 행위

3. 당해 자회사 등이 속하는 금융지주회사의 다른 자회사 등에 대한 신용공여로서 대통령령이 정하는 기준을 초과하는 신용공여

②동일한 금융지주회사에 속하는 자회사 등 상호간에 신용공여를 하는 경우에는 대통령령이 정하는 기준에 따라 적정한 담보를 확보하여야 한다. 다만, 자회사 등의 구조조정에 필요한 신용공여 등 금융감독위원회가 정하는 요건에 해당하는 경우에는 그러하지 아니하다.

③금융지주회사와 자회사등간 또는 자회사 등 상호간에는 대통령령이 정하는 불량자산을 거래하여서는 아니 된다. 다만, 자회사 등의 구조조정에 필요한 거래 등 금융감독위원회가 정하는 요건에 해당하는 경우에는 그러하지 아니하다.

④금융지주회사 및 자회사 등(이하 "금융지주회사 등"이라 한다)은 공동광고 및 전산시스템 등의 공동사용에 관하여 대통령령이 정하는 기준을 준수하여야 한다.

⑤금융지주회사의 자회사 등은 당해 금융지주회사의 주식을 소유하여서는 아니된다. 다만, 금융지주회사의 자회사가 제62조의2제1항 또는 상법 제342조의2의 규정에 의하여 당해 금융지주회사의 주식을 취득하는 경우에는 그러하지 아니하다.〈개정 2002.4.27〉

⑥삭제〈2002.4.27〉

⑦금융지주회사의 자회사 등이 당해 금융지주회사 또는 당해 금융지주회사의 다른 자회사 등(해당 자회사 등으로부터 직접 지배받는 회사를 제외한다)의 주식을 소유하는 경우에는 그 주식에 대하여 의결권을 행사할 수 없다.〈개정 2007.8.3〉

⑧제1항제1호·제3호 및 제2항의 자회사 등의 범위, 신용공여의 기준은 대통령령으로 정한다.

제48조의2(개인신용정보 등의 제공 및 관리) ① 금융지주회사 등은 신용정보의이용및보호에관한법률 제23조 및 제24조제1항의 규정에 불구하고 동법 제23조제1호·제3호 및 제4호의 규정에 의한 개인에 관한 신용정보(이하 "개인신용정보"라 한다)를 그가 속하는 금융지주회사 등에게 영업상 이용하게 할 목적으로 제공할 수 있다.

②금융지주회사의 자회사등인 증권회사는 증권거래법 제59조의 규정에 불구하고 당해 증권회사를 통하여 유가증권을 매매하거나 매매하고자 하는 위탁자가 예탁한 금전 또는 유가증권의 총액에 관한 정보를 그가 속하는 금융지주회사 등에게 영업상 이용하게 할 목적으로 제공할 수 있다.

③제1항 및 제2항의 규정에 의하여 자회사 등이 개인신용정보 및 금전 또는 유가증권의 총액에 관한 정보(이하 "개인신용정보 등"이라 한다)를 제공하는 경우에는 신용정보의이용및보호에관한법률 제24조제2항의 규정을 적용하지 아니한다.

④금융지주회사 등은 개인신용정보 등의 엄격한 관리를 위하여 그 임원 중에 1인 이상을 개인신용정보 등을 관리할 자(이하 "신용정보관리인"이라 한다)로 선임하여야 한다.

⑤신용정보관리인은 개인신용정보 등의 엄격한 관리를 위하여 금융감독위원회가 정하는 바에 따라 업무지침서를 작성하고, 그 내용을 금융감독위원회에 보고하여야 한다.

⑥금융지주회사 등은 대통령령이 정하는 바에 따라 개인신용정보 등의 취급방침을 정하여야 하며, 이를 당해 금융지주회사 등의 거래상대방

에게 통지하거나 공고하고 영업점에 게시하여야
한다.
[본조신설 2002.4.27]
제48조의3(수뢰 등의 금지 등) ①금융지주회사
의 임·직원은 직무와 관련하여 직접·간접을
불문하고 증여를 받거나 뇌물을 수수·요구 또
는 약속하여서는 아니 된다.
②금융지주회사의 임·직원 또는 임·직원이었
던 자는 업무상 알게 된 정보를 다른 사람에게
누설하거나 업무 외의 목적으로 이용하여서는
아니 된다.
[본조신설 2002.4.27]

제7장 금융지주회사의 감독

제49조(감독) ①금융감독위원회는 금융지주회사
등의 건전한 경영을 위하여 감독상 필요한 명령
을 할 수 있다.
②금융감독원은 금융감독위원회의 규정과 지시
가 정하는 바에 의하여 이 법, 기타 금융관련법
령, 금융감독위원회의 규정·명령 및 지시에 대
한 금융지주회사 등의 준수여부를 감독하여야
한다.
제50조(경영지도기준) ①금융지주회사는 경영의
건전성을 유지하기 위하여 다음 각 호의 사항에
관하여 대통령령이 정하는 바에 의하여 금융감
독위원회가 정하는 경영지도기준을 준수하여야
한다.
1. 금융지주회사와 그 자회사 등의 재무상태에
관한 사항
2. 금융지주회사와 그 자회사 등의 경영관리상
태에 관한 사항
3. 기타 경영의 건전성 확보를 위하여 필요한
사항
②금융감독위원회는 금융지주회사가 제1항의 규
정에 의한 경영지도기준을 준수하지 아니하는
등 경영의 건전성을 크게 해할 우려가 있다고
인정되는 때에는 경영개선계획의 제출, 자본금
의 증액, 이익배당의 제한, 자회사 주식의 처분
등 경영개선을 위하여 필요한 조치를 명할 수
있다.
제51조(검사) ①금융지주회사 및 그 자회사 등
은 그 업무와 재산에 관하여 금융감독원의 원장
(이하 "금융감독원장"이라 한다)의 검사를 받아
야 한다.
②금융감독원장은 검사상 필요하다고 인정하는
때에는 금융지주회사 및 그 자회사 등에 대하여
업무 또는 재산에 관한 보고, 자료의 제출, 관계
자의 출석 및 진술을 요구할 수 있다.
③제1항의 규정에 의하여 검사를 하는 자는 그
권한을 표시하는 증표를 휴대하여 이를 관계인
에게 내보여야 한다.
④금융감독원장은 주식회사의외부감사에관한법
률에 의하여 금융지주회사 또는 그 자회사 등이
선임한 감사인에 대하여 당해 금융지주회사 또
는 그 자회사 등을 감사한 결과 알게 된 정보
기타 경영의 건전성에 관련되는 자료의 제출을
요구할 수 있다.
⑤금융감독원장은 제1항의 규정에 의하여 검사
를 한 때에는 그 보고서를 금융감독위원회에 제
출하여야 한다. 이 경우 당해 보고서에는 이 법
기타 금융관련법령, 이 법에 의한 처분 또는 금
융감독위원회규정에 위반한 사실이 있는 때에는
그 처리에 관한 의견서를 첨부하여야 한다.
⑥금융감독위원회는 검사의 방법·절차 기타 검
사업무와 관련하여 필요한 사항을 정할 수 있다.
제51조의2(전환대상자에 대한 검사) ①금융감독
위원회는 다음 각 호의 1에 해당하는 경우에는
금융감독원장으로 하여금 그 목적에 필요한 최
소한의 범위 안에서 전환대상자의 업무 및 재산
상황을 검사하게 할 수 있다.
1. 제8조의3제2항의 규정에 의한 점검결과를 확
인하기 위하여 필요한 경우
2. 전환대상자가 차입금의 급격한 증가, 거액의
손실발생 등 재무상황의 부실화로 인하여 은행
지주회사 등과 불법거래를 할 가능성이 크다고
인정되는 경우
②제1항의 규정에 의한 검사의 구체적 범위·방

법 그 밖에 검사에 필요한 사항은 금융감독위원회가 정한다.

③제51조제2항 내지 제4항의 규정은 제1항의 규정에 의한 검사에 관하여 이를 준용한다.

[본조신설 2002.4.27]

제52조(분담금) ①금융감독원의 검사를 받는 금융지주회사는 검사비용에 충당하기 위한 분담금을 금융감독원에 납부하여야 한다.

②제1항의 규정에 의한 분담금의 분담요율·한도 기타 분담금의 납부에 관하여 필요한 사항은 대통령령으로 정한다.

제53조(이익준비금의 적립) 금융지주회사는 적립금이 자본금의 총액에 달할 때까지 결산순이익금을 배당할 때마다 그 순이익금의 100분의 10 이상을 적립하여야 한다.

제54조(업무보고서〈개정 2002.4.27〉) ①금융지주회사는 매 사업연도 개시일부터 3개월간·6개월간·9개월간 및 12개월간의 당해 금융지주회사 등의 영업실적 및 재무상태 기타 대통령령이 정하는 사항을 기재한 업무보고서를 작성하여 각각 그 기간 경과 후 1월 이내에 금융감독원장에게 제출하여야 한다. 이 경우 금융감독원장은 부득이한 사유가 있다고 인정되는 때에는 업무보고서의 제출기한을 연장할 수 있다.〈개정 2002.4.27〉

②제1항의 규정에 의한 업무보고서의 작성을 위한 세부사항 기타 필요한 사항은 금융감독위원회가 정한다.〈개정 2002.4.27〉

제55조(재무제표의 공고 등) 금융지주회사는 그 결산일부터 3월 이내에 금융감독위원회가 정하는 서식에 의하여 결산일 현재의 대차대조표, 당해 결산기의 손익계산서 및 「주식회사의 외부감사에 관한 법률」에 따른 연결재무제표 중 금융감독위원회가 정하는 서류를 공고하여야 한다. 다만, 부득이한 사유로 3월 이내에 공고할 수 없는 서류에 대하여는 금융감독위원회의 승인을 얻어 그 공고를 연기할 수 있다.〈개정 2007.8.3〉

제55조의2(전자문서에 의한 제출 등) 금융지주회사가 제54조 및 제55조의 규정에 의하여 자료를 제출하거나 공고를 하는 때에는 금융감독원장 또는 금융감독위원회가 정하는 바에 따라 전자문서의 방법에 의할 수 있다.

[본조신설 2002.4.27]

제56조(경영공시) 금융지주회사는 자회사 등의 예금자 및 투자자의 보호를 위하여 필요한 사항으로서 대통령령이 정하는 사항을 금융감독위원회가 정하는 바에 따라 공시하여야 한다.

제57조(행정처분) ①금융감독위원회는 금융지주회사 등이 이 법 또는 이 법에 의한 명령을 위반하여 금융지주회사 등의 경영의 건전성을 해할 우려가 있다고 인정되는 경우에는 다음 각 호의 1에 해당하는 조치를 할 수 있다.〈개정 2002.4.27〉

1. 금융지주회사 등에 대한 주의·경고 또는 그 임·직원에 대한 주의·경고·문책 요구

2. 당해 위반행위에 대한 시정명령

3. 삭제〈2002.4.27〉

4. 임원의 해임권고·직무정지 또는 임원의 직무를 대행하는 관리인의 선임

5. 위반행위를 한 자회사 등에 대한 6개월 이내의 영업의 일부정지

②금융감독위원회는 금융지주회사 등이 다음 각 호의 1에 해당하는 경우에는 당해 금융지주회사 등에 대하여 6개월 이내의 영업의 전부 정지 또는 그 자회사 등의 주식의 처분을 명하거나 당해 금융지주회사의 인가를 취소할 수 있다.〈개정 2002.4.27〉

1. 허위 기타 부정한 방법으로 제3조의 인가를 받은 경우

2. 제1항제2호의 규정에 의한 시정명령을 이행하지 아니한 경우

3. 제1항제5호의 영업의 정지기간 중에 그 영업을 한 경우

4. 제1호 내지 제3호외의 경우로서 이 법 또는 이 법에 의한 명령이나 처분에 위반하여 자회사 등의 예금자 또는 투자자의 이익을 크게 해할 우려가 있는 경우

5. 금융지주회사가 사업연도 중에 소유주식의 감소, 자산의 증감 등의 사유로 제2조제1항제1호의 규정에 해당하지 아니하게 되는 경우
③금융지주회사는 제2항에 따라 그 인가가 취소된 때에는 3개월 이내에 금융지주회사요건에 해당되지 아니하도록 하여야 한다.〈신설 2007.8.3〉
제58조(시정조치 등〈개정 2007.8.3〉) ①금융감독위원회는 제3조제1항, 제5조의2제2항, 제7조 또는 제57조제3항을 위반한 자에 대하여 다음 각 호의 어느 하나에 해당하는 시정조치를 명할 수 있다.〈개정 2007.8.3〉
1. 법 위반상태를 시정하기 위한 계획의 제출 또는 그 계획의 수정
2. 위반행위에 관련된 회사에 대한 주의·경고
3. 위반행위에 관련된 회사의 임원 또는 직원에 대한 주의, 경고 또는 문책의 요구
4. 주식의 전부 또는 일부의 처분
5. 그 밖에 법 위반상태를 시정하기 위하여 필요한 조치
②제1항제4호에 따라 주식처분명령을 받은 자는 해당 명령을 받은 날부터 그 처분명령을 받은 주식에 대하여는 의결권을 행사할 수 없다.〈신설 2002.4.27, 2007.8.3〉
제59조(청문) 금융감독위원회는 제57조제2항의 규정에 의하여 금융지주회사의 인가를 취소하고자 하는 경우에는 청문을 실시하여야 한다.

제8장 보칙

제60조(합병 등의 인가) ①금융지주회사가 해산하거나 다른 회사와 합병하고자 하는 때에는 대통령령이 정하는 바에 의하여 금융감독위원회의 인가를 받아야 한다.
②금융감독위원회는 제1항의 규정에 의한 인가 여부를 결정함에 있어서 해산 또는 합병이 경쟁을 제한하거나 건전한 금융시장질서를 저해하지 아니하는지 여부 등 대통령령이 정하는 사항을 심사하여야 한다.
③제3조제2항 및 제3항의 규정은 제1항의 인가

에 관하여 이를 준용한다.
제61조(보고사항) 금융지주회사는 다음 각 호의 어느 하나에 해당하는 경우에는 지체 없이 그 사실을 금융감독위원회에 보고하여야 한다. 다만, 제8조제2항에 따라 보고하는 경우에는 그러하지 아니하다.〈개정 2002.4.27, 2007.8.3〉
1. 임원이 변경된 경우
2. 최대주주가 변경된 경우
2의2. 은행지주회사의 주요출자자가 변경된 경우
2의3. 대주주 또는 그의 특수관계인의 소유주식이 의결권 있는 발행주식 총수의 100분의 1 이상 변동된 경우
3. 상호를 변경한 경우
4. 해산사유가 발생한 경우
5. 금융지주회사 또는 그 자회사가 자회사 또는 손자회사를 지배하지 아니하게 된 경우
6. 기타 금융지주회사 등의 경영의 건전성을 해할 우려가 있는 경우로서 대통령령이 정하는 경우
제62조(다른 법률과의 관계) ①금융지주회사에 관하여 이 법에 특별한 규정이 있는 것을 제외하고는 상법과 독점규제및공정거래에관한법률에 의한다.
②삭제〈2002.4.27〉
제62조의2(주식교환 및 주식이전에 관한 특례) ①주식교환 또는 주식이전에 의하여 자회사가 금융지주회사의 주식을 취득하거나 손자회사가 자회사의 주식을 취득한 때에는 당해 주식 중 다음 각 호의 어느 하나에 해당하는 자기주식의 교환대가로 배정받은 금융지주회사 또는 자회사의 주식에 대하여 「상법」 제342조의2의 규정을 적용함에 있어서 동조제2항 중 "6월"은 "3년"으로 본다.〈개정 2007.8.3〉
1. 주식교환 또는 주식이전에 반대하는 주주의 주식매수청구권 행사로 인하여 취득한 자기주식
2. 「증권거래법」 제189조의2제1항 및 제2항의 규정에 의하여 취득한 자기주식으로서 주식교환계약서의 승인에 관한 이사회 결의일 또는 주식이전승인에 관한 이사회 결의일부터 주식매수청구권 행사만료일까지 매입한 자기주식

②금융지주회사를 설립(금융지주회사 등이 자회사 또는 손자회사를 새로 편입하는 경우를 포함한다. 이하 이 조에서 같다)하거나 기존 자회사 또는 손자회사의 주식을 모두 소유하기 위한 주식교환 또는 주식이전에 관하여 「상법」의 규정을 적용함에 있어서 동법 제354조제4항 본문, 제360조의4제1항, 제360조의5제2항, 제360조의9제2항, 제360조의10제4항, 제360조의17제1항 및 제363조제1항 중 "2주"는 각각 "7일"로, 동법 제360조의5제1항 및 제360조의5제2항 중 "20일"은 각각 "10일"로, 동법 제360조의8제1항 중 "1월 전에"는 "5일 전에"로, 동법 제360조의10제5항 중 "주식교환에 반대하는 의사를 통지한 때에는"은 "주식교환에 반대하는 의사를 제4항의 통지 또는 공고의 날부터 7일 이내에 통지한 때에는"으로, 동법 제360조의19제1항제2호 중 "1월을 초과하여 정한 기간 내에"는 "5일 이상의 기간을 정하여 그 기간 내에"로, 동법 제374조의2제2항 중 "2월 이내에"는 "1월 이내에"로 본다.〈개정 2007.8.3〉

③금융지주회사를 설립하거나 기존 자회사 또는 손자회사의 주식을 모두 소유하기 위한 주식교환 또는 주식이전에 반대하는 주주와 회사 간에 주식 매수가격에 관한 협의가 이루어지지 아니하는 경우의 주식 매수가격은 「상법」 제360조의5제3항에서 준용하는 동법 제374조의2제4항 및 제5항의 규정에 불구하고 다음 각 호의 구분에 의하여 산정된 금액으로 한다.〈개정 2007.8.3〉

1. 당해 회사가 「증권거래법」에 의한 주권상장법인 또는 코스닥상장법인인 경우 : 주식교환계약서의 승인 또는 주식이전승인에 관한 이사회의 결의일 이전에 유가증권시장에서 거래된 당해 주식의 거래가격을 기준으로 대통령령이 정하는 방법에 따라 산정된 금액

2. 당해 회사가 제1호외의 회사인 경우 : 회계전문가에 의하여 산정된 금액. 이 경우 회계전문가의 범위와 선임절차는 대통령령으로 정한다.

④금융지주회사를 설립하거나 기존 자회사 또는 손자회사의 주식을 모두 소유하기 위하여 주식

교환 또는 주식이전을 하는 회사 또는 「상법」 제360조의5에 따라 주식매수를 청구한 주식 수의 100분의 30 이상을 소유하는 주주가 제3항의 규정에 의하여 산정된 주식의 매수가격에 반대하는 경우 당해 회사 또는 주주는 「상법」 제374조의2제2항에 따라 매수를 종료하여야 하는 날의 10일 전까지 금융감독위원회에 그 매수가격의 조정을 신청할 수 있다.〈개정 2007.8.3〉
[본조신설 2002.4.27]

제63조(권한의 위탁) 금융감독위원회는 이 법에 의한 권한의 일부를 대통령령이 정하는 바에 의하여 금융감독원장에게 위탁할 수 있다.

제9장 과징금의 부과 및 징수

제64조(과징금) 금융감독위원회는 금융지주회사 또는 자회사 등이 제43조 내지 제45조, 제45조의2, 제45조의3, 제46조, 제48조 또는 제62조의2제1항의 규정을 위반하는 경우에는 다음 각 호의 구분에 따라 과징금을 부과할 수 있다.〈개정 2002.4.27, 2005.5.31, 2007.8.3〉

1. 제43조제1항 또는 제3항의 규정을 위반하여 유가증권의 투자한도를 초과하여 투자하거나 1년 이내에 해당 한도에 적합하도록 조치하지 아니한 경우 : 초과투자액의 100분의 10 이하

2. 제44조의 규정에 의한 주식소유한도를 초과한 경우 : 초과소유한 주식의 장부가액합계액의 100분의 10 이하

3. 제45조제1항 내지 제3항의 규정에 의한 신용공여한도를 초과한 경우 : 초과한 신용공여액의 100분의 10 이하

4. 제45조의2제1항 및 제2항의 규정에 의한 신용공여한도를 초과한 경우 : 초과한 신용공여액의 100분의 20 이하

5. 제45조의3제1항의 규정에 의한 주식취득한도를 초과한 경우 : 초과취득한 주식의 장부가액합계액의 100분의 20 이하

6. 제46조의 규정에 의한 주식소유한도를 초과한 경우 : 초과소유한 주식의 장부가액합계액의

100분의 10 이하

7. 제48조제1항제1호를 위반하여 자회사 등이 금융지주회사에게 신용을 공여한 경우 : 신용공여액의 100분의 10 이하

8. 제48조제1항제2호를 위반하여 자회사 등의 주식을 소유한 경우 : 소유한 주식의 장부가액 합계액의 100분의 10 이하

9. 제48조제1항제3호를 위반하여 자회사 등 상호 간의 신용공여한도를 초과한 경우 : 초과한 신용공여액의 100분의 10 이하

10. 제48조제2항을 위반하여 적정한 담보를 확보하지 아니하고 신용을 공여한 경우 : 신용공여액의 100분의 10 이하

11. 제48조제3항을 위반하여 불량자산을 거래한 경우 : 자산의 장부가액의 100분의 10 이하

12. 제48조제5항의 규정을 위반하여 주식을 소유하는 경우 : 소유한 주식의 장부가액 합계액의 100분의 2 이하

13. 삭제〈2007.8.3〉

14. 제62조의2제1항을 위반하여 주식을 소유하는 경우 : 소유한 주식의 장부가액 합계액의 100분의 2 이하

제65조(과징금의 부과) ①금융감독위원회는 제64조의 규정에 의하여 과징금을 부과하는 경우에는 다음 각 호의 사항을 참작하여야 한다.

1. 위반행위의 내용 및 정도

2. 위반행위의 기간 및 횟수

3. 위반행위로 인하여 취득한 이익의 규모

②금융감독위원회는 이 법의 규정을 위반한 회사가 합병을 하는 경우 당해 회사가 행한 위반행위는 합병 후 존속하거나 합병에 의하여 신설된 회사가 행한 행위로 보아 과징금을 부과·징수할 수 있다.

③제1항의 규정에 의한 과징금의 부과기준 기타 과징금의 부과에 관하여 필요한 사항은 대통령령으로 정한다.

제66조(의견제출) ①금융감독위원회는 과징금을 부과하기 전에 미리 당사자 또는 이해관계인 등에게 의견을 제출할 기회를 주어야 한다.

②제1항의 규정에 의한 당사자 또는 이해관계인 등은 금융감독위원회의 회의에 출석하여 의견을 진술하거나 필요한 자료를 제출할 수 있다.

제67조(이의신청) ①제64조의 규정에 의한 과징금 부과처분에 대하여 불복이 있는 금융지주회사 등은 그 처분의 고지를 받은 날부터 30일 이내에 그 사유를 갖추어 금융감독위원회에 이의를 신청할 수 있다.

②금융감독위원회는 제1항의 규정에 의한 이의신청에 대하여 30일 이내에 결정을 하여야 한다. 다만, 부득이한 사정으로 그 기간 내에 결정을 할 수 없을 경우에는 30일의 범위 내에서 그 기간을 연장할 수 있다.

③제2항의 규정에 의한 결정에 대하여 불복이 있는 자는 행정심판을 청구할 수 있다.

제68조(과징금납부기한의 연장 및 분할납부) ① 금융감독위원회는 과징금을 부과받은 자(이하 "과징금납부의무자"라 한다)가 다음 각 호의 1에 해당하는 사유로 과징금의 전액을 일시에 납부하기 어렵다고 인정되는 때에는 그 납부기한을 연장하거나 분할납부하게 할 수 있다. 이 경우 필요하다고 인정하는 때에는 담보를 제공하게 할 수 있다.

1. 재해 등으로 인하여 재산에 현저한 손실을 입은 경우

2. 사업여건의 악화로 사업이 중대한 위기에 처한 경우

3. 과징금의 일시납부에 따라 자금사정에 현저한 어려움이 예상되는 경우

4. 기타 제1호 내지 제3호에 준하는 사유가 있는 경우

②과징금납부의무자가 제1항의 규정에 의한 과징금납부기한의 연장을 받거나 분할납부를 하고자 하는 경우에는 그 납부기한의 10일전까지 금융감독위원회에 신청하여야 한다.

③금융감독위원회는 제1항의 규정에 의하여 납부기한이 연장되거나 분할납부가 허용된 과징금납부의무자가 다음 각 호의 1에 해당하게 된 때에는 그 납부기한의 연장 또는 분할납부결정을

취소하고 과징금을 일시에 징수할 수 있다.
1. 분할납부결정된 과징금을 그 납부기한 내에 납부하지 아니한 때
2. 담보의 변경 기타 담보보전에 필요한 금융감독위원회의 명령을 이행하지 아니한 때
3. 강제집행, 경매의 개시, 파산선고, 법인의 해산, 국세 또는 지방세의 체납처분을 받는 등 과징금의 전부 또는 잔여분을 징수할 수 없다고 인정되는 때
4. 기타 제1호 내지 제3호에 준하는 사유가 있는 때
④제1항 내지 제3항의 규정에 의한 과징금납부기한의 연장, 분할납부 또는 담보 등에 관하여 필요한 사항은 대통령령으로 정한다.
제69조(과징금 징수 및 체납처분) ①금융감독위원회는 과징금납부의무자가 납부기한 내에 과징금을 납부하지 아니한 경우에는 납부기한의 다음날부터 납부한 날의 전일까지의 기간에 대하여 대통령령이 정하는 가산금을 징수할 수 있다.
②금융감독위원회는 과징금납부의무자가 납부기한 내에 과징금을 납부하지 아니한 때에는 기간을 정하여 독촉을 하고, 그 지정한 기간 내에 과징금 및 제1항의 규정에 의한 가산금을 납부하지 아니한 때에는 국세체납처분의 예에 따라 이를 징수할 수 있다.
③금융감독위원회는 제1항 및 제2항의 규정에 의한 과징금 및 가산금의 징수 또는 체납처분에 관한 업무를 국세청장에게 위탁할 수 있다.
④과징금의 징수에 관하여 필요한 사항은 대통령령으로 정한다.
제69조의2(이행강제금) ①금융감독위원회는 제7조의2제2항·제8조의3제5항·제10조제2항·제10조의2제5항·제18조제3항 또는 제58조제1항제4호에 따른 주식처분명령을 받은 자가 그 정한 기간 이내에 당해 명령을 이행하지 아니하는 때에는 매 1일당 그 처분하여야 하는 주식의 장부가액에 1만분의 3을 곱한 금액을 초과하지 아니하는 범위 안에서 이행강제금을 부과할 수 있다.
②이행강제금은 주식처분명령에서 정한 이행기간의 종료일의 다음날부터 주식처분을 이행하는 날(주권교부일을 말한다)까지의 기간에 대하여 이를 부과한다.
③금융감독위원회는 이행강제금을 징수함에 있어서 주식처분명령에서 정한 이행기간의 종료일부터 90일을 경과하고서도 이행이 이루어지지 아니하는 경우에는 그 종료일부터 기산하여 매 90일이 경과하는 날을 기준으로 하여 이행강제금을 징수한다.
④제65조 내지 제69조의 규정은 이행강제금의 부과 및 징수에 관하여 이를 준용한다.

제10장 벌칙

제70조(벌칙) ①다음 각 호의 어느 하나에 해당하는 자는 5년 이하의 징역 또는 2억 원 이하의 벌금에 처한다.〈개정 2007.8.3〉
1. 금융지주회사요건에 해당되는 자로서 제3조, 제5조의2제2항 본문 또는 제57조제3항을 위반하여 인가를 받지 아니하거나 금융지주회사요건을 해소하지 아니한 자
2. 제45조의2제1항 내지 제3항의 규정을 위반하여 주요출자자에게 신용공여를 한 자와 그로부터 신용공여를 받은 주요출자자
3. 제45조의3제1항의 규정을 위반하여 주요출자자가 발행한 주식을 취득한 자
4. 제45조의4의 규정을 위반한 자
5. 제48조의3제1항의 규정을 위반한 자
6. 제48조의3제2항의 규정을 위반하여 업무상 알게 된 정보를 누설하거나 업무목적 외로 이용한 자
7. 금융지주회사 등의 임·직원으로서 업무상 알게 된 개인신용정보 등을 당해 금융지주회사 등외의 자에게 제공 또는 누설하거나 개인신용정보 등을 영업상의 목적 외로 이용한 자
②다음 각 호의 어느 하나에 해당하는 자는 3년 이하의 징역 또는 1억 원 이하의 벌금에 처한다.〈개정 2007.8.3〉
1. 제7조제1항 또는 제2항을 위반하여 금융지주

회사와 지배관계에 있거나 금융지주회사와 지배관계를 해소하지 아니한 자

1의2. 제43조의2제1항 또는 제3항 후단을 위반하여 주식소유기준 또는 금융감독위원회가 완화하여 정한 소유기준 미만으로 자회사의 주식을 소유한 자

2. 제44조의 규정을 위반하여 주식소유한도를 초과하여 주식을 취득한 자

3. 제45조의 규정을 위반하여 신용공여한도를 초과하여 신용공여를 한 자

③다음 각 호의 1에 해당하는 자는 1년 이하의 징역 또는 3천만 원 이하의 벌금에 처한다.

1. 제15조의 규정을 위반한 자

2. 제16조의 규정을 위반하여 승인을 받지 아니하고 자회사 등을 편입한 자

3. 제19조의 규정을 위반하여 손자회사를 편입한 자

4. 제43조제1항 또는 제3항의 규정을 위반하여 유가증권의 투자한도를 초과하여 투자하거나 1년 이내에 해당 한도에 적합하도록 조치하지 아니한 자

5. 제46조의 규정을 위반하여 주식소유한도를 초과하여 주식을 취득한 자

6. 제48조의 규정을 위반한 자

7. 제60조의 규정에 의한 인가를 받지 아니하고 해산 또는 합병을 한 자

④제18조의 규정을 위반하여 신고를 하지 아니하고 자회사 등을 편입한 자는 6개월 이하의 징역 또는 1천만 원 이하의 벌금에 처한다.

제71조(양벌규정) 법인의 대표자 또는 법인이나 개인의 대리인·사용인 기타 종업원이 그 법인 또는 개인의 업무에 관하여 제70조의 위반행위를 한 때에는 행위자를 벌하는 외에 그 법인 또는 개인에 대하여도 동조의 벌금형을 과한다.

제72조(과태료) ①다음 각 호의 어느 하나에 해당하는 자는 5천만 원 이하의 과태료에 처한다.〈개정 2002.4.27, 2007.8.3〉

1. 제5조의2제1항 또는 제8조제2항을 위반하여 보고를 하지 아니하거나 제6조의2제1항을 위반하여 신고를 하지 아니한 자

1의2. 제5조의3을 위반하여 금융지주회사임을 표시하는 문자를 사용한 자

2. 제10조제2항에 의한 금융감독위원회의 명령을 위반한 자

3. 제10조의2제2항 또는 제45조의5제1항의 규정에 의한 자료제공 등의 요구에 응하지 아니한 자

4. 제45조의2제4항 또는 제45조의3제3항의 규정을 위반하여 이사회의 의결을 거치지 아니한 은행지주회사 등

5. 제45조의2제5항·제6항 또는 제45조의3제4항·제5항의 규정을 위반하여 금융감독위원회에 대한 보고 또는 공시를 하지 아니한 은행지주회사 등

6. 제48조의2제4항 내지 제6항의 규정을 위반한 자

7. 제51조의2의 규정에 의한 검사를 거부·방해 또는 기피한 자

8. 그 밖에 이 법 또는 이 법에 의한 규정·명령 또는 지시를 위반한 금융지주회사

②다음 각 호의 1에 해당하는 자는 1천만 원 이하의 과태료에 처한다.〈개정 2002.4.27〉

1. 제39조의 규정에 위반한 자

2. 제54조의 규정에 위반하여 업무보고서를 제출하지 아니하거나 허위로 작성한 자

3. 제55조의 규정에 위반하여 공고를 하지 아니하거나 허위로 공고한 자

4. 제56조의 규정에 위반하여 공시를 하지 아니하거나 허위로 공시한 자

5. 장부·서류의 은닉, 부실한 신고 기타의 방법에 의하여 이 법에 의한 검사를 기피 또는 방해한 자

6. 금융지주회사 등의 임직원이 이 법에 의한 서류의 비치·제출·보고·공고 또는 공시를 게을리 한 자

7. 이 법 또는 이 법에 의한 규정·명령 또는 지시를 위반한 자

③제1항 및 제2항의 규정에 의한 과태료는 대통령령이 정하는 바에 의하여 금융감독위원회가 부과·징수한다.

④제3항의 규정에 의한 과태료처분에 불복이 있는 자는 그 처분의 고지를 받은 날부터 30일 이내에 금융감독위원회에 이의를 제기할 수 있다.
⑤제3항의 규정에 의하여 과태료처분을 받은 자가 제4항의 규정에 의하여 이의를 제기한 때에는 금융감독위원회는 지체 없이 관할법원에 그 사실을 통보하여야 하며, 그 통보를 받은 관할법원은 비송사건절차법에 의한 과태료의 재판을 한다.
⑥제4항의 규정에 의한 기간 내에 이의를 제기하지 아니하고 과태료를 납부하지 아니한 때에는 국세체납처분의 예에 의하여 이를 징수한다.

부칙 〈제6274호,2000.10.23〉

제1조(시행일) 이 법은 공포 후 1개월이 경과한 날부터 시행한다.
제2조(다른 법률의 개정) ①金融産業의構造改善에관한法律 중 다음과 같이 개정한다.
제2조제1호자목을 차목으로 하고, 동호에 자목을 다음과 같이 신설한다.
자. 금융지주회사법에 의한 금융지주회사
②韓國銀行法 중 다음과 같이 개정한다.
제11조제1항 중 "銀行法 第2條의 規定에 의한 金融機關을 말한다."를 "銀行法 第2條의 規定에 의한 金融機關과 금융지주회사법에 의한 은행지주회사를 말한다."로 한다.
③預金者保護法 중 다음과 같이 개정한다.
제21조제1항 내지 제4항 중 "附保金融機關"을 "附保金融機關 및 당해 부보금융기관을 금융지주회사법에 의한 자회사 등으로 두는 금융지주회사"로 한다.
제38조의2제1항 중 "당해 不實憂慮金融機關"을 "당해 不實憂慮金融機關 또는 당해 부실우려금융기관을 금융지주회사법에 의한 자회사 등으로 두는 금융지주회사"로 하고 동조제2항 중 "당해 不實金融機關"을 "당해 不實金融機關 또는 당해 부실금융기관을 금융지주회사법에 의한 자회사 등으로 두는 금융지주회사"로 한다.

제3조(이미 설립된 회사에 대한 경과조치) 주식의 소유를 통하여 금융기관 또는 금융업의 영위와 밀접한 관련이 있는 회사를 지배하는 것을 주된 사업으로 하며 1이상의 금융기관을 지배하는 자로서 이 법 시행 당시 이미 독점규제및공정거래에관한법률 제8조의 규정에 의하여 공정거래위원회에 신고한 회사는 이 법에 의하여 인가를 받은 것으로 보되, 이 법 시행일부터 6개월 이내에 이 법에 적합하도록 조치하여야 한다.
제4조(금융기관의 금융지주회사 지배제한에 관한 특례) ①이 법 시행 당시 이미 다른 금융기관을 지배하고 있는 금융기관(외국의 법령에 의하여 설립된 금융기관을 포함한다)은 제7조의 규정에 불구하고 주식교환 또는 주식이전에 의하여 그 다른 금융기관을 자회사로 하는 금융지주회사를 지배하는 주주가 될 수 있다.
②제1항의 규정에 의한 주식교환 또는 주식이전은 이 법 시행일부터 1년 이내에 이루어진 것에 한한다.
③제1항의 규정에 의하여 금융지주회사를 지배하는 경우에도 당해 금융지주회사의 최대주주가 될 수 없다.
④제1항의 규정에 의하여 금융지주회사를 지배하는 금융기관은 주식교환 또는 주식이전으로 인하여 취득하게 된 금융지주회사 주식의 보유비율(최종의 주식교환 또는 주식이전의 효력이 발생한 당시의 보유비율을 말한다)을 초과하여 보유할 수 없다.
제5조(신용공여한도의 경과조치) 제45조제1항 내지 제3항 및 제48조제1항제3호의 규정은 이 법 시행당시 이미 설립된 금융기관으로서 기타 금융관련법령에 의하여 신용공여한도에 관하여 일정기간 경과조치를 적용받고 있는 경우에도 그 기간 동안 당해 금융기관에 대하여는 이를 적용하지 아니한다.
제6조(정부가 지배주주인 금융지주회사 주식의 처분) ①이 법 시행 후 정부가 금융지주회사를 지배하는 주주가 되는 경우 정부는 그 보유주식을 단계적으로 처분하여 5년 이내에 지배하는

주주가 되지 아니하도록 최선을 다하여야 한
다.〈개정 2005.1.17〉
②제1항의 규정에 의한 기간 이내에 지배하는
주주가 되지 아니하도록 그 보유주식을 처분하
지 못하는 경우에는 그다음 1년 이내에 지배하
는 주주가 되지 아니하도록 그 보유주식을 처분
하여야 한다. 다만, 불가피한 사유가 있는 경우
에는 공적자금관리특별법에 의한 공적자금관리
위원회의 동의를 얻어 1년 이내의 범위에서 그
기한을 연장할 수 있다.〈개정 2005.1.17〉
③재정경제부장관은 제2항 단서의 규정에 의하
여 주식의 처분기한을 연장하는 경우 그 사실과
사유를 처분기한 만료일 이전에 국회 소관상임
위원회에 보고하여야 한다.〈신설 2005.1.17〉

부칙 〈제6692호,2002.4.27〉

①(시행일) 이 법은 공포 후 3개월이 경과한 날
부터 시행한다. 다만, 제20조 내지 제37조 및 제
62조의2의 개정규정은 공포한 날부터 시행한다.
②(벌칙 및 과태료에 관한 경과조치) 이 법 시
행 전의 행위에 대한 벌칙 및 과태료의 적용에
있어서는 종전의 규정에 의한다.

부칙 〈제7338호,2005.1.17〉

이 법은 공포한 날부터 시행한다.

부칙(채무자 회생 및 파산에 관한 법률)〈제
7428호,2005.3.31〉

제1조(시행일) 이 법은 공포 후 1년이 경과한
날부터 시행한다.
제2조 내지 제4조 생략
제5조(다른 법률의 개정) ①내지 ⑳생략
㉑금융지주회사법 일부를 다음과 같이 개정한다.
제38조제2호 중 "파산자"를 "파산선고를 받은
자"로 한다.

제6조 생략

부칙 〈제7529호,2005.5.31〉

①(시행일) 이 법은 공포 후 3월이 경과한 날부
터 시행한다.
②(유가증권의 투자한도에 관한 특례) 이 법 시
행 당시 제43조제2항 각 호에 해당하는 사유로
투자한도를 초과하여 유가증권에 투자하고 있는
금융지주회사는 동조제3항의 개정규정에 불구하
고 이 법 시행일부터 1년 이내에 해당 한도에
적합하도록 조치하여야 한다. 다만, 금융감독위
원회는 금융지주회사가 보유하고 있는 유가증권
의 규모, 증권시장의 상황 등에 비추어 부득이
하다고 인정하는 경우에는 그 기간을 연장할 수
있다.

부칙 〈제8571호,2007.8.3〉

제1조(시행일) 이 법은 공포 후 3개월이 경과한
날부터 시행한다.
제2조(인가대상금융지주회사에 대한 적용례) 제
5조의2의 개정규정은 이 법 시행일이 속한 사업
연도의 직전 사업연도에 대한 결산결과 인가대
상금융지주회사에 해당되는 자로서 이 법 시행
당시 인가를 받지 아니하거나 금융지주회사 요
건을 해소하지 아니한 자에 대하여도 적용한다.
이 경우 같은 조 제1항 및 제2항의 기간은 이
법 시행일부터 기산한다.
제3조(금융기관과 금융지주회사의 지배관계 해
소에 관한 적용례) 제7조제2항의 개정규정은 이
법 시행일이 속한 사업연도의 직전 사업연도에
대한 결산결과 금융지주회사와 지배관계에 있는
금융기관에 해당되는 자로서 이 법 시행 당시
지배관계를 해소하지 아니한 자에 대하여도 적
용한다. 이 경우 같은 항에 따른 기간은 이 법
시행일부터 기산한다.
제4조(임원자격에 관한 적용례) 제38조제1항제8
호, 같은 조 제2항 및 제3항의 개정규정은 이

법 시행 후 최초로 선임되는 금융지주회사의 임원부터 적용한다.

제5조(감사위원회의 위원에 대한 경과조치) 제41조제2항의 개정규정에 따라 감사위원회 위원을 선임하여야 하는 금융지주회사는 위원의 임기만료, 사임, 해임, 그 밖에 새로이 위원을 선임하여야 하는 사유가 발생한 후 최초로 소집되는 정기주주 총회일까지 같은 개정규정에 적합하도록 하여야 한다.

제6조(완전자회사 등의 지배구조 특례에 관한 경과조치) 이 법 시행 전에 사외이사로 선임된 자에 대하여는 그 임기의 종료 시까지 제41조의4의 개정규정에도 불구하고 종전의 규정에 따른다.

· 저자 ·

나승성

(羅承成)

· 약 력 ·

高麗大學校 法科大學 法學科 卒業
高麗大學校 大學院(法學碩士)
法學博士(高麗大學校)
美國 Louisiana State Univ. 에서 研究
高大 · 明知大 · 光雲大 · 仁川大 등 講師歷任
증권연수원 · 보험연수원 · 사법연수원 등에서 강의
法務部 專門委員 歷任
證券預託院 先任研究委員 歷任
金融監督院 調査役 歷任
(現) 하나金融經營研究所 首席研究員

· 주요논저 ·

『改正商法(會社編)解說』(共著), (法務部)
『商法改正內容 解說』(韓國上場會社協議會)
『生活과 法律』(學文社)
『法學槪論』(自由)
『商法改正案逐條解說』(自由)
『各國의 會社支配構造』(法務部)
『會社支配構造論』(自由)
『電子商去來國家戰略 樹立을 위한 分野別 政策研究』(共著), 情報通信政策研究院
『전자상거래법』(청림)
『日本商法典』(自由)
『商法判例要旨』
『(개정판) 전자상거래법』(청림)
『商法槪說』(自由)
『조문별 상법판례 요지』(한국학술정보(주))
『상법총칙 · 상행위법 개설』(한국학술정보(주))
『회사법개설』(한국학술정보(주))
『어음 · 수표법 개설』(한국학술정보(주))
『보험법 개설』(한국학술정보(주))
『해상법 개설』(한국학술정보(주))
논문 다수

· 연락처 ·

카페 http://cafe.daum.net/lawsum
메일 ssna1@hanmail.net

금융지주회사법

• 초판 인쇄	2007년 9월 29일
• 초판 발행	2007년 9월 29일
• 지 은 이	나승성
• 펴 낸 이	채종준
• 펴 낸 곳	한국학술정보㈜
	경기도 파주시 교하읍 문발리 526-2
	파주출판문화정보산업단지
	전화　031) 908-3181(대표) · 팩스　031) 908-3189
	홈페이지　http://www.kstudy.com
	e-mail(출판사업부)　publish@kstudy.com
• 등　　록	제일산-115호(2000. 6. 19)
• 가　　격	25,000원

ISBN　978-89-534-7587-8 93360 (Paper Book)
　　　　978-89-534-7588-5 98360 (e-Book)